商务策划丛书

商务策划管理

强海涛 杨德慧 著

BUSINESS
PLANNING
MANAGEMENT

北京大学出版社
PEKING UNIVERSITY PRESS

图书在版编目(CIP)数据

商务策划管理/强海涛,杨德慧著.—北京:北京大学出版社,2010.11
(商务策划丛书)
ISBN 978-7-301-18082-2

Ⅰ.①商… Ⅱ.①强… ②杨… Ⅲ.①商务-策划-高等学校-教材
Ⅳ.①F710

中国版本图书馆CIP数据核字(2010)第220829号

书　　　名:商务策划管理
著作责任者:强海涛　杨德慧　著
责 任 编 辑:马莹莹　徐　冰
标 准 书 号:ISBN 978-7-301-18082-2/F·2645
出 版 发 行:北京大学出版社
地　　　址:北京市海淀区成府路205号　100871
网　　　址:http://www.pup.cn
电　　　话:邮购部 62752015　发行部 62750672　编辑部 62752926
　　　　　　出版部 62754962
电 子 邮 箱:em@pup.cn
印　刷　者:河北滦县鑫华书刊印刷厂
经　销　者:新华书店
　　　　　　730毫米×980毫米　16开本　15.25印张　274千字
　　　　　　2010年11月第1版　2010年11月第1次印刷
印　　　数:0001—4000册
定　　　价:29.00元

内容简介

作为一个实际的问题解决过程，商务策划就是为达到预期目标，进行有效的价值创造、价值传递和价值交换，运用相关资源条件，研究行动目标、安排行动步骤、组织资源手段的一系列活动。要顺利地达到目标，实现效率和效益，就必须对商务策划活动中所有的相关内容，进行合理的分析、计划、组织、协调和控制。

本书从商务策划活动组织的角度，讨论商务策划的项目管理、问题管理、团队管理、能力管理、精力管理、工作流程和营销管理等相关问题，力图使商务策划的组织者和团队管理者在实际工作中，对商务策划活动有清楚的认识和理解。

作为商务策划管理重要内容的品牌管理和客户管理，我们将陆续以专著形式，另行推出。

作者简介

强海涛　重庆工商大学商务策划系主任，副教授，重庆市创意产业商会战略发展研究所主任、研究员，重庆工商大学营销与策划发展研究中心主任，重庆市职业技能鉴定专家委员会成员，重庆工商大学商务策划研究所主任。主要研究领域：商务策划理论与实践、市场营销理论、商贸发展战略与规划。到目前为止，出版专著5部，发表论文二十余篇。为企业和其他各类组织所做策划与咨询项目五十多项。

杨德慧　重庆工商大学商务策划学院教师，重庆胜策文化传播公司总经理，企业管理顾问，项目策划总监，长期从事商务策划管理的教育和实践，先后出版有《策略思维》、《商务策划文案写作》等著作，发表论文多篇，主持企业和其他类型组织多个策划项目，涉及领域包括房地产、旅游、教育、文化、养生康复、城市经营等。

前言

随着我国市场化进程的不断加快，以及全球经济一体化的影响不断扩大，商务策划管理逐渐成为影响着各行各业、各类组织的一门应用学科，其理论和方法随着时代的发展，成为波及全社会的最实用、最灵活、最前卫的学科，无论是在理论研究领域，还是实践领域，商务策划管理的理论与方法都得到了空前的发展和验证。

越来越多的企业和社会人士越来越深刻地认识到商务策划管理的重要性。商务策划管理的实践也进入了加速发展的阶段。从事商务策划管理工作的人员日益增多，商务策划师联合会、中国策划学会等诸多学术团体相继成立。这些机构主要从事企业服务、策划咨询、人才培养以及策划师职业资格认证等业务，在推进、普及和提高商务策划管理理论的实践应用、开展商务策划管理相关人员交流等方面发挥了积极作用。

在本书的写作过程中，一种想法始终激励着我们，那就是要帮助各种企业提高商务策划活动的有效性，尤其是在中国。为此，我们要解决一连串关于商务策划管理的关键问题，这些问题是：

商务策划管理活动的本质是什么?

如何提升策划主体的策划能力?

如何提升策划公司的核心能力?

如何使策划活动既符合理论逻辑又符合实践逻辑?

……

本书以专业服务业为视角、以商务策划活动管理为主线，在理论与实际相结合的基础上，系统而全面地阐释商务策划管理的全过程。主要包括商务策划问题管理、商务策划伦理、商务策划项目管理、商务策划能力构建、商务策划团队管理、商务策划知识管理、商务策划服务营销管理以及组织与流程等内容。

然而，由于商务策划管理活动中还有其他方面的管理，尤其是涉及商务策划的客户管理、商务策划主体的品牌管理，我们没有能够囊括进来。不是因为它们不重要，而是在我们的计划里，商务策划客户管理和商务策划品牌管理另有专著，我们将在随后的时间里，完善内容，陆续出版，与读者见面。

本书的主要特点是复合性、创新性、系统性。复合性主要体现在以商务策划活动为依托，把西方现代管理科学与中国策划智慧创新结合起来，研究商务策划活动的创新点，并且从不同角度对策划哲学思想、策划伦理、策划项目、策划能力、策划业营销等问题进行了较为深入的分析。创新性主要体现在研究体系的创新、内容的创新、研究视角的创新。本书创造性地构建了商务策划管理体系，这个体系以问题管理、项目管理、团队管理、知识管理、能力管理等为核心，第一次较为科学而完整地搭建了商务策划管理的体系框架。本书的研究内容不拘泥于纯粹的、传统的策划项目的展开，而是借现代管理科学与中国传统策划思想的理论思维，去研究一般企业中策划部门的策划活动以及独立策划公司的策划行为。从研究视角看，不仅有策划哲学与伦理的省思、策划问题的把握、策划项目的管理，而且也有从策划人的能力与精力管理、策划公司的团队与知识管理、策划业营销管理等方面进行拓展性研究。本书的系统性反映在它是一部结构比较全面的著作，范围涉及了商务策划管理活动的主要领域。

在本书的研究与完成过程中，我们参阅了大量专家学者的论文、著作与研究成果，我们还得到了重庆工商大学科研处、商务策划学院、商务策划研究所以及其他有关部门和专家的大力支持，在此一并表示感谢。

研究工作只能说是暂时告一段落，由于商务策划管理学科建设刚刚起步，基础资料相对匮乏，可资借鉴的研究成果也不是很多，特别是限于作者的专业能力和学术水平，疏漏和不足在所难免，恳请专家学者以及热心读者给予指正，或者提出宝贵的意见。

作　者

2010 年 8 月于重庆

目录

第1章

商务策划管理导论

以消费者为主的市场导向商业时代中，策划扮演着决定且关键性的角色，并普遍受到各企业的重视。策划是一种“事前”的工作，着重于企业未来性、改进性和创新性的工作。任何一个组织机构的成员都有两种类型，一种是担任“常规性”的工作，另一种是担任“策划开发”的工作。前者所占的人数居多，只能为组织维持最基本的正常营运；后者所占的人数较少，但却能使组织向前跃进。另外，每个人在组织中所做的工作性质，也可区分为两种：一种是常规性的工作，另一种是策划的工作，两者的工作分量比例将是决定是否能升迁的重要指标。若只会做常规性的工作，不会做策划的工作，在企业大概只能原地踏步；若想在组织中比别人快速升迁，就要学会如何做策划的工作，这样才能帮公司做新产品开发、新市场开发、管理制度的策划活动。策划是所有商业活动的基础，不论是发展新的业务、开发新的产品或是开拓新的销售模式等，其初期都需要进行策划的活动。策划指引着公司营运的方向，是有效提升企业竞争力的重要途径，因此只有具有前瞻性的优秀策划，才能在竞争激烈的市场中抢占先机。对商务策划活动进行有效管理是提升企业竞争能力的重要保障。

第1节　策划的概念

一、策划的定义

现代公司的竞争是一个完整的动态系统，此系统是由竞争对手、客户、资金、人力和资源的互动过程所构成，企业如能预测某一特定的干扰将给竞争系统带来的后果，以及如何造就一种稳定的动态均衡新模式，才会随时调遣后备资源，使其得到充分利用。这一动态均衡模式过程也正是所谓的策划。策划也可视为企业的策略规划，是企业针对某特定目的或整体性目标规划出的策略，是企业达到目标的一套程序。

策划又称企划，包含有谋划、计划、打算之意。策划活动，在本质上是人类特有的一种理性行为，它是人们对自己所要进行的活动，事先在观念中作出打算，也就是预先做出计划、安排，对要达到什么目的，如何来达到目的，依靠什么来进行，具体步骤怎样安排等一系列问题，进行具体的设计、计划与筹划。

策划也是人的一种脑力活动或智力活动，即策划是一种创造性的智力活动。它一方面是一种针对未来的构想、谋划、计划、决策和实施方案，另一方面是一种运用各种工具及手段改变现状的实施过程。

有学者认为，策划就是策略、谋划，是为达到一定目标，在调查、分析有关材料基础上，遵循一定的程序，对未来某些工作或事件事先进行系统、全面的构想、谋划，制订和选择合理可行的执行方案，并根据目标要求和环境变化对方案进行修改、调整的一种创造性的社会活动过程。

也有学者认为策划就是企业的策略规划，是组织整体性与未来性的策略，它包括从构思、分析、归纳、判断一直到拟定策略、方案实施、事后跟踪与评估过程。简言之，它是企业达到目标的一套程序。

策划被视为一个方法，是思考结果所呈现的方案，在英文中常以Plan、Planning、Program、Design等词汇加以表达。关于策划的定义可以说是众说纷纭，经整理归纳如下：

1. 程序型策划定义

程序性是指包括从构思、分析、归纳、判断，一直到拟定策略、方案实施、事后追踪与评估等的一个完整的过程，简言之，策划就是企业达到目标的一套程序。程序型策划的定义是指策划着重整个执行的实践过程，但其中有单纯的程序性与强调目标性的不同，目标性注重企业欲实现的目的，并且可以细分为计划目标、期望目标、预定目标及组织目标等，如表1-1所示。

表1-1 程序型策划定义

作者、年代	策划定义	重点分析
大川耕平（1993）	策划是能实际引导行动、创造性的思考及实践的过程	程序
陈家成（1984）	厘定政策、制定目标、拟定策略等，作系统性、逻辑性的分析与探讨，并产生具体的成果，谓之策划	具体程序
苏伯显（1982）	根据实际的知识与经验，了解业务上未来的趋势与需要，经过不断的思考与分析，依照合理的步骤与程序，筹谋最有效而可行的行动，以达成组织的目标	组织目标
梅泽庄亮与星野匡（2001）	策划包括思考课题的解决对策、拟定提案、提案被采用以至于策划实施的全部过程，伴随着提案、被采用的过程。即根据某个目标，描绘出实现目标的工作形态，和提出方案、实现提案内容的过程	目标
Dorr（1963）	策划是为求得达到目标的最适当手段，对未来将采取的行动作决定的准备过程	目标
小泉俊一（1999）	凡是人的思维都可以看做“广义的策划”；但企业界所指的策划，不是自然产生的随意性思考而是具有特殊内容即高度有计划、有目的的计划过程	计划目标

（续表）

作者、年代	策划定义	重点分析
Scott（1965）	策划包括对未来的评估，在未来环境下的期望目标的决定，达成该目标的各种选择方案的拟定，以及从上述选择方案中决定某一最适方案的一种分析过程	期望目标
Drucker（1959）	策划是将企业高层所作的决定通过理性思考，有系统地组织实现这一决定所作的努力，包括推测最后结果是否能达到预定目标的持续性过程	预定目标

2. 组织型策划定义

策划也是管理，由于组织、政策及环境经常处于变动之中，因此，策划过程能影响管理者的决策、预算调整、意见沟通等组织中的问题。因此组织型的策划定义以注重组织内外功能为诉求，其中也有着掌握趋势、解决问题、重视功能彼此协调以达成目的以及展望未来继而发现新问题等不同重点，如表 1-2 所示。

表 1-2　组织型策划定义

作者、年代	策划定义	重点分析
郭秋德译（1996）	策划是正确掌握组织内外趋势并加以整理、发展成为自己的创见	组织趋势
Dermer（1977）	策划是一个组织为解决其与环境的关系问题，搜集信息、作决定、形成管理目标、选定达成该目标的途径方案的过程	组织环境问题
Payne（1963）	策划是一种规律，用来迫使组织的各项功能彼此协调而朝向预定目标迈进	组织目标
Pfittner 和 Presthus（1953）	策划在本质上是达成较好决策的手段，也是行动的先决条件。策划包括某组织的目的何在，及达成其目的的最佳手段	组织目的手段
Dimock 和 Dimock（1946）	为有效掌握将来问题，而展望未来，合理制定对策。并能预见其变化，减少其不良影响，并使其组织在遇到新问题时能迎刃而解	组织新问题

3. 构想型策划定义

能有效地运用手中有限资源，激发出创意，选定可行的方案，达成某一目标或解决某一难题，就是策划。因此，拥有新颖、绝佳的创意构想将是促成策划成功的关键。而构想型策划定义依其构想的着重点不同而有不同的类别，分为新构想、良好构想、奇特构想、创意构想及未来构想等，如表 1-3 所示。

表 1-3 构想型策划定义

作者、年代	策划定义	重点分析
王郁洁（2003）	思考和规划行动的方法与顺序以达到目标就是策划，其中包含策划方法的思考技术和策划方案的思考结果，是落实规划工作的必要步骤，并且产生创造新状态的“新构想”	新构想
郭泰（2001）	策划是为了实现某一目标或解决某一问题，所产生的奇特想法或良好构想，而且此构想既可形成策划方案，也可付诸实施	良好构想
何牧宇（1989）	是为实现某计划而产生的“良好构想”或“奇特的构想”	奇特、良好构想
王扬（2004）	策划是激发创意，有效地运用手中有限的资源，选定可行的方案，以达成预定目标或解决某一难题	创意构想
Herbert 等人（1950）	策划是对将来的一种构想，对此种构想方案予以制定、评价，及达成方案过程的有关各种活动。策划也是一种理性思维程序	未来构想

4. 策略规划型策划定义

策划就是在考虑现有资源的情况下，激发创意，制定出有目标的、可能实现的、解决问题的一套策略规划。策略规划型策划强调策划的策略性思考过程，把策划看做策略设计、策略规划与策略实施的过程，如表 1-4 所示。

表 1-4 策略规划型策划定义

作者、年代	策划定义	重点分析
靳俊喜（1998）	在目标设定的情况下，考虑自身拥有条件，对环境因素加以因势利导，整合内外部资源，谋划和设计创造性的策略方案，实现超常效益的专业智慧行为	环境、资源、策略
程宇宁（2003）	策划就是企业的策略规划，是企业整体性与未来性的策略，它包括从构思、分析、归纳、判断一直到拟定策划、方案实施、事后跟踪与评估过程。简言之，它是企业达到目标的一套程序	策略规划程序
白仁春（2004）	企业在不断变化的环境条件下，为了领先于竞争对手，处于竞争优势状态，而进行的策略设计、策略评估与选择以及策略实施控制的活动过程	竞争、策略规划
杨德慧（2004）	策划是为解决商务活动的问题而进行的策略设计、策略规划过程。这个过程和结果，表现为某种形式的解决问题方案	策略规划、解决问题
李湘蓉（2007）	策划，是个人或群体在一定的情境条件下，为实现特定的目标，科学地运用各种方法和智慧，而进行的策略规划活动	策略规划

5. 思考型策划定义

策划需要全面性的深思熟虑，因此思考也是策划的重点，由思考出发的企划，强调其是一系列的思考行为与过程，通过脑力激荡寻求解决对策，进而完成未来行动目标，如表1-5所示。

表1-5 思考型策划定义

作者、年代	策划定义	重点分析
张福兴（1988）	为寻求可行方法来解决问题的一系列思考过程，为许多行动进行指引	思考过程
哈佛企管公司（1979）	是一个思考行为，意指任何人寻找良策（办法）以解决未来问题的用脑过程，所以凡是思考未来行动目标及手段的活动，都可称之为策划	思考行为

综合以上关于策划的定义，本书把策划定义为：策划是个人或者组织为了达成预期目标或者解决某一问题而进行的一系列活动，包括构思、分析、归纳、判断、拟定策略、方案实施、效果追踪与评估的整个过程。

尽管策划的各种概念简单明了，但是要完成一个成功的策划，却包括许多复杂的、相互依存甚至是互相矛盾的工作，而且这些工作是在充满变化、竞争及资源有限的环境下完成的。更具挑战性的是，策划人员通常无法掌握所需的全部信息，也无法控制突发性的事件，而且，策划人员还要经常面对不断变换想法的客户。一个考虑周到并能有效实行的商务策划方案，应该通过某种途径减少上面提到的那些问题，并降低商业活动的复杂性。策划人应当帮助企业解决急迫而复杂的商务问题，而且应该具备高超的管理艺术。实际上，商务策划是一系列为企业解决各种商务问题的工具和技术，它通过了解和满足客户（策划需求方）的需求来获得成功。

需要指出的是，除非特别说明，本书中策划与商务策划含义相同。

二、与策划相近的英文词汇

在英文中具有规划、策划、企划、计划等相关含义的有 Plan、Planning、Program、Programme 与 Programming 等单词。

梁实秋（1989）在《远东实用英汉辞典》中提到，Plan 有计划、策划、方法的含义，而 Planning 则为决定计划的行动，但 Design、Project、Program 都有计划的含义。Program 为美国用词，意思指执行某件事的一个计划，而在英国则使用 Programme 一词。

在《麦克米兰英英词典》中对于 Plan、Planning、Program 与 Programming

有较清楚、详细的解释，其定义如下：Plan 是期盼达到目标的一系列经过仔细周密思考的活动；Planning 为决定未来要做什么的一个过程；Program 指一个为要达到某目标的计划活动；Programming 则有发展出为达到目标的一个行动计划的意思。

综合上述，Planning 具动态、决策的意思，比较符合中文“策划”的含义，而 Plan 具有执行的意义且词性属于静态。郭泰（2001）提及“策划”近似英文 Strategy 加 Plan，而“计划”则单指英文的 Plan。另外，Program 的定义也与 Plan 相类似，都是为了达到目标的一系列活动，因此可以用汉语的“计划”翻译；Programming 定义则与 Planning 相接近，所以也可以翻译成“策划”作为解释。

第 2 节　商务策划管理的概念及其层面

商务策划管理是一个过程，这个过程从宏观上对策划活动所涉及的知识、团队、品牌、项目、能力、精力、问题、客户等进行管理；从微观上对具体的策划活动进行管理，包括分析问题，研究和确定目标，进行策略规划与设计、策略实施和控制。宏观上解决商务策划公司或者团队、部门的可持续发展问题，微观上着眼于组织的具体策划项目运作。

一、商务策划管理的宏观层面

策划活动的管理者既可以是一个独立的策划公司，也可以是非策划公司的策划部门或者具有策划功能的其他部门。两者都需要对知识、团队、项目、能力、精力、问题进行管理；除此而外，独立的策划公司还需要对品牌、客户等进行管理。

（一）知识管理

管理大师彼得·德鲁克曾指出，“知识”在未来不仅是企业竞争优势的来源之一，更将是竞争优势的“唯一”来源。未来最关键的经济资源是“知识”，知识员工将是企业的重要资产。在瞬息万变的数字时代里，谁能掌握知识，便是掌握了先机，所以能够帮助企业提升竞争能力的最重要资源就是“知识”。软件业巨人比尔·盖茨于《未来时速》一书中指出，未来时速就是要连接三大系统功能：知识管理、企业经营和电子商务，以打造明日高效能的企业。知识若能够利用管理的手段，通过信息科技之力将其累积与分享，便能提高组织运用知识的效率、提供知识取得的渠道，如此便能够建构一个强有力的知识型组织。

中国曾有句谚语："前事不忘，后事之师"。对于策划公司或者团队来说，不论个人或企业的知识与经验都有不可限量的价值，知识多一人知道，就多一分发挥的潜力与空间，若知识能再透过策划团队分享与再组织，则对策划公司或团队的竞争力与资产的增加都是非常可观的。

从中西方学者及从业者的研究中，我们可以了解到"知识"是未来重要的资源，而且是企业竞争优势的来源，尤其是对于知识密集型产业的商务策划行业而言，知识是无所不在的，企业更须通过管理机制营造有利于知识创造的企业环境，再借助信息科技成熟之力，使知识发挥最大效果。

（二）团队管理

安德鲁·卡耐基曾经说过："企业中唯一不能替代的资本就是人的知识和能力，它的效率发挥取决于拥有这种资本的人与能够运用这种资本的人之间如何有效地分享这些能力。"企业内部的策划工作是知识密集型且需要各方面人才互相配合才能完成的复杂工作。策划公司都是按着商业化运作的有偿服务方式，既然是有偿，客户就要求付出和获得能够对等，对服务质量水准的期待更高，而每一个策划项目能否圆满完成、能否被客户最后认同取决于策划人员的水平、素质，因此重点在于策划团队本身的管理。

策划团队就是由少数有互补技能、愿意为了共同的目的、业绩目标和方法而相互承担责任的人们所组成的群体。

成为学习型团队，学习力与竞争力成正比，成功的策划团队必须是善于学习的团队。策划团队成为学习型团队后，就能在学习中不断成长，并自如地应付各种复杂的问题和局面。学习型团队的特点是以持续性的、与工作相融合的学习为特征，强调通过学习改善工作绩效，其成员善于获取、创造、转移知识，并以新知识、新见解为指导创造性地开展工作。策划工作面临的都是新的问题、新的挑战，没有学习，策划工作就没有后劲。麦肯锡就是一个典型的学习型组织，虽然是一个公司，却有一种学院式的氛围，不断地对员工进行工作理念、项目操作、工作方法等方面的培训，不断鼓励员工学习、沟通、交流，令员工获益匪浅。

（三）项目管理

绝大多数的策划活动都是以项目的形式构成或者组织的。为了加强对公司策划的力度与强度的管理，充分整合公司现有的人、财、物等资源，缩短与客户前期的策划需求沟通周期，降低成本，公司一般对策划项目的开展采用项目管理模式进行管理。

项目管理的内容是指策划项目组每个相关人员应如何去做，且要形成规范化的做法。

策划活动项目管理的具体内容有：客户开发，客户策划需求初步确认，企业内部调研，客户策划需求再次确认，策划项目正式立项，策划项目的实施。

（四）能力管理

大多数的企业都在强调产品管理，而不是强调能力管理。组织的能力管理对公司盈利能力的影响越来越大，对能力而不是产品进行战略的关注，这对许多成功的公司来说，已经是习以为常了。尤其是对于策划人员和策划公司来讲，策划能力的高低是构成其核心竞争力的必备要件，因此，策划公司、人员的能力管理就具有非常重要的意义。

策划人员能力管理包括三个子能力管理，分别是业务能力管理、服务能力管理及资源能力管理。何谓业务能力管理？其重点就是策划（公司）部门有足够的能力，以应付从现在到未来的业务需求。虽然我们不可能精确预估未来，我们能够知道的，只有由过去到现在的行为，以此来判断未来的趋势该如何去顺应。服务能力管理就是策划（公司）部门对于客户所需要的服务所具有的提供能力。而资源能力管理是指策划人员善用公司内外的各种资源以满足客户的需求。

（五）精力管理

策划人员的时间尤其是高效工作时间是有限的，企业不可能也不应该无限压榨策划人员的时间。然而，企业却可以通过给自己的策划人员创造提升能量系统的环境，以此大大提升策划人员的工作效率。

人是复杂的能量系统，全方位投入不是单方面的。在我们身体中积蓄的能量包括身体的、情感的、思想的和精神的。这四种动力都至关重要，任何一种都不能单独存在，却又可以有力地影响其他的动力。为了表现出最佳状态，我们必须巧妙管理这些相互联系的能量资源。无论减少这个组合的哪个方面，充分激发我们天赋和技巧的能力都会降低，就像一个气缸发动不起来发动机就会熄火一样。

能量是我们生活各个方面的共同特性。体能承受力（即身体上的能量储量）按数量来衡量（从低到高），情感承受力（即情感上的能量储量）按质量来衡量（从消极到积极）。这些是我们最基本的能量资源，因为没有充足的、高性能的“燃料”，任何任务都无法完成。

一个高明的策划公司不是拼命压榨员工的时间或者“强迫”员工去“卖命”，而是千方百计给员工创造最好的维持和提升能量的环境。在这样的环境下工作，员工们的能量就像一个不断往里注水的容器，不会枯竭。

（六）问题管理

“问题管理”是以解决问题为导向，以挖掘问题、表达问题、归结问题、处理问题为线索和切入点的一套管理理论和管理方法。问题管理运用适当且有系统的方法，消除达到目标会遭遇的障碍，使当前状态成为期望状态，进而得以有效获取更具价值的经验与知识。

策划人员以为企业解决各种疑难问题为能事，但是策划人员在解决问题时往往只从问题解决面去寻找解决问题的途径，欠缺全盘性的思考与系统性的规划，不仅无法充分利用资源、发挥能力，更无法切实掌握解决问题路径的有效性，因此面对复杂且困难的问题时，仅仅基于问题解决的策划思维就略显不足。而问题管理拥有全盘性的思考及系统性的规划，并持续追踪检查解决问题策略的效益，对于其解决问题的过程与结果加以管理。如此，不仅确保了问题解决的有效性，更创造了问题解决的附加价值。因此，对于策划组织来讲，问题管理就是重视规划且创造价值的问题解决。

二、商务策划管理的微观层面

结合企业的实际状况，对于商务策划或者策划组织而言，微观管理通常要重点关注以下五个事项，它们被称为策划五要素。

（一）解决问题

毋庸置疑，策划是一门解决问题的学问，无论企业请外部机构还是内部策划部门进行策划，无非是要解决企业面临的问题。没有问题就没有策划。

需要特别指出的是，商务策划解决的不是一般的管理问题，而是企业难以解决或者企业寻求更好解决方案的疑难问题。企业往往为了达成某一策略性目标而寻求外部智力支持。

因此，从某种意义上来说，策划就是一门解决问题的学问。

（二）预期目标

策划是一项帮助组织或者个人达成某种目标的活动，衡量策划好坏的重要标准之一就是策划是否达成了企业和策划方的约定目标。

第一，策划人必须与策划委托方共同确定目标。策划人与策划需求方就策划活动所需达成的目标取得共识并达成一致意见是非常重要的。如果策划人不清楚企业具体想要达到什么目的，那么策划活动就没有方向。策划人理解企业所要达到目标的过程也是理解策划活动的边界、范围和难易程度的过程。

第二，目标是策划人员解决问题的方向，是实现策划方案的手段。有了清晰的目标，策划人就有了具体实现目标的方向，接下来策划人要做的就是规划策略，确定为了达到目标所需采取的各种方法、手段和措施，如图 1-1 所示。

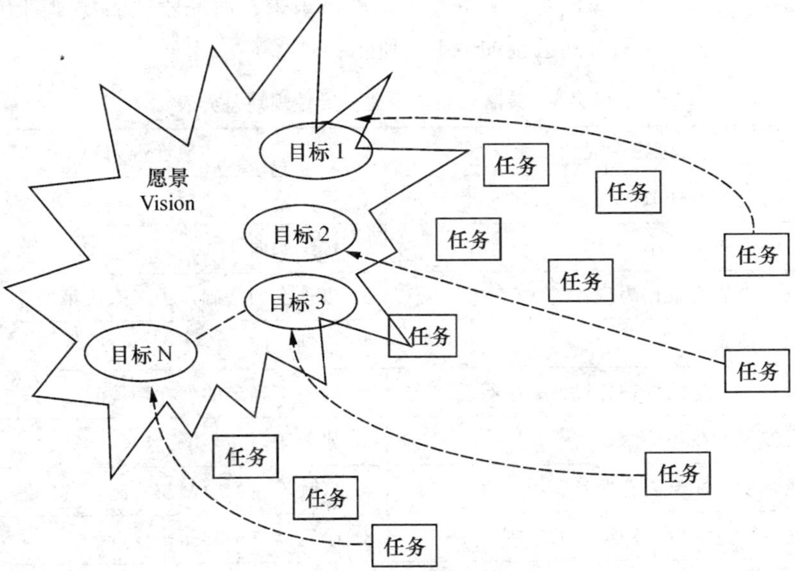

图 1-1　达到目标示意图

第三，目标是用来衡量策划人员绩效的标准。策划委托人如何衡量策划方案的优劣呢？当然是看策划活动是否达到了双方的约定目标。例如目标定为盈利增加 20%，期限届满，20% 的盈利增加就是衡量策划人员绩效的标准。

第四，目标是策划方对策划委托方的一种承诺。约定的预期目标是一个庄严的承诺。策划人员心中要时刻牢记策划活动要达成的预期目标，策划人员要集中资源和精力实现自己的承诺。

第五，目标会使策划人集中资源和精力。时间和精力资源对于策划人是至为宝贵的。目标能够使策划人员舍弃一些细枝末节，全身心投入到比较重要的事项上。其中，遵守帕累托法则是一条重要原则。

（三）策略规划

策略是企业基本、长期目标的决定，以及为实现这些目标所采取的一连串资源分配与行动（Chandler，1962）。策略是有弹性、随机应变的，是一系列决定或行动的模式（Mintzberg，1994）。我们认为，策略是一整套的行动方案，规定了各种情况下的行动。从某种意义上来说，策划就是策略规划。策略规划具有以下几个特点：① 策略规划是一个动态且持续的过程，而非一个事件；

② 策略规划确立了组织的基本决策与行动方向；③ 一个策略规划必须聚焦在主要的行动步骤上。

策略规划与企业一般性规划的最大差异点在于是否具备“策略性思考”(strategic thinking)。策略性规划的重点是展望未来，而一般性的规划则着眼于现在问题的解决。两者的区别如表1-6所示：

表1-6　策略规划与企业一般性规划差异表

策略性规划	一般性规划
1. 动态性与变迁取向	1. 强调稳定
2. 使命取向	2. 传统取向
3. 以未来的愿景作为现在的决策	3. 以现在的基础作为未来决策的蓝图
4. 积极预应	4. 被动反应
5. 面对不确定的外在环境，采取行动取向	5. 面对不确定的外在环境时，无法行动
6. 聚焦于外在环境	6. 聚焦于内在环境
7. 强调创新性与创造性	7. 依赖不断的尝试与检测
8. 是一种连续性、持续性的过程	8. 阶段性（lock-step）过程
9. 强调选择性与质量	9. 强调事实与数量
10. 效果（effectiveness）取向	10. 效率（efficiency）取向

（四）专业人士

商务策划是一项专业行为，商务策划必须是专业人士所为。当然，这里的专业人士不一定必须是策划专业毕业，每个人通过一定的训练和持续的学习，都能够成为专业策划人士。专业策划人具有以下几个特点：

- 专业人士凭借专门的知识和技能获得报酬；
- 专业人士具有较高的专业水平；
- 专业人士从基础知识开始进行系统学习，亲身实践，对事物反复消化并不断积累经验；
- 专业人士不仅具备较强的专业知识和技能以及较强的伦理观念，而且无一例外地将顾客放在第一位，具有用之不竭的好奇心和进取心，并严格遵守纪律；
- 专业人士与其他人相比，更能够适应所处的环境，在现有的环境中采用有效方法正确、迅速、出色地完成任务；
- 无论前提条件发生多大的变化，都能够认清深层变化的本质，比别人发挥出更大的能力。

策划是专业行为，那些仅靠运气和点子进行策划工作、只追求利润第一、不在乎顾客价值的人，不能算作专业策划人士。

（五）创造性活动

策划是一项需要运用智力解决企业问题的创造性活动。这种智力活动不同于一般的人类智力活动，策划的智力因素体现在策划人员运用专业策划知识和技能创造性地为企业解决问题。具体而言，策划活动的创造性表现在以下几点：

- 创造性活动由有三个部分组成：专业知识，灵活的、富于想象力的思考技能，以及动机。
- 策划是运用思考与共同讨论等方法发现问题与解决问题的过程。
- 策划要有创意和可行性，卓越的策划是：有创意的构想 + 实现可能性 = 预期的效果。

第3节　现代商业环境对商务策划管理的要求

一、策划的本质特性

策划有以下几个本质特性：

- 领先性：策划是预测、判断未来的主要基础。
- 抉择性：策划的本质之一即是选择，选择最佳方针将有助于而后行动的进行。
- 指向性：明确的目标将能帮助策划过程更周详更趋具体化。
- 逻辑性：策划是合理思维的程序，运用分析综合的方法进行策略规划。
- 整体性：策划注重策略过程的全面性与完整性，上下一体、左右一致。
- 普遍性：企业的各级职能都需要策划。
- 效率与效果性：每一次的策划都投入相当的人力、物力与财力，因此在时间的掌控与最后的成效上，都是很重要的课题。
- 管理与管制性：策划需具备统筹规划与管制执行的功能。策划具备的因素除包括未来性与具体化的行动之外，资源条件也是一项重要因素，如果没有适当的资源配合也将无法促使策划实现与成功。

二、现代商业环境对策划的要求

现代商业环境对商务策划活动提出了更高的要求，策划人员必须在时间、准确性及可行性等方面满足客户需求。

（一）时间

企业需要策划人员及时、有效地解决问题，而解决问题的机会可能稍纵即逝，所以策划人员要争取在尽可能短的时间内拿出最佳方案。

（二）准确

首先，这里的准确有两层含义：策划人员要准确把握企业需要解决的问题；其次，策划人员要准确把握企业的资源、能力以及企业面临的外部环境。

（三）可行性

再完美的策划方案，如果企业没有办法具体实施，也只是空想而已。因此，策划方案不仅要具有创意性，更要考虑可行性。

（四）效益

策划在某种程度上是企业进行的一次智力投资，而投资回报率是衡量策划优劣的标准。

（五）创意性

策划是一项创造性的智力活动，创意能够带来效益。好的创意可以以最小的成本获得最大的产出。

三、策划外包服务

在现代商业环境下，由于专业分工的限制和条件的制约，企业不可能确切了解企业内部和外部的诸多问题，而专业策划人员不但具有丰富的实践经验，而且可以第三方的视角客观、公正、全面地分析企业现存的问题。企业策划服务外包有这样几点动因：

1. 在现代商业环境下，企业面临的环境越来越变幻莫测，竞争变得越来越激烈，吸引顾客与保留顾客的费用越来越高，很多管理方法的技术性越来越强，这一切，都给企业的持续盈利带来极大挑战，聘请外部策划人员是有效应对这些挑战的有效途径。

2. 由于企业自身条件的限制，企业现有的资源不足以应对企业现有的问题，或者不足以利用企业现有的人力资源解决这些问题。外部策划人员具有专业优势，企业可以就迫切需要解决的各种问题寻找相应的策划公司。

3. 企业急需解决的问题往往具有突发性，而企业培养全职策划人员的费用会比较高。由于专业分工越来越细，专业策划公司在解决专项问题方面更具有效率和成本优势。

外部策划人员所做的工作在于提出好的想法，并且把它变成可行的计划，然后在企业中加以实施。策划人员首先需要结合企业的战略，然后要设计相应的流程，在不同程度上还要改变原有的组织结构。与新的组织结构相对应的要有新的经营流程，建立新的责任和权限体系，此后策划人员还要对各岗位的人员进行培训。一个比较全面的策划项目是十分系统和专业的，这需要足够的经验和知识积累。因此，为企业提供策划服务的人员必须具有非常强的专业技能，而企业客户看重的正是外部策划人员具备的这种特殊技能。

因此，我们可以把策划服务理解为对客户内部和外部资源的一种整合，即充分利用客户外部和内部的资源，为客户在运作过程中出现的难题提供有针对性的解决方案。

这里需要明确的是，策划服务的对象不仅仅包括企业，还包括政府、非盈利组织等机构。因此，将策划服务的对象定义为客户。当然，在实际的策划案例中，寻求策划服务的客户绝大多数为企业。

对专业策划公司而言，最重要的莫过于公司的信誉和品牌，所以，客户事业的成功也就意味着策划公司事业的成功；反之，一次不成功的策划服务将极大地打击策划公司的声誉。因此，策划公司会将客户的事业视为自己的事业，尽其所能保证其客户的成功。

第4节　策划的类型与相关概念的联系与区别

一、策划的类型

策划活动可谓包罗万象，大至国家目标与政策的实行，小至个人职业生涯等均需策划。很多学者从不同的视角对策划进行了分类，如：

（一）苏伯显（1982）的策划分类法

1. 可按业务的性质区分，如经济策划、社会策划、军事策划；

2. 可以按高低层次区分，如中央政府策划、地方政府策划；

3. 按时间区分，如长期策划、中期策划、近期策划。

但不论哪一类，都含有目标、政策、预算、计划、方案、预测、研究与判断等不同表达的形态。

（二）王郁洁（2003）的策划分类法

将策划按委托人、策划范围、策划对象、策划频度、战略阶段等的不同加以分类：委托对象可以是国家机关、企业、非营利组织或单独个体客户，且随着委托人的不同，工作的流程与步骤也有所差异；而策划的范围不同，如分为全体、部分与个人，则在工作量上就会产生变化；策划对象因有着针对企业或开发产品的分别，在所需要的专业知识上有所差异；策划的频度有年度、持续性与单次策划等区分，因此在思考的范围和深度中会有差别；同时，战略与战术的高低不同，也使得策划工作的复杂程度有所不同。

（三）梅泽庄亮与星野匡（2001）的策划分类法

梅泽庄亮与星野匡认为，若以处理对象所属的领域来区分策划，“可以说有多少领域就产生多少策划种类”，但在各领域中策划的很多性质与最后运用的方法都趋于类似，总结各策划领域模式，大致可分为制造产品的策划与制定体系的策划两大类，而由于处理对象的不同，二者在运用的技术和知识上产生差异，相异点主要在专业调查、舆论调查和市场调查等方面，但在主要内容上，其过程和技术运用方式是大抵相似的，且特别在制定体系策划中，其分别是以创造构想、机能设计和操作（测试）等三阶段来思考的。

（四）大川耕平的策划分类法

1. 根据策划主体分类，包括国家、自治体、企业、团体、个人；

2. 以新开发型分类，可分为开发新事物的策划与改良现状型策划；

3. 根据部门的不同，可分为开发、制造、营销、销售、人事、总务、宣传等部门的策划；

4. 策划还可分为单独策划和复合策划，单独策划为在一个部门内所实施的策划，复合策划则是联合共享于数个部门中。

（五）郭泰（2001）的策划分类法

郭泰将策划分为：① 一般策划；② 营销策划；③ 新产品开发策划；④ 广告策划；⑤ 零售店广告策划；⑥ 员工培训策划；⑦ 销售员训练策划；⑧ 公共关系（PR）策划；⑨ 年度经营策划；⑩ 企业长期经营战略策划。

（六）陈定国（1981）的策划分类法

他从企业功能的角度将策划分为11大类：

① 公司策划；② 营销策划（或称业务、销售、营业等策划）；③ 生产策划；④ 采购策划；⑤ 扩充修护策划；⑥ 研究发展策划；⑦ 人力发展策划；⑧ 合作经营策划；⑨ 收购公司策划；⑩ 财务策划；⑪ 管理革新策划。

（七）戴国良（2002）的策划分类法

戴国良将策划分为：① 经营（策略）策划；② 业务策划；③ 财务策划；④ 投资策划；⑤ 营销策划；⑥ 组织与人力资源策划；⑦ 研发策划；⑧ 生产策划；⑨ 管理策划；⑩ 法规策划；⑪ 信息策划等。

（八）陈惠君（2003）的策划分类法

陈惠君将策划分为以下几类：

1. 改善型策划：主要以改善与革新经营环境状况为主；
2. 开发型策划：其与开发新产品或成立新事业等业务拓展相关；
3. 营销型策划：注重营运扩展与产品营销；
4. 商品型策划：强调策划就是商品本身。

二、策划与相关概念的联系与区别

（一）策划与营销

1. 策划与营销的区别表现在以下几点：

（1）市场营销是企业的一项重要职能，有明确的职能部门，比如营销部、市场部；虽然有些大的公司有策划部或者企划部，但是目前很多企业还没有设置策划部门，但随着市场的发展，企业有设置策划部门的趋势。

（2）营销的核心词汇是“交换”，营销的本质是克服交换的障碍；策划的核心词汇是“解决问题”，策划的本质是为客户解决问题。

（3）策划尤其是商务策划，是为了解决各种各样的商务活动中产生的问题，营销活动是主要的商务活动，因此，营销策划是商务策划的一个分支。

（4）两者对人才的能力和素质要求不尽相同：营销需要一般性的营销业务能力和营销管理能力；策划需要的是能够在短时间内创造性地解决企业各种问题的能力。如果营销是马拉松长跑，策划则是百米赛。

2. 策划与营销的联系表现在以下两点：

（1）营销策划是重要的策划类型；

（2）营销活动是主要商务活动。

（二）策划、构思与计划

就经营管理角度而言，策划就是企业的策略规划，是企业达到目标的一套程序，包括从构思、分析、归纳、判断，到拟定策略、方案实施、事后追踪与评估的过程。就个人角度而言，策划就是为了实现某一目标或者解决某一问题而进行的构思。

一般而言，“构思”着重在创意灵感，并不一定实际；“计划”重视程序与操作性，能确实执行却缺乏创新；“策划”则是前两者兼有。策划、构思与计划三者间的差异，如表1-7所示。

表 1-7 策划、构思与计划差异表

构思	计划	策划
必须有创意	不需创意	必须有创意
无中生有、天马行空	范围一定，按部就班	无中生有、天马行空
幻想、想象，脱离现实	处理程序与细节	掌握原则与方向
想些什么？	怎么去做？	做些什么？
比较灵活，变化多端	比较刻板，一成不变	比较灵活，变化多端
创造性	保守性	开创性
挑战性不一	挑战性小	挑战性大
随时发想	只需短期训练	需要长期训练

第2章

商务策划哲学思想与伦理

策划人在策划哲学思想和策划伦理的指导下有自己的行事风格和行为道德准则。

第1节 策划哲学思想

一、策划哲学的含义

哲学可以定义为个人或团体的整体信仰、概念与态度。在策划活动进行之际，实际上已预设了某些基本信念，策划者在实际进行策划活动时，可能未察觉到这些预设信念的存在。但指出这些预设，并对这些预设进行省察，是策划哲学思想的工作之一。策划哲学思想乃是将哲学的方法或主张应用于策划活动之上的一门学问。

策划哲学能否成立的条件必须是以“策划”与“哲学”两者是否有关系为前提，否则只是强加。将两个毫无关联的名词连在一起是没有意义的。首先，可以确定的是策划活动是人类的活动之一，不管是策划者或者是策划委托者都是以人为主。而一个机构或组织所要做的无非是运用有限的资源达成既定的目的，这些资源包括人力、金钱、物料、机器、方法，即所谓的5M。显而易见，这些要素的主要执行者是人，策划活动是以人以及人的创意作为核心。而人的行为活动离不开其所在的环境、文化等背景，因此策划者的策划行为自然而然地受其所在的环境、文化的影响。哲学所关心的即是人存在和其所处的文化等问题，因此，策划者所持的哲学思维便会支配着其策划行为。

策划哲学思想是将哲学的方法应用在策划行为之上。哲学具有普遍性、整体性、综合性、批判性及超脱性等性质，哲学最基本的方法是辩证法、分析法、综合法。以哲学的性质与哲学的方法反省策划活动本身，找出在策划活动进行时的基本预设，并且反省这些基本预设，进而指出其基本信念和价值观，便是策划哲学所要进行的工作。

策划哲学思想可以分为三个层面，策划主体层面、策划对象层面、规范层面。

从策划主体层面来说，在整个策划过程中，策划者是有限理性的。这一哲学设定说明，世界上没有万能的策划大师，策划专家也不能保证解决企业的所有问题。有限理性体现出人在试图解决问题时应该具有的谦卑心态。

从策划对象层面来说，策划哲学思想指导策划者如何面对策划对象。首先，策划对象是一个有限资源体，策划者只能在资源限定的条件下创造性地解决问题；其次，策划者的唯一目的是为企业解决问题；再次，策划者必须具有直面事实的勇气。

从策划规范层面来说，策划哲学思想是提出策划活动该有的中心价值观和基本信念、规范。顾客导向和策划伦理观念是这一层面的集中体现。这一策划哲学层面也往往体现了一个策划企业的企业文化。当然，尽管策划哲学思想可区分为上述三个层面，但在实际操作中，三者往往互相涵涉，难以明确地区分。

从策划哲学思想的三个层面出发，可以归纳出主要的策划哲学思想：有限理性、问题本位、事实本位、因果关系、限制思想、系统思想与权变思想等。

二、有限理性

（一）策划主体有限理性的含义

西方古典经济学中的“经济人”假设，认为人具有完全的理性，可以做出让自己利益最大化的选择。1978 年的诺贝尔经济学奖得主西蒙修正了这一假设，提出了“有限理性”概念，认为人是介于完全理性与非理性之间的“有限理性”状态。西蒙当年认为有限理性的理论是“考虑限制决策者信息处理能力的约束的理论”。西蒙认为，决策者在作出决策时所拥有的信息往往是有限的，他们的计算能力和记忆能力等也存在某些局限，在这种情况下，最优方案的实现或者不可能、或者计算成本太高，使得决策者不得不满足于一个可以接受的、而不是最优的方案，为此提出了“满意化原则”。

策划活动是企业重大决策的前奏，而且策划本身就是由一系列的决策构成的。把有限理性引入策划领域并指导策划活动具有积极的意义。从策划的角度来讲，有限理性意味着策划人是在有限知识、有限信息、有限思维资源的基础上进行策划活动。策划活动的本质之一就是策划人以理性的精神克服有限理性缺陷的过程。

对有限理性的漠视使策划人付出沉重的代价。一些策划人在特定领域取得成功，便以为在其他领域也可以照葫芦画瓢，片面地认为经验可以简单地复制，这是一种“完全理性”的做法。这种做法既损害了策划人自己的声誉，也让委托方受害匪浅。策划人应该知道自己获取信息和处理信息的能力有限、知识有限和可能具有的思维局限性，并时时有一颗谦卑的心，在有限范围内追求策划效果的最大化。

策划主体有限理性的思想指导策划人寻求克服有限知识、有限信息、有限思维资源的方法。

（二）知识管理：应对有限知识与有限信息的束缚

企业面对的环境越来越复杂，解决企业各类问题的新知识更是层出不穷。

企业越来越清醒地认识到知识是企业最宝贵的资产，知识管理则是保持企业竞争优势的重要手段。策划公司作为典型的知识型企业，知识管理对于企业来说更是具有举足轻重的作用。从某种意义上说，知识管理可以说是策划公司最重要的一种核心能力，也是策划人克服有限理性束缚的有力武器。

策划公司运用知识管理应对有限理性主要体现在以下几个方面：

第一，知识的积累和产品化。策划公司提供的产品和服务就是知识。知识的不断积累和产品化对策划公司来说异常重要。如果没有积累，知识就会随着项目的结束而消失，随着员工的离去而流失。正是知识的一点一滴的汇聚，才形成了策划公司的核心竞争力和公司价值。麦肯锡公司敢用刚刚走出校门毫无经验的人给全球500强的客户作咨询策划，就是因为它拥有强大的后台知识库支持和一套非常出色成熟的知识转移、培训体系(可以很快将人培养出来)。

策划公司知识积累主要分为以下几种：① 对各种信息的收集。包括政治、经济、法律、行业、文化、市场等各种各样的信息。② 对策划理念和方法的总结和提炼。一方面可以是对成熟的策划理论和方法的消化和吸收；另一方面也可以是对优秀企业的最佳策划实践的归纳和总结。③ 新的策划理论、工具和方法的研发等。④ 策划公司在给客户提供知识转移和服务的同时也在从客户端吸收有价值的知识和经验，在检验和完善自身策划方法和策划理论的同时也充实了策划公司自己的知识库。

第二，策划公司内部的知识交流与知识分享。策划公司通常都是以项目制运作的，每个项目本身以及人员组合都经常不同，内部的知识交流一方面可以让不同项目组的成员之间分享其他项目的知识和经验，另一方面，内部的交流也可以加强彼此的了解和信任，引发合作，从而促进知识的创新与共享。通过交流，可以最大限度地使知识和经验在交流过程中得到融合和升华，同时这也是旧知识得以发展、新知识得以产生的源泉。

策划公司作为典型的学习性组织，内部的知识交流不仅是员工学习，同时也是组织学习的重要方式。以北大纵横为例，公司的内部知识交流主要有项目经验交流会和每周固定的培训交流会，公司以此鼓励大家进行策划技术和经验的交流。

第三，知识管理的平台——信息系统。信息系统对策划公司的知识管理来说非常重要。一方面，信息系统可以帮助策划公司提高知识收集、整理、更新的速度和效率；另一方面，信息系统可以很好地整合不同个体和不同方面的知识资源，从而产生知识的积聚和放大效应。再者，信息系统可以提升知识的使用效率。例如，异地工作的项目组在自己的授权范围内通过信息系统可以迅速查阅或者获取相关资料和信息。

在信息系统的建设上策划公司可以寻求外部的解决方案，也可以选择自行开发。这主要根据公司的技术和经济实力而定。但不管是外购还是自己开发，信息系统都应以实用、方便、经济、安全为主要的衡量标准。

总之，知识管理对策划公司来说是一项必须要培养的核心技能。目前，从知识管理水平上，本土的策划公司与国际策划公司相比还是存在不小的差距。但本土优秀的策划公司已经开始越来越多地关注和重视这个问题，并且已经开始了有益的实践。

（三）团队管理：应对有限思维资源的束缚

因为个人的思维资源是有限的，所以策划项目往往以团队的形式开展。建立有效的策划团队是应对有限思维资源束缚的好办法。所谓策划团队就是由少数具有互补技能，愿意为了共同的目的、业绩目标和方法而相互承担责任的人们所组成的群体。

1. 为数不多的成员

数量较多的人群，理论上可以成为一个团队，但实际上很可能再分出一些下级团队，而不是作为一个团队发挥作用。因为若人数较多，则很难达成共识，相互间较难配合以采取有效的行动。

由为数不多的成员构成的策划团队要符合以下标准：能够经常并且轻易地举行会议，所有成员能够轻易而经常地进行交流沟通，所有成员都能开诚布公、配合做事，每个人都能了解其他人的作用和技能。

2. 互补的技能

团队中的每一种技能都是为完成团队的目标所必需的、能互济余缺的技能，它可分为三类：技术性或职能性的专家意见、解决问题的技能和决策技能以及人际关系的技能。

一个策划项目尤其是大型策划项目，往往需要一个有着三类互补技能的几个人组成的团队来完成。所有的三类技能，不论是实际的还是潜在的，要能够反映团队的成员资格，即职能的（技能的），能解决问题的（决策的），还有人际关系的资格。团队的每个成员要能够在所有三类技能上把自己的水平提高到团队目的和目标所要求的水平，这样才能提高团队的整体业绩。另外，无论从个人还是集体的角度，团队的成员要愿意花时间帮助自己和他人学习和提高技能。

3. 共同目的和业绩目标

团队成员的第三个特点是共同目的和业绩目标，具体的业绩目标是这个目的整体的一部分。团队成员要培养这种精神，使团队成员能够齐心协力，朝着一个目标努力，对单个成员来说，团队要达到的目标即是自己所努力的方向，团队整体的目标顺势分解成各个小目标，在每个员工身上得到落实。通过员工在长期的实践中形成的习惯、信仰、动机、兴趣等文化心理，来沟通团队成员的思想，引导成员产生共同的使命感、归属感和认同感，反过来逐渐强化团队精神，产生一种强大的凝聚力。

4. 共同的工作方法

形成共同工作方法的核心在于，在工作的各个具体方面以及如何能把个人的技能与提高团队业绩联系起来拧成一股劲的问题上达成一致。在团队的运作中，共同的工作方法是灵魂。在好的工作方法下，团队成员会共同思考，统一行动，坚持下来便会形成一种行为习惯，这种习惯会不断提升团队精神。

三、问题本位

（一）问题本位的含义

商务策划行业有一套可用以解决商务问题的系统运作机制与过程应用模式，能协助人们以程序化的方式循序渐进地解决问题。商务策划人员在面临复杂而棘手的问题时，必须以解决问题为本位。商务策划活动的过程就是以组织需要解决的问题为起点，围绕问题界定、问题分析、问题的解决方案制定为主线进行的。策划人之所以存在，就是要解决企业或者客户存在的问题。优秀的策划人就是在解决客户的问题方面表现得速度更快、效果更好、成本更低的策划人。对于策划人来说，问题就是机会。问题本位要求策划人具有问题意识并了解解决问题的过程。

（二）问题意识

对于策划人员来讲，“问题意识”是不可或缺的素质，因为策划的本质是为客户解决各种各样的问题。所谓问题意识，是指策划人把客户看做一个问题复合体，并具有主动探求问题本质及根源的精神，同时对所要解决的问题具有高度的敏感性。对于问题发现与问题解决，最重要的是要有“问题意识”，因为并不是所有问题都是轻而易举可以发现的。缺乏问题意识的人往往对问题视而不见，更谈不上解决问题了。策划人应该具有敏锐的问题意识，在问题意识的引导下，达到为企业解决问题的目标。好的策划人，都是善于发现问题的人，如何敏锐地发现客户的问题，是策划获得成功的关键。

具备问题意识的几个必要条件：一是具有明确目标并能掌握现状，二是善于发现问题间的复杂关系尤其是问题间的因果关系，三是对客户的问题具有高度的敏锐性。

问题意识核心里，最重要的即是“目标意识”。当企业的某一目标可能无法达成时，即表示问题可能正在形成中，或者已经产生。因此对“目标实现”的强烈信念是问题意识的要件。目标意识有几个要素：要有实现目标的强烈欲望；对目标的想象要具体化、数量化；能说出达到目标的路径与方法；达到目标的期限要明确。

企业的问题其实可以区分为“看得见”与“看不见”两大问题。看不见的问题，经常是在“冰山”下层，这正是我们特别要注意，并且想办法使它变成“看得见”的问题。有关“问题意识”将在第9章做深入探讨。

（三）策划解决问题的过程

1. 问题需求。没有问题（或者更宽泛地说，没有客户需求）也就别谈什么解决问题了。要实施商务策划，首先需要的是确定问题，有了客户的需求，才能有针对性地进行策划。

2. 问题分析。一旦识别了问题，就可以开始着手解决问题了。第一步是界定问题的边界并将问题细分，这有助于提出可行的初始假设。第二步是设计和分析，收集必要的数据资料，设计出能够证实或证伪初始假设的分析方案。最后是解释结果，根据分析，证实或证伪初始假设，并为客户提供一套行动方案。

3. 陈述。你或许提出了一个解决方案，但是只有客户了解并接受之后，它才真正具有价值。要达到这个目标，你务必构建“结构化”的陈述报告，以便能清晰、简明地表达你的观点和理念，并确保在场的每一位听众都“买进”你的方案。

4. 管理。为了顺利完成问题的解决这一过程，好的管理（包括几个不同的层次）是不可或缺的。根据问题的需要合理地组建团队，因人而宜，恰如其分地进行人员安排，并在解决问题的过程中，不断地激发和调动团队成员的积极性。同时，时刻与客户保持联系，让客户参与进来，形成互动式的交流。有效的管理无疑有利于问题的解决。

5. 实施。或许你的提案已被接受，但还未付诸实施。这就需要拿出更多的精力，提供更充分的资源，对实施过程中可能出现的问题迅速作出反应，跟踪实施全程，确保方案顺利实施。此外，反复也是必需的，这有助于不断地改进工作。反复过程需要对实施效果进行再次评价，并根据评价结果适时作出调整。

四、事实本位

（一）事实本位的含义：解决问题以事实为依据

对于策划而言，解决问题是从事实入手的，没有对事实的把握，一切策划就如空中楼阁。在给企业解决问题的开始，策划团队需要收集材料，并对各种材料进行梳理以收集到足够的事实。

不可否认，很多策划人员都经验丰富且对问题有着很强的直觉判断力。但是，以事实为依据应该是所有策划人员的共同准则。

问题有时候隐藏在事实背后，随着事实的渐渐显露，问题也会越来越清晰，解决问题的思路和方法就会越来越明确。在没有足够的事实之前，虽然策划人靠经验也能解决部分问题，但策划人应该清楚：很多错误的决策都是由于缺乏事实的支撑。策划人只有具备这样的信念，才会义无反顾地去寻找事实，因为事实是帮助策划人解决问题的最好助手。

（二）事实本位的哲学依据：普遍联系

策划人员以事实为依据为企业解决问题基于这样的哲学预设：事物是普遍联系的，通过对某一问题相联系的事实的搜集和分析，我们可以找到这一问题产生的根源或者找到解决这一问题的方法。

普遍联系的第一个特性是联系的普遍性。世界上没有任何孤立存在的事物。一切事物、一切现象都是互相联系的，整个物质世界就是以多种形式相互联系的整体。这个特性对策划人有着巨大的启示意义。当策划人要解决一个问题时，要根据普遍联系的思想，找出所要解决问题的症结所在（见阅读材料：一辆对香草味冰淇淋“过敏”的庞帝雅克）。

普遍联系的第二个特性是联系的多样性。物质世界联系的普遍性，是通过具体事物多种多样的联系表现的。不同的联系对事物产生不同的影响和作用。所谓规律，就是事物内在的、本质的、必然的联系，对事物的存在与发展起着主要的、决定性的作用。而事物外部的、非本质的、偶然的联系同样会对事物发生影响和作用。两者都不可忽视。策划人员的工作过程就是寻找问题间内在的、本质的、必然的联系的过程。例如，如果一家企业利润大幅下滑，那么策划人通常需要运用工具（常常是问题树）来找出利润下滑的主要影响因素，是成本的增加还是收入的下降抑或是因为顾客流失率提高？

普遍联系的第三个特性是联系的系统性。物质世界是普遍联系的，事物不但与它周围的事物互相联系、互相作用，而且事物内部的各个部分之间总是处于联系和互相作用之中，构成一个开放的系统。我们把由相互联系的若干要素按一定方式所组成的具有特定功能并同其周围环境互相作用的统一整体称为系统。系统思维是策划人必须具备的思维素质。系统思维将系统变迁视为问题解决的过程，被认为是解决问题和决策的工具，策划人员必须对系统思维有深入的了解。系统思维是强调在不脱离整体的条件下去考察其组成部分及组成部分间的联系关系，强调“整体功能”，在分析一个系统的结构时，要考察各个组成部分之间以及部分与整体之间、整体与环境之间相互关联和相互作用的方式和程度。

事物的联系构成事物存在和发展的条件。条件是一个具有广泛哲学意义的范畴，指的是同某一事物相联系的，对它的产生、存在和发展发生作用的各种要素的总和。由于事物的联系是复杂的，因此，事物所处的条件也是复杂的，有主观条件和客观条件、内部条件和外部条件、必要条件和非必要条件、有利条件和不利条件等。不同的条件，对事物的存在和发展所起的作用不同。具体全面地分析各种条件，是我们正确分析问题、处理问题的前提。

阅读材料

一辆对香草味冰淇淋“过敏”的庞帝雅克

有一天，美国通用汽车公司的庞帝雅克（Pontiac）部门收到一封客户投诉，上面是这样写的：这是我为了同一件事第二次写信给你们，我不会怪你们没有回信给我，因为我也觉得别人会认为我疯了，但我下面所说的的确是一个事实。

“我们家有一个习惯，就是每天在吃完晚餐后，都会以冰淇淋作为饭后甜点。由于冰淇淋的口味很多，所以我们每天在饭后投票决定要吃哪一种口味，等大家决定后我就开车去买。

但自从最近我买了一部新的庞帝雅克后，问题就发生了。

你知道吗？每当我买的冰淇淋是香草口味时，我从店里出来车子就发动不了。但如果我买的是其他口味，车子发动就顺得很。我要让你们知道，我对这件事情是非常认真的，尽管这个问题听起来很不可思议。

为什么这部庞帝雅克当我买了香草冰淇淋时它就发动不了，而我不管什么时候买其他口味的冰淇淋，它都像一尾活龙？为什么？为什么？”

虽然庞帝雅克的经理对这封信心存怀疑，但他还是派了一位工程师去查看究竟。当工程师去找这位顾客时，发现这封信是出自一位事业成功、乐观且受过高等教育的人。

工程师与这位顾客的见面时间刚好是在用完晚餐的时间，两人于是一个箭步跃上车，往冰淇淋店开去。那个晚上投票结果是香草口味，当买好香草冰淇淋回到车上后，车子果然发动不了了。

这位工程师之后又依约来了3个晚上：

第一晚，巧克力冰淇淋，车子没事；

第二晚，草莓冰淇淋，车子也没事；

第三晚，香草冰淇淋，车子发动不了。

作为一位思维严谨的工程师，无论如何也很难相信这位顾客的车子对香草过敏，但事实摆在眼前，这确实是一部对香草味冰淇淋过敏的庞帝雅克。

为找出答案，工程师开始记下所发生的种种事实，如时间、车子使用油的种类、车子开出及开回的时间……。最终资料给了他一个结论：这位顾客买香草冰淇淋所花的时间比其他口味的要少。

为什么呢？原因出在这家冰淇淋店的内部设置上。

因为香草冰淇淋是所有冰淇淋口味中最畅销的口味，店家为了让顾客每次都能很快地拿到，便将香草口味特别陈列在单独的冰柜，并靠近收银台；至于其他口味则放置在距离收银台较远的地方。

现在，工程师所要解开的疑问是，为什么这部车会因为从熄火到重新打火的时间较短而发动不了？很清楚，绝不是因为冰淇淋的味道。工程师很快找到了答案，应该是蒸气锁的问题。

当这位顾客买其他口味冰淇淋时，由于时间较久，引擎有足够的时间散热，重新发动时就没有问题。但是买香草口味时，由于花的时间较短，无法让"蒸气锁"有足够的散热时间，于是车子发动不了。

这位工程师正是由于在解决问题时坚持事实本位，并以普遍联系的观点思考问题，最终帮助客户解决了问题。

资料来源：www. fasco. cn/m_ news_ detail. asp? id =9683。

五、因果关系

(一) 因果关系的含义

因果关系是自然界和人类社会及整个物质世界不断运动变化过程中显现出来的客观的、普遍的、内在的必然联系，是客观事物发展链条上的一个环节，其中引起某一现象的现象叫原因（Cause），被一个现象引起的现象叫结果（Result）。

因果关系是世界万物之间普遍联系的一个方面，策划活动的一个重要任务就是要把握事物之间的因果联系，以便掌握事物发生、发展的规律。因果关系的主要特点有：① 普遍必然性，指任何现象都是有其因，也有其果，且同因必同果，但同果却不一定同因；② 共存性，是指原因和结果总是共同变化的；③ 先后性，即所谓先因后果，但先后关系不等于因果关系；④ 复杂多样性，指因果联系是多种多样的，固然有“一因一果”，但更多的时候是“多因一果”。人们普遍认识到，现实中的因果关系是复杂的，存在“一因一果、一因多果、多因一果、多因多果”等情况。

《哈佛企业管理》丛书中是这样定义“策划”的：“策划是一种程序，在本质上是一种运用脑力的理性行为。基本上所有的策划都是关于未来的事物，也就是说策划是针对未来要发生的事情做当前的决策……策划时找出事物因果关系，衡度未来可采取的途径，以作为目前决策的依据。亦即策划是预先决定做什么，何时做，如何做，谁来做。策划如同一座桥，它连接着我们目前之地与未来我们要经过之处。”可见，找寻事务间的因果关系，是策划成功的关键。

(二) 因果分析

因果分析的目的在于找出各种条件和事件之间的因果关系。这种分析是策划活动、规划变革和制定改进措施的关键。如果已知引起某些情况、结果和问题的原因，就可以更加深入地分析这些原因并集中对这些问题采取措施。

但是如何才能发现因果关系呢？应当记住，在大多数情况下，在开始调查时你应当对某个问题的可能原因作一种或几种假设，并运用自己的知识和经验去进行因果分析。如果排除了一种假设的条件并没有导致结果的消失，这就表明我们还没有找到主要原因。例如，在环境条件恶劣的车间工作的工人容易疲劳，每日工作 3 或 4 个小时后产量明显下降。如果改善这些条件（如通风或灯光）后，产量没有增加或只是略有增加，我们就必须查找另外的原因。可以说，恶劣的工作环境可能加重了这种结果，但并不是主要原因。

进行因果分析是比较困难的，这表现在以下几个方面：

1. 因果难辨。我们经常观察到相互作用的各种因素，因而存在着把结果看成原因的风险。一个典型的例子是员工士气低落与机构工作业绩差之间的关系。员工士气低落是业务不景气的原因，或者业绩差使职员沮丧并且士气低落。可以说，这些因素是相互影响的，并形成恶性循环，但哪个条件是另一个条件的原因呢？很多时候很难辨别清楚。

2. 根源在哪里。假定策划人员明确了销售额和利润的下降是员工士气低落的原因。那么，业绩差的原因是什么呢？如果其原因是失去了重要的国外市场，那么丧失国外市场的原因又是什么？如果是由于价格政策上的严重错误造成的。那么，为什么犯这种错误呢？……在诊断企业管理中存在的问题时，策划人员面临一连串的原因和结果链。问题在于要深入到什么程度去找出基本的（或主要的）原因。这里需要再一次强调的是我们要牢记策划、策划的目的。策划人员将不得不把一种原因看成是基本的，或是“相对”基本的。一般说来，它也是客户能采取行动的那个原因。因此，策划人员应提出针对主要原因的解决办法，而不是提出不可能的建议。

正因为如此，在以问题为导向的解决问题的过程中，问题分析部分尤其是问题的因果分析部分对于整个策划活动的质量起到至关重要的作用。

阅读材料1

找出A公司所面临问题的因果关系

一家全球制造企业A公司的CEO正面临众所周知的苦恼问题。新产品的推出没有及时跟上计划，公司的营销计划难以实施，许多产品正受到质量问题的困扰，客户满意度正在下降。

为此，公司请策划人员开展调查分析，寻找根本原因，给出解决问题的对策。

策划人员经过调查发现，所有的问题都有人力资源方面的原因：缺乏足够的能力来掌控关键的技术领域；经理们纷纷另辟蹊径，调换自己的工作，从企业的一个部门调到另一个部门；快速的人员流动带来了一系列出乎意料的负面影响：负责新产品设计、生产和营销的新人无法适应新工作的细致要求，无法达到公司的高标准。

策划人员通过分析人力资本数据，证实了处于关键管理职位人员的高流动率。经理们每隔两年更换一次工作，职位越高工作换得越频繁。由于管理者的“在位时间”十分短暂，相应的产品生产、设计和营销等领域的技术知识无法互相补足，熟练掌握。实际上，公司内部精英人员的高速流动正是造成质量和产品拖延问题的重要原因。员工并没有发展能够提高工作质量的特殊技艺，结果公司政策把最优秀和最聪明的员工培养成了多面手，却未能让他们充分发挥才干，深入钻研，从而提高产品质量。

新经理上任后常常会改变项目方针，因为他们往往推翻上任经理的决定，而代之以自己的决定。

情况为什么会变成这样？策划人员在A公司的精英策略中找到了三个原因。如果孤立地来看，每个因素都能促进人力资本的合理发展。可是三者合一，就会带来人们不愿意看到的破坏性结果。

第一个原因是偏爱企业专门型人力资本，而不看重通用型人力资本。企业采取的策略是，所有的空缺职位都应由内部候选人担任，无意中造成了企业内部人员流动量过大。每个经理的晋升或平级调动都会造成一个职位空缺，该空缺继而又引发其他的人事调动。其实原本只需从外部招聘几个人就能够解决这个问题，但是这却有悖于企业高层领导的想法，他们认为企业里成长起来的员工富有“生产力”，并且“了解业务”。但是，事实却截然相反。

第二个原因和激励因素有关。公司的奖励机制比较倾向于领导阶层。实际上，奖励机制反映了典型的“竞赛”式职业模式，晋升机会和物质奖励有着极为相似的标准。升职获得的奖励大大超过了工资提升额，而不管其在普通职位上的业绩发挥多么出色。这就极大鼓励了经理们纷纷寻求升职，而不愿一直待在能出色发挥能力的岗位上。但是，升职的几率很小。

面对着渺茫的晋升机会，很多人另辟蹊径谋求升职。他们很快发现平级调动是最佳途径。野心勃勃的经理们竭尽所能寻求平级职位调动的机会。这虽然拓宽了他们的视野，使他们对产品开发、设计和营销等业务有了宽泛了解，但是却无助于他们深入钻研专业知识而成为某一领域的专家。

通过以上分析，策划人员发现了A公司新产品推出没有及时跟上计划、公司的营销计划难以实施以及许多产品正受到质量问题的困扰与客户满意度正在下降的根本原因所在，找到问题的根本原因也就找到了问题的症结所在，也就为策划方案的制订打下了坚实的基础。

阅读材料2

通过因果分析，得出最佳方案

B公司是一家地方银行，员工超过4万人。这些年来，它依靠野心勃勃的收购和合并策略，发展十分迅速。1998年B公司碰上了大规模的员工流失。调查显示，其员工流失率几乎是行业平均水平的两倍，某些项目组的流失率甚至超过了40%。大量的员工流失让公司蒙受了巨大损失。

公司让策划人员对员工流失做了一段时间的追踪调查，主要通过离职面谈和员工调查来了解员工的离职原因。这些传统方式指出，造成员工流失的主要原因有两个：工作量过大，工资过低。B公司因此推出了新方案，旨在缓解工作压力，尽可能地调高工资。然而，流失率依然持续上升。因此，策划人员建议公司试试别的方法。

备选方法之一就是，观察长期内员工流失的实际情况和规律，看看是否存在着客观先行条件，导致跳槽行为的发生。这要求对员工跳槽行为进行统计模型分析。每天，这家银行的员工都根据不同的具体情况，决定自己的去留问题。观察这些情况并非难事。某些员工所在职位的劳动力极为紧缺，有的则相反。有的员工所在的部门规模比较大，有的则比较小。某些员工的工资水平和市场价格持平，有的则远远高于市场水平，等等。

分析结果揭示的跳槽原因和跳槽员工在离职面谈时所说的情况存在极大的差别。

从策划人员搜集的资料中得出的事实帮助人们认识并量化各种员工特点和管理方案对于员工流失的影响程度。令许多管理人员惊讶的是，结果证实，工资水平对员工流失的影响程度最低，这大大有别于离职面谈的调查结果。根据分析，挽留员工的真正原因不是工资水平的高低，而是和职业发展有关，例如在B公司的升职、工资增长水平、工作数量、经验范围大小等等。很明显，最有效的挽留员工的因素就是近期内的升职。如果最近一年内员工得到晋升，那么在其他条件相同的情况下，这些员工较之其他员工的流失率要少一半。分析还显示，那些在同一岗位上工作超过两年的员工，其跳槽的可能性最高。实际上，这些员工的流失率一直在迅猛上升。其实只需要调动他们的工作，即使他们没有升职或工资没有显著增长，他们的流失率也会减少许多。

管理层人员的稳定性也有显著的效果。如果某位优秀的管理人员离开了企业，员工流失几率会翻一番；给企业造成负面影响的是优秀员工的离职。

通过这些分析，策划人员制订了改善这种情况的策划方案，其要点如下：

● 关注业绩突出的管理人员，强调聘用待遇中最为有效的挽留员工的因素，例如晋升和职业发展。

● 把重点放在职业发展上，拟订相关方案，帮助提高员工技术，丰富工作经验。

● 对临时员工，要向其强调发展为正式员工的职业道路。

● 不要让优秀员工在同一岗位上工作时间过长。每隔一段时间调动优秀员工的工作，把他们安排到更好的新工作岗位上。

B公司开始着手实施这项策划方案。仅仅用了8个月，B公司的临时员工流失人数就降低了25%，正式员工流失人数减少40%。3年后，统计分析模型的结果显示，其挽留人才的策略依然成效显著。其中，挽留高级管理人才策略的效果尤为明显。

六、系统观

（一）什么是系统观

策划人员在为组织解决问题时，要把组织作为一个系统。组织作为一个系统，从它的相互关系出发，其特征有以下几个：

1. 整体性。组织是一个由目标价值、技术、社会心理、结构和管理等子系统组成的有机整体。而整体不是个体的简单相加，而是有机整合。常言“整体大于部分之和”，就是对这种整体产生新质的简单说明。策划人的策划活动是基于组织的有限资源的基础上的，把组织有限的资源进行优化配置，发挥资源的最佳效力，达到1+1>2的效果，是策划人的工作目的之一。

2. 层次结构性。任何一个系统，都有层次体系，组织也不例外。层级体系归根到底，是由事物之间联系程度的强弱形成的。联系越强，整合程度越高。随着强弱程度的变化，就形成了组织系统的母子结构和系统边界。子系统的内部联系相当紧密，而子系统和母系统之间的联系程度就次之。联系的“度”，构成了系统层次划分的标准。从系统与外界的关系看，落差清晰的关联“度”就是所谓的封闭系统，而落差模糊的关联“度”就是所谓的开放系统。

3. 相关性。组织内部各部分之间即子系统之间，组织与组织之间即系统之间，互相依赖、互相作用，这种作用的结果将影响组织的整体功能。

4. 环境适应性。组织同社会环境互相作用，组织只有适应社会环境的变化才能生存。从系统分析的基本方法来看，任何组织系统，都是同社会环境之间形成“输入→转换→输出→反馈”的闭环循环关系，进而产生作用的。

5. 目的性。组织活动都追求一定的目标，这种目标是社会环境的输入形成的，同时它又以输出影响环境。因而，组织并非消极地对社会环境作出反应，它也起着变革现状的作用。

从系统观点来考察和管理企业，有助于提高企业的效率与效益。首先，采用系统思维，能够防止企业管理人员仅仅关注一些专门领域的特殊职能，扩展他们的眼界，使他们不至于只看到具体的业务而忽略了企业的总目标，更清楚自己以及所在部门在整个企业这一更大的系统中的地位和作用。企业的系统管理，就是把信息、能源、材料和人员等各种资源，结合成为一个整体系统。按系统观点组织资源的企业，并不会消除企业的各项基本管理职能，但能把企业中的各个子系统和有关部门的关系网络看得更清楚。计划、组织、控制和信息联系等基本职能不是孤立的，而是围绕着整体系统及其目标在发挥作用。

（二）系统分析策划法

1. 系统分析策划法的含义

系统分析策划法是以系统观为指导，把将要研究的目标策划问题当做一个统一的整体，并把这个整体分解为若干子系统，在揭示影响子系统的环境、社会、经济、文化等各项因素及相互关系并对获取的信息进行综合整理、分析、判断和加工的基础上，选择出最优方案的策划分析方法。

兰德公司对系统分析所下的定义是：系统分析是一种研究方略，它能在不确定的情况下，通过对问题的充分调查，找出其目标和各种可行方案，并通过直觉和判断，对这些方案的结果进行比较，帮助策划者在复杂问题中做出最佳的科学策划。

系统分析策划法的主要特征就是从整体的角度揭示出各局部所产生的影响和相互关系，从而找出系统整体的运动规律，并分析达到目的的途径。它是通过明确一切与问题有关的要素（目的、替换方案、模型、费用、效果、评价标准）同实现目标之间的关系，提供完整的信息和资料，以便策划者选择最为合理的解决方法。

2. 系统分析策划法的步骤

运用系统分析策划法研究和解决策划问题，通常按如下步骤进行：

（1）确定策划目标。

即从系统整体的要求出发，提出需要解决的中心问题，确定策划活动必须达到的目标与希望达到的目标。确定目标一般应满足四个条件，即目标的唯一性、具体性、标准性和综合性。

目标的唯一性指的是对目标含义的理解必须是唯一确定的。对目标的表达，要求尽可能采用定量的数字语言，避免采用定性的自然语言。

目标的具体性是指达到策划目标的各项措施要具体。具体性可以通过“目标结构分层”的办法来实现，即理清上一级总目标和下一级分目标之间的层次体系和各层次的范围。通过层层分析构成一个完整的分层目标结构体系，制定出落实各级目标的具体措施。

目标的标准性是给目标规定一个达到某种程度的标准，以便了解目标实现的程度。

目标的综合性，主要针对多目标的选择而言。由于现实的科技、经济、社会因素复杂，策划目标往往不止一个而有多个。有时各目标之间相互联系，甚至重叠，若不妥善处理，可能会主次不分或顾此失彼。因此，要求从整体的观点对多目标进行综合处理。综合处理目标的办法有两种：

其一是精简目标，包括两个方面：一是对各项目标进行全面分析，对相互对立、无法协调的目标进行权衡后，去除那些实际上根本无法达到的目标。二是从具有从属关系的目标中去除其子目标。

其二是合并目标，包括合并意义相近的目标以及将若干个子目标组成一个综合目标。

（2）系统综合，拟订方案。

即根据既定的策划目标，制订出可以实现目标的各种方案。在拟订策划方案时，一般应遵循两个基本原则：

一是提供两个以上备选方案，防止越权和代替策划。例如，兰德公司在一般情况下，会向项目委托人提供多达五个策划选择方案，并将每一种选择在政治、经济、社会、公共关系等方面可能产生的后果及利弊，一并忠告用户，为用户提供科学、客观、公正而全面的策划建议。

二是在多方案情况下，坚持各方案间相互排斥性原则，即要么A，要么B，不同原则的方案是不能重合的，鱼和熊掌不可兼得。

（3）系统分析，评价方案。

即通过数学分析、运筹学分析、模型分析、功能模拟分析等方法，对提出的各种备选方案进行比较和评估，以找出各种方案的优缺点。在对诸多方案进行分析评估时，应掌握策划方案的价值标准、满意程度和最优标准。

策划方案的价值标准指一个方案的作用、意义和收效。确定价值标准同确定策划目标一样，完全取决于策划的需要，受客观条件的限制，又具有一定主观选择的因素。

策划方案的满意程度和最优标准的条件应包括下列方面：

- 策划目标的最优性；
- 策划备选方案的完全性；
- 策划方案执行结果的预测性；

• 具有较高的择优标准。

评价方案常用的方法有：经验判断方法、数量化方法和模拟方法。

• 经验判断方法，如淘汰法、排队法、归类法等，适用于策划目标多、方案多、变量多、标准不一的情况。

• 数量化方法，是用数字方法、运筹学方法等对可供选择的多个方案进行定量的分析和测算，提出数据结果，供策划者加以权衡和选择。

• 模拟方法，是通过设立模型来揭示原型的性质、特点和功能，通过结构或功能的模拟寻找出最佳的方案或对已经产生的方案作以修订或调整。

(4) 系统选择，策划优选。

即通过上面的综合分析、比较和计算，从诸多备选方案中，选择出最优的方案。根据系统局部效益相结合、多级优化和满意性等原则，策划人员应该向策划委托部门提出书面策划报告，由策划者根据报告提出的若干方案或建议权衡利弊，由委托部门决策最终方案，同时开始组织实施。

(5) 跟踪实施、调整方案。

这是系统策划的最后一个步骤。在实际工作中，由于策划从性质上说是预测性的活动，方案在实施时不可避免地会遇到策划时所无法预见的问题，所以，策划委托部门一般还要求策划人员协助，继续跟踪方案执行情况，以便及时发现问题，修改或补充原方案，使对方案的实施结果能始终朝着策划的目标前进，最终实现策划目标。

第2节 商务策划伦理

一、道德与社会责任

(一) 道德责任与社会责任的定义

有学者将道德责任定义为："假设有一个行为，如果我们明知应该做而选择不去做就是不道德，或一个行为如果我们明知应去防止发生而选择不去防止发生就是不道德的。"也就是说，一个人要为其行为及其行为所发生的恶果负上道德责任，有两种含义：一是一个人明知道其所做出的行为是不道德或是会伤害他人的，但却恣意地让其行为发生。例如，有一个人明知道杀人是不道德的，可是做出了此一行为，那么这个人就应当为他所做的行为负上道德责任。二是一个人明知一行为可以做，但却选择不去做，或明知可以防止伤害他人的行为发生，但却选择不去防止该行为的发生。例如，甲知道乙正准备去伤害丙，甲可以阻止这个情况的发生，可是他并没有采取行动，反而任由悲剧发生，那么甲也是违背了道德。

当然，也有造成恶果但不必负上道德责任的情况：

第一种情况："不知情。"即中国人常说的"不知者无罪"。当一个人对其行为所产生的结果所造成的危害性一无所知时，我们认定他不必负上道德责任。但在这里我们必须要了解到，此种不知情是真的不知情，而非为了掩盖过错或是因为疏忽、懒惰等因素而导致的不知情，因为这样的情形是人为因素造成的。

第二种情况："能力的缺乏或无能力。"当一个人无行为能力或是行为能力不足时，也没有道德责任。例如，一个人遭歹徒以绳子捆绑，无法阻止一宗伤人案发生。这时，他就不必负上道德责任。

另外，在受威胁下所做出的不道德行为，即便其有行为能力且知情，但由于受迫于威胁，因此这样的行为也是可以被原谅且没有道德责任的。

综上所述，责任的意思是指，在个人有能力选择及知情的情况下，明知某事件可以做却选择不去做，或者明知不可以做却选择去做，此时，个人便要为其行为及其所带来的后果负责任。

当然需要负责的不是只有个人，企业也是社会的一分子，理所应当负起自己的社会责任。

关于企业社会责任，有人认为，是指企业对社会合乎于道德的行为。特别是指企业在经营上须对所有的利益相关者负责，而不仅是对股东负责。企业需要持续遵守道德规范，为经济发展做出贡献，并且改善员工及其家庭、当地社区、社会的生活品质。也有学者认为，企业社会责任，就是企业决策者的义务，在保护及改善本身利益的同时，采取行动来保护及改善整体社会福利。还有的学者则认为，社会责任的概念乃是企业不仅负有经济的与法律的义务，而且更对社会负有超越这些义务的其他社会责任。

（二）企业社会责任定义的4个方面

企业社会责任包括4个方面的含义，即企业的经济责任、企业的法律责任、企业的伦理责任和企业的自裁责任。

1. 企业的经济责任是指在一个合理的价值下，生产并销售社会需要的产品和服务，这个价格是社会认为符合产品与服务的成本，并给予企业适当的利益，使其得以持续、成长并对投资者有所回报。

2. 企业的法律责任，指社会的经济体系使企业扮演了一个生产性的角色，满足了部分社会契约，因此，必须同时遵循基本的规则、法律，在此规则下运作。亦即企业必须遵照法律行事。

3. 企业的伦理责任，包括不具体存在于法律规定内的，但却为社会大众所期望的行为和活动。伦理责任是社会期望的某种表现，但没有正式形成法律规范。

4. 企业的自裁责任，是指由企业自由裁量的，可以选择的行为和活动。这些活动纯粹是自愿的，企业可以自行选择，不是义务的，不是法律规定的，也不是社会期待的。例如，举办慈善事业、为吸毒者设立戒毒计划等，当然也可以是关怀环境议题，促使环境永续发展等。

上述4种责任组成了企业的整体责任，这些责任常处于变化和冲突当中，而最常见到的便是经济责任、其他责任之间的矛盾。

二、职业伦理

（一）职业道德

社会之所以有秩序，能合作、互助，就靠一套彼此可以沟通与信赖的价值观念和社会规范。即使出现竞争或冲突，也以一定的规则解决。

从心理学和哲学的观点而言，职业道德是一套个人以工作情境为对象的态度及行为的组合。个人工作时，对特定对象（人、事、物）都会持有一套有组织的认知、情感及意志作用，这是一种非常复杂的心理活动历程，通常我们把这一活动历程叫做意识，在哲学上它是能知的主体。道德上的善恶，靠它来判断，作为道德善恶判断的意识叫道德意识，就是我们平时说的良心。职业道德就是靠良心的知、情、意三种作用形成的。我们谈职业道德就是希望用我们的良心来判断职业伦理行为的善恶，用我们的良心来确立职业伦理行为的标准与规范，同时用我们的良心来实践职业伦理行为规范。因此，道德意识（即良心的作用）就成为职业道德的理论基础。

道德意识就是道德上的意识作用。意识是人心理活动的历程总称，包括知、情、意三种功能：知是工作者对工作情境中相关的人事物的辨别、记忆和统整的作用；情是工作者对工作情境中相关的人事物的愉快与不愉快的情绪感受；意是工作者对工作情境中相关的人事物的为与不为的意向或行为倾向。

知、情、意往往互相影响，但通常以意志作为统领。职业道德观念和行为就是靠道德意识的认知、情感和意志三大作用所形成的。认知功能强调职业上伦理行为善恶的辨别、判断、了解与确信；情感功能强调对职业上伦理行为的好恶感受与情绪反应；意志功能强调对职业上伦理行为决定为与不为的反应倾向。这三种功能决定职业道德的形成与职业道德的行为表现。譬如，工作人员要诚实讲信用，首先这个人要基于职业道德认知作用辨别什么是诚实信用、什么不是诚实信用，了解判断诚实信用是善的，不诚实不讲信用是恶的，并确认做事要诚信，不要诈骗。基于职业道德的情感功能，感受到诚实信用的人会得到他人的赞誉，因而产生愉快的情绪反应；不诚实不讲信用的人，会受到他人的排斥，因而产生不愉快的情绪反应。使个人喜于诚信的愉悦，恶于诈骗的厌恶。最后基于职业道德的意志作用，决定自己在行为上要诚实讲信用，舍弃不诚实不讲信用的诈骗行为。三者再综合作用，不但了解诚信的意义，确认诚信是善行，能受人夸誉，会带来快感的好处，还决定时时为之。由此便建立了一套诚信做事的职业道德行为模式。

（二）工作伦理

不管是做邮差、清洁工、医护人员或其他，一份工作不仅仅是一份薪水，也是社会其他成员对自己的一种期待，信件包裹要准时安全地送达、街道市容要干净整洁、身体要健康，等等。这就是各行各业的工作伦理。

工作伦理包含三个要素：

1. 忠诚。古人云：为人谋而不忠乎？忠，即诚也，诚者，信也。忠诚就是竭尽全力，言行一致，表里如一地做好事情。它是员工应遵循的一种基本准则，是指对组织或个人真实无欺、遵守承诺和契约的品德及行为。忠诚是市场竞争中的基本道德原则，违背忠诚原则，会使个人或组织遭受损失。

员工应该忠诚于他们的组织。心中始终装着企业，总是把企业的兴衰成败与自己的发展联系在一起，愿意为企业的兴旺发达贡献自己的一份力量。一家著名公司的人力资源经理说道："当我看到应聘人员在短时间内变换多次工作的简历，我的第一感觉就是他不忠诚。频繁地换工作并不能代表工作经验丰富，而是从一个侧面反映了一个人的适应性很差或者工作能力低。因为，如果他能快速适应一份工作，就不会轻易离开，要知道换一份工作的成本是很大的。"

2. 敬业。所谓敬业精神指的是用非常崇敬的态度对待自己的工作，兢兢业业，忠于职守；是一种对职业的意义有着深刻领悟的激情；是对职业的敬畏、虔诚和全身心的投入。敬业精神最重要的一个前提就是对这个职业的热爱和对这个企业的价值认同。

阅读材料3

可贵的敬业精神

日本人被认为是世界上最具敬业精神的群体。他们有一句名言："世界上的一切困难遇到工作狂都会不攻自破!"美国联邦调查局在一次调查中得出了一个数据:那些东京老板们在创业时投入工作的时间每天在17小时以上,而当有某个具体目标需要执行时,这个数字将上涨到每天22小时。他们近乎疯狂的工作态度来源于敬业精神。

前美国国务卿柯林·鲍威尔有过在汽水厂做清洁工作的经历:

有一次,有人打碎了50箱汽水,弄得满地都是黏糊糊的棕色泡沫。当时已经快下班的我只有耐着性子抹干净地板,主管看到了并赞扬我道:"你地板抹得真干净。"从那时起,我开始打定主意,一定要做个最好的清洁工人。第二年我被调往装瓶部,第三年升为主管。这一段经历让我明白了一个道理,那就是做事一定要全力以赴!不管你做什么,总会有人关注你的。

而就是这个要做到最好的清洁工,后来成为了美国国务卿。

人需要有梦想,但是要实现你的美梦,就要脚踏实地做好工作中的每一件事。不管你所处的环境是多么恶劣,也不管你的担子有多么重,就看你是否有心去改变它,是否拿出行动去完成它。一个敬业的人必然能够获得成功。

3. 互相尊重。互相尊重不仅仅是口头上或礼节上的事情,它的基础在于双方的平等。欧美国家企业采取弹性工作制、允许员工入股分红、鼓励员工参与经营决策等措施,使劳资关系由对立变得相对平等,从某种意义上说,这也是一种互相尊重。

日本最大的一家全国性洗衣店叫"白洋舍"。这家公司的创办人是位虔诚的基督教徒,他原在一家百货公司作学徒,后来才自行创业。他创业时自己立了3个限制:不做与原东家相同的行业,即不开百货店;不赚非分之财,即不做投机生意;凭劳力赚钱,即从事服务业。最后,选定了当时被人轻看的洗衣业。他价钱公道、交货准时,而且衣服洗得干净,业务蒸蒸日上,后来在日本开了1 000多家连锁店。

白洋舍对员工的态度更为人们津津乐道:第一,他坚持工作与家庭并重,每到下班时间,他会催赶员工收工回家,不准他们超时加班。这在日本各公司员工普遍超时工作的情况下是个异类。但这反而使员工们更加兢兢业业，工作效率非常高。第二，他雇用大量残障人士，并给予与健康员工相同的待遇。他用下肢残障者熨衣服，用语言障碍者送衣服，结果各展所长，成果斐然。第三，他非常重视员工福利，员工都忠心耿耿，把他当作家长一般。

三、策划伦理

翻看中国走向市场经济中的记录，当代“策划”的鼻祖，大概要从19年前的“点子大王”何阳算起了。这名化工厂的职工在下海后就靠给企业出点子赚钱。他的点子包括“避孕泡泡糖”、“印有星期的筷子”等，从1992年起，何阳名气大噪，1997年，何阳被评为“中国十大策划人”。而两年后，何阳却在宁夏被银川法院判了12年刑。

最让何阳得意的，是一次次帮着企业将滞销产品卖了出去。而在当时，企业形象和产品品牌，是不用考虑的事情。

策划被当成了捷径，千方百计取巧，快速占领市场，而顾客需求的挖掘和价值创造，以及持续改进产品质量则被抛弃。

此外，还有被铺天盖地的广告说得神乎其神的脑白金。他们采取的近似洗脑的强迫性信息传播方式，虽使消费者趋之若鹜，但也只能说是策划的异化。

如此种种不得不引发我们的反思，策划者的道德底线到底应在哪里？策划者究竟要秉执什么样的操守？——这关乎整个商业策划活动的兴衰，而策划业的诚信也将最终影响到企业的诚信，所以，这也关乎中国企业乃至中国经济在未来能否健康地走下去。

1904年，马克斯·韦伯在《新教伦理与资本主义精神》中提出，西方资本主义的发展不仅仅要从经济层面去探寻，更应当从西方宗教精神，尤其是新教精神中去寻找。新教伦理中包含着很多方面的精神和心理基质是资本主义企业精神必不可少的内容和动力因素。而在他的《中国的宗教》一书中，他认为中国社会不能发展资本主义是由于其缺乏类似于西方理性主义的伦理观，这样，以致即使在古代中国社会具备了资本主义产生的先决条件，却仍不能促使它的出现。

在全球一体化的今天，中国社会正处于快速转型期，虽然抑商的枷锁已被破除，但商业伦理却仍未完全建立。

阅读材料 4

发生在华联超市的“惨剧”

华联超市包头友谊店的开业策划正在紧锣密鼓地进行中，而面对一个个让人怦然心动的限量价格，2003 年 1 月 16 日一大早，数以万计的人便涌到了店门口。这在买方市场的今天，对于渴盼人气的商家来说，绝对是件高兴的事情。

然而，也就是这一件让商家高兴的事情，却给包头一些普通消费者心中留下了刻骨铭心的伤痛。

当日，商店大门一打开，人群便如潮水般地拥了进来，场面很快陷入了一场无法遏制的混乱。前推后拥的人们相互挤压踩踏，结果数十人倒地，最终造成 15 人重伤、2 人丧生的悲剧。

13 时，超市门口已经挂起“暂停营业”的牌子。

华联超市，这个位居中国零售连锁店前列的大型企业，已不止一次地因“激情开业”而造成混乱，并导致意外事件的发生。早在 2002 年 7 月 21 日，呼和浩特华联超市分店开业时，为控制局面，商场竟然用高压水枪冲散顾客，其令人愤怒、震惊程度自不待言，而在事后，商家对此却解释为完全是意外，没有料想到。

为什么一而再、再而三地上演如此惨剧？难道仅仅如其解释的那样——完全是意外吗？

资料来源：《新营销》，2009 年 8 月。

策划伦理是商业伦理的一种，它是商业伦理准则在策划活动中的体现，策划伦理要符合几个原则：策划活动不损害消费者和社会的利益；策划人不以欺诈的手法帮助企业盈利；策划活动以事实为依据；策划者的经营活动以客户为导向；策划者的策划方案既解决企业问题的同时又符合企业的长期利益。策划伦理的核心价值是在不损害消费者和社会利益的基础上以客户为导向并符合策划人的职业伦理规范。

（一）以客户为导向

以客户为导向体现在以下几个方面：

1. 策划人应将客户利益放在第一位，为客户提供出色的服务。

2. 绝不为了招揽客户而接受超出本公司能力范围的策划工作。

3. 为客户的关键问题提出适当中肯的解决方案，并使方案尽可能易于理解和接受。

4. 对客户的可持续发展负责，绝不回避问题，要主动解决问题。

5. 为承接的策划项目投入必要的资源和精力，不偷工减料。

6. 认真谨慎地对待策划项目的每一阶段，对解决方案的提交期限和方案质量负责。

策划人应该遵守有关公平和公开竞争的法律法规，在任何情况下，策划人都不应参与可能产生限制竞争后果的活动。每位策划人都必须公平合法地开展业务，不得利用篡改、隐瞒、歪曲重要事实等欺骗行为，获得不当得利。

策划人可以通过宣传自己服务和解决方案的优点进行营销，但不应贬损竞争对手或是故意散播误导有关竞争对手的信息。

以合法方式收集有关竞争对手的信息是正当的商业活动，但是不能采用不正当的手段收集有关竞争对手的信息。诸如诋毁竞争对手、窃取竞争对手的机密信息等。

策划公司应该要求全体员工采取适当的措施，保护客户和其他第三方受版权法保护的信息或授权信息，以及任何机密信息或其他受保护的信息。它包括了解和遵守策划人答应客户或其他第三方要遵守的任何适用的契约性限制。未经信息所有者适当批准，策划人不应该讨论、公开、复制或以其他方式使用客户或第三方受版权法保护的、许可的或机密的信息，并且策划人应该仅在工作责任授权和要求的范围内使用之。策划公司有责任采取适当的预防措施，确保未经授权的员工不会获得和使用此类信息。

（二）策划人的职业伦理

职业行为也是策划伦理的一个重要方面。策划人在工作场所和与工作有关的活动中应行为妥当，并符合职业标准要求。另外还要正直诚信，尊重个人。在职业行为中，下面几点需要注意：

首先要任人唯贤。工作环境不应该存在非法或不正当的歧视。策划人员都有责任支持和倡导任人唯贤的原则，尊重同事的权利。任人唯贤是指人事安排取决于个人的才干、技能、执行工作责任能力以及业务需要，而非其他。

其次要把握好个人关系。策划人应尽最大努力规避影响其职业行为客观公正性及其声誉的任何风险。与上、下级或业务往来公司以及客户、合同承包商、同盟伙伴或供应商之间，如果具有超越友谊的个人关系，均属不当行为。

再次要做好对前工作单位应尽的义务。公司应该尊重员工对其前工作单位应尽的延续性义务。这些义务包括对机密信息或专有信息的使用，或对新员工的工作限制。公司应该支持员工履行对前工作单位的契约性义务、保密义务和信用义务。

然后要做到个人资料保密。公司应该尊重和保护员工和第三方的隐私信息，保障他们的合法权益。

最后要注意个人活动。公司员工不应参加对其工作可能造成负面影响的、与其对本公司的义务相冲突的或是对本公司的业务、形象或声誉造成不利影响的活动。策划人员应本着正直、诚信、妥当的原则参加个人活动。

第3章

商务策划问题管理

对于策划公司以及进行相关策划业务的策划类公司来说，由于主要的获利来源是向顾客提供以知识为始的服务（Knowledge Enabled Services），而其竞争力来自于处理不同产业所遇到的不同问题所累积的丰富经验，以及将这些不同层面的经验转变为某些通则或者直觉性的解决方案，以解决现在顾客的特定需要。换个说法，策划公司必须证明其集体知识的有效性，这综合了经验、整合能力以及实用性。所以有效地管理知识是核心的、最重要的产业活动。

第1节　问题及其分类

一、问题的定义

“问题”无所不在且瞬息万变。鲜有人会将问题以明确的词语加以定义，并且不同领域的学者因对它的认知不同而有不同的诠释与说明。而对于策划人员来说，问题意味着机会和市场，没有问题，就没有策划，没有咨询公司存在的价值和意义。

《广辞苑》上对“问题”一词作了如下几种解释：

- 需要对提出的疑问做出解答的事情；
- 经过研究讨论可以得到解决的事情；
- 有争论的事件，棘手难办的事情；
- 引起人们的广泛关注的事情。

根据《韦氏英文字典》的解释，其意指待解之题、难解之题、不可解之事物、令人困惑的事。通常人们意会问题是一种矛盾和冲突、疑难和困境、佯谬和悖论、不协调与不愉快的现象。

英语中与问题一词相近的“Problem”在美国语言学家 Noah Webster 所编的辞典中，只作了狭义上的解释，即只限于为直接解决问题而付出的努力，如果把“Problem”一词准确地翻译，应该是“要求必须给予解决或决定的不稳定事件，而且为了解决或决定这个问题必须付出大量的思考和技能”。

关于“问题”，还有以下一些说法：

- 当一个人不能以已有的习惯和经验来应付面临的情境，人们对现状不满或不知如何获得想要的东西时，问题即已产生。
- 当人们有一个目标而不知如何去达到目标时，便是问题。
- 问题是一个人为了要在其所处的环境中有效发挥其功能时，所必须面对的一个特定的情境，或是相关的情境。
- 问题是“所应该”与“所实际发生”之间的差异。

• 当对一个情境的反应受阻时，便有了问题；一个情境之所以认为是有问题的，是因为当个体面对此一情境时，无法立即找出有效可行的反应以应付所致。

• 问题是“所有”与“所要有”之间的差异。

• 问题可视为“呈现状态”与“目的状态”的差距。

• 必须解决的事情就是问题；无法解决的事情也是问题；问题就是目标与现状的差距，且为必须解决的事情。

综合以上对于问题的说法，我们可以了解到问题是一种“感知”及“意识”。因此，问题存在与否、问题的严重性、问题的意义等，取决于面对问题者的认知。“起始状态”到“目标状态”存有“障碍”，而使得企业或其他组织没有立即、明显的方法，达到解决的目标，这就是问题。“问题”的形成是因为企业没有“适当的途径”去解决问题。面对问题者之所以认知问题产生，主要是问题的目前状态与期望状态间有了差距，即问题的产生是“实然”与“应然”间的冲突与差异（图3-1）。因此，“应然”、“实然”、“落差”及“障碍”是构成问题最基本的要件。

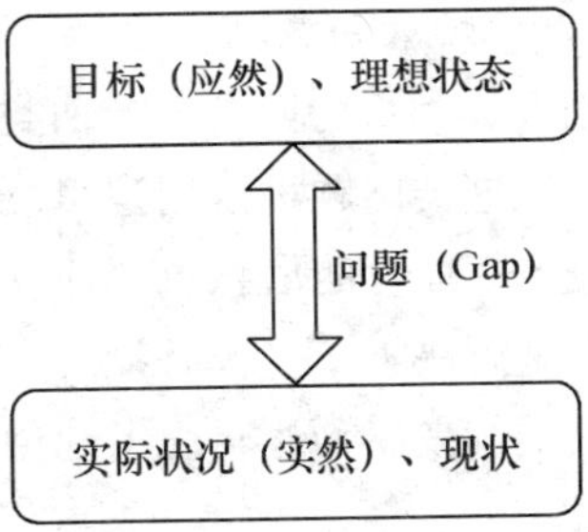

图3-1　问题产生示意图

二、问题分类

问题有大小、难易之分，简单的问题往往只需运用经验或直觉便可加以解决，而复杂的问题，却可能花费相当大的心思及时间成本来解决。问题分类的探讨有助于我们在解决问题开始时，能先依据问题的属性加以区分，采取不同的解决方式，使我们更容易理解问题、发现问题并解决问题。即协助问题解决者了解欲解决问题为何，并快速进入问题的核心，进而协助问题解决者采取适当的解决方案来解决问题。

（一）按界定清楚与否分类

按界定清楚与否可把问题分成两类：已界定清楚与未界定清楚的问题。

已界定清楚的问题本身具有明确的叙述，且有明确的目标，而且可以运用一套既定的规则来获得一个固定的答案。已界定清楚的问题有一定的目的、信息，它多属于认知性与记忆性的问题，这类问题相当明确，所用的方法有轨迹可循，所要的答案也有定案。这类商务问题有时是常规性、程序性问题，比如企业制订战略规划的过程可以用一套行之有效的制定战略规划的流程来解决；有时是突发性问题，比如企业要在未来的3个月内提升销量20%。界定明确的问题往往可以应用逻辑树等方法把问题细分成若干子问题，便于问题的解决。

未界定清楚的问题，有关问题的信息不明确，无固定的解决方法，且无明确的目标或固定的答案，事实上许多没有明确定义的问题，往往需要仔细界定，并运用创造性思考寻求理想的解决方法。未界定清楚的问题往往只是一种问题的“影像”，其目标与范围都可能改变。例如：撰写一本书、绘一幅图画、或拟一份活动计划等，问题往往需要当事人自行界定，并运用创造性思考寻求较理想的解决方法。在有些情况下，我们为企业做策划，企业不能明确地说出问题的所在以及要解决的问题，这时候就要通过尽可能多地收集相关信息以帮助正确地界定问题，有时原来界定的问题有可能被最终推翻并重新界定。

（二）按解决时需要信息的情况分类

按解决时需要信息的情况分类可将问题分成两类：一类是需要更多的信息或更好的方法来解决的问题，这类问题可以用逻辑思考解决。另一类是不需要新的信息，但需要依靠顿悟，将原有的信息重新加以整理来解决的问题。这类问题则需要用创造性的思考来解决。

策划人员经常遇到这两类问题，而逻辑思考和创造性思考也是策划人员解决问题不可或缺的思维模式。

（三）按问题的完整性分类

按问题的完整性，可将问题分为3类：

1. 存在性问题：问题已经发生，并且是显而易见的问题。策划人员在寻找问题的程序上只要知道有问题存在即可。甚至连解答都已有腹案，立刻就可以察知“所应该”与“所实际发生”之间的差异。这就犹如电灯坏了，我们知道换个灯泡就可解决问题。

2. 萌芽问题：问题隐含在事实之中，但尚未完全发展成的问题。经过一番调查研究，抽丝剥茧之后，解决问题的人便“找”到了问题，也可能找到了答案。

3. 潜在性问题：就是还不知道会有什么问题。由于问题都不知道，解决的方法与答案，当然也都不得而知。

（四）按不同的分析技术分类

问题产生后，不能盲目地去找解决方案，必须对所处的状态进行情境分析，根据不同的分析技术，可以将问题分类如下：

1. 偏异问题。在情境分析之后，发现此类问题的状况是期望与实际表现出偏离，偏离的原因不明，则可用“问题分析”的技术，此类问题称为“偏异问题”。

2. 决策问题。在情境分析之后，发现此状况需要设定一些目标，而必须做一些选择，以便从事某些活动，则可用“决策分析”技术，此类问题称为“决策问题”。

3. 潜在问题。发现已做成某一决策，但决策尚未执行，而必须做一些计划，以避免未来的麻烦，确保某一决策或未来活动的安全，则可用“潜在问题分析”技术，此种问题称为“潜在问题”。

（五）按问题所能够利用的信息量分类

这种分类方法把问题分为结构化问题、半结构化问题和不良结构问题。

1. 结构化问题，是指对于“发生什么”、“该发生什么”等问题都具有丰富的数据量加以回答或解决。良好结构问题，是具有问题空间的，问题空间包含了能将初使问题导向解答的所有策略。结构化良好的问题通常可以从例行的、大纲式的决策技巧加以解决。对于良好结构问题，不需要太多的创意；但是对于不良结构问题和半结构化问题，就需要创意来帮忙。

2. 不良结构问题，不具备清晰的问题解决路径，也无良好界定的问题空间，问题解决者很难去建立问题模式，其特征为高度的模糊不清。不良结构问题也称顿悟问题，因为要解决每个问题，都要用特别的方法。而顿悟是一种特殊的且突然发生对解答有帮助的了解。顿悟可用于良好结构问题中，但更常用于解决困难且曲折的不良结构问题。结构化问题通常可以利用例行的、大纲式的决策技巧予以解决，而不良结构问题以及半结构化问题都需要利用更多的创造性思维来解决。

3. 半结构化问题，其刚好介于结构化问题与不良结构问题之间。

（六）按“面临问题者”与“问题情境”间互动关系的复杂度分类

从问题解决的角度看，按问题从“面临问题者”与“问题情境”间互动关系的复杂度，可将问题分为以下3类：

1. 机制问题。如图3-2所示，只有前者对后者刺激，而后者并未对前者有所影响，即“面临问题者”不必对“问题情境”做认知的努力。从理性的角度来看，表示“面临问题者”已完全掌握“问题的情境”，只要他对问题的情境进行某些确定的刺激，问题即可解决。这类问题称为“机制问题”。这是一种简单的问题，就像自动化的生产系统，操作者接到任务后，只要按规定按上某些按钮，设定参数，系统就能在设定的时间生产出设定数量的产品，它的活动法则及方式都可以事先加以规范，即有明确的规则可循。一般日常性问题，大都可视为机制问题。

讨论问题者	
面临问题者 ⟶	问题的情境

图 3-2　机制问题层面示意图

2. 思考性问题。如图 3-3 所示，只有后者对前者刺激，即只有“面临问题者”对“问题情境”的认知。从理性的角度来看，表示这个问题的内容主要是思维性的问题，只要“面临问题者”认为思维的结果满意或决定放弃思维，这个问题就算解决或消失。当然就问题解决方式的讨论而言，所提出方法希望给予“面临问题者”一个满意的思考结果，这类问题称为“思考性问题”。这类问题一般是属于研究或决策性开放式的问题，它通常会伴随着组织的企图或环境的变动。例如，一个投资决策问题，在定案之前，我们必须对各种状况进行了解，并评估其可行性。

讨论问题者	
面临问题者 ⟵	问题的情境

图 3-3　思考性问题构面示意图

3. 执行性问题。如图 3-4 所示，“面临问题者”一方面要刺激情境，另一方面又要随时进行认知情境的努力，其复杂度高于其他两类问题，称为“执行性问题”。例如，军队指挥官在指挥他的部队进行登陆作战，一方面他得部署所属军队并攻击敌军，同时又得注意敌军的状态，了解我军伤亡情况等。此时指挥官的思维与实际指挥行动相互影响，此类问题即为“执行性问题”。

讨论问题者	
面临问题者 ⟷	问题的情境

图 3-4　执行性问题构面示意图

（七）按问题的时间顺序分类

按问题的时间顺序，可将之分为以下 3 类：

1. 已经发生的问题：发生型问题。已发生的问题，因为问题的所在已经明确化，广义而言，可以说是属于看得见的问题。发生型问题又可以细分为两种：

(1) 脱轨问题：设有预期状态，一旦偏离了基准值即发生问题。基准值即为期待值，具有正常状态的意义，也可以称为正常值，基准值即“应有的态度”、“符合心愿的状态”、“预期的结果”。

(2) 未达问题：它是指最初的计划目标、课题等不能在预定的日期内达成，或似乎不可能完成时的问题。未达问题并不像脱轨问题从正常值向下降，而是实绩曲线较偏离预期曲线的问题。

2. 精益求精的问题：探索型问题。此类问题是属于“精益求精”型问题，其主要目的在“改善现状”。探索型问题出现在向未来挑战，设定更高的目标时，因与现状产生差距而发生问题。现状的改善，即与其发现不适当之处，不如发现可能改善之处，所以探索型问题也可视为改善问题的代表。探索型问题又可细分为两种：

(1) 改善问题：发现可能改善之处；原先预定目标虽可达成，但仍有缺点可改进的问题。

(2) 精进问题：原先预定目标不但可达到，还有可以再精益求精的问题。

3. 今后何去何从的问题：设定型问题。这些问题因其问题尚未发生，所以并不是发生型问题，也不是改正过去做法而提升更高目标的探索型问题。它是今后何去何从的问题，没有过去的包袱，也可称为“创造型”问题。设定型问题是以因应对未来的环境变化，建立新体制为目标所思考的问题，若发生型问题是原因导向的话，则可称设定型问题为目标导向。因为探索型问题是改正部分属于原因导向，提升目标的部分是目标导向，所以又称为双面导向型。

(八) 按是否顿悟分类

按是否顿悟，可将问题分为以下两类：

1. 非顿悟性问题。其特征包括：① 解决问题时可借着一步步的解决问题的程序完成问题的解决；② 解决问题者被提示与解决问题相关的信息，可以循序渐进地解决问题。

2. 顿悟性问题。

其特征包括：① 解答的出现是突然的，解决问题者获得解决方案的过程并非遵循逐步解决问题的步骤而得；② 解决问题者没有即将获得答案的急迫感，当解答出现时，急迫感则戏剧性地上升。

(九) 以“现实状况”与“期望目标”来分类

1. 消除型问题。当现实状态与期望目标之间存在差距时，代表的是应然与实然之间的落差，此类问题称之为“消除型问题”，如图 3-5 所示。其又可细分为两类：

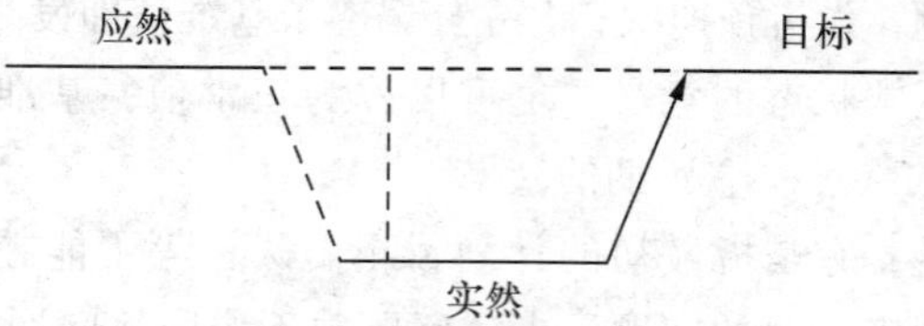

图 3-5 消除型问题示意图

（1）落后型问题：未达预先设定的目标的问题；

（2）脱轨型问题：偏离预期效果，引发负面效应的问题。

2. 达成型问题。原始状态并没有任何偏离或异常，但为了要达到更高的境界，而自行设计新的目标，所面临的问题，如图 3-6 所示。其可细分为三类：

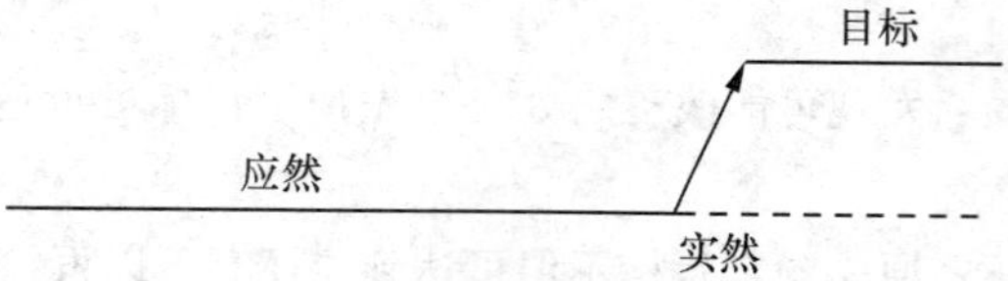

图 3-6 达成型问题示意图

（1）改善型问题：预先目标虽可达到，但仍有缺点可改进的问题；

（2）强化型问题：预定目标虽可达到，但有待稳定维持的问题；

（3）精进型问题：预定目标可以达到，但仍有可精益求精的问题。

3. 未来型问题：

（1）潜在型问题：避免未来可能出现的危机，未雨绸缪的问题。其又可细分为两类：① 已经发生，但未找到真因，仍可能再发生；② 系统存在缺陷，可能在未来的时刻发生。

（2）开发型问题：为未来发展的需要，预先规划的问题。

（十）其他分类

1. 确认式问题：对已发生或可能发生的问题加以认定，它包括前述的存在问题与萌芽问题，这一类的问题也就是确认原来“所应该”与“所实际发生”之间的差异。

2. 改进式问题：将有问题，或有缺陷的人、事、制度与物品的特征加以改进。这类问题可界定为心目中认为“所应该有”与“所已有”之间的差距，“所应该有”为目的，目的尚未达成即有问题。

3. 发明式问题：可界定为心中认为“所要有”与目前“所没有”之间的

差异，其成功的结果将是一种前所未有的新事物，或创造一种方法来解决；多数改进式问题与发明式问题也可称为“自订目标式问题”。

4. 发现式问题：指学术上的原理原则、因果关系等的探讨，其目的主要在于发现异常所在，以便解决当前当地所发生的问题，研究者因无法用现有的知识来解释一种现象而发生了问题。

5. 封闭型问题与开放型问题：如果一个问题的合理答案或正确解答只有一个，那么这个问题即属于封闭型问题；反之，如果一个问题的合理答案或正确解答多于一个，即为开放型问题。开放型问题可分为两种：① 没有最佳解的开放型问题；② 有最佳解的开放型问题。

6. 单域问题与跨域问题：单域问题是指发生在一个领域内部，只涉及一个系统、一个学科的问题；跨域问题则相反。

7. 常规问题与反常问题：常规问题是指可以在已有的理论架构内或在已有的范围模式之下得以有效解决的问题；反常问题则是在原有的理论架构内或已有的范围模式下无法有效解决的问题，反常问题的出现是旧理论发生危机的信号。

第 2 节　问题解决与问题管理

善于解决问题的能力通常是缜密而系统化思维的产物，任何一个有才之士都能获得这种能力。有序的工作思维方式即问题解决模式并不会扼杀灵感及创造力，反而会助长灵感及创造力的产生。策划的问题管理模式为策划人员提供多种可资借鉴的问题解决方案的工具。利用这些问题解决程序，即使一个策划新手也能很快掌握策划活动的要领。

一、问题解决概念

问题既然是已知与未知状态或目标之间产生差距的现象，而填补或消除这种差距就是“问题解决”。关于“问题解决”的看法还有以下定义：

1. “问题解决”是利用个体已学过的知识技能去满足情境的需要，以至获解答的过程。

2. “问题解决”是发现一个适当的方法去跨越一个落差。

3. “问题解决”是从已知叙述到目标叙述的移动过程。而问题解决的思考是朝向某种目标的系列运作。

4. “问题解决”是以对该问题领域的知识有真正的掌握为基础，而不是仅靠知觉的辨识、回忆信息、模仿就能成功。

5.“问题解决”是个体企图达到某一目标时，所产生的思考、心理过程。

6.“问题”是指两个状态的冲突与差异，一是现有状态；一是我们欲达到的状态，而解决问题的历程就是一个目标导向的过程。

7.“问题解决”是将个体先前有的知识与经验重新整理与思考，找出适用于当前问题的要素，并加以实行。

当主体已知知识不能成功解释某一新的认知情境时，问题便因而产生。由上所述，消除现实状态与期待状态之间的差距，就是问题解决。然而两种状态间存有许多消除差距的途径，即问题解决途径，由现实状态和期待目标构成一个问题解决构面，如图 3-7 所示：

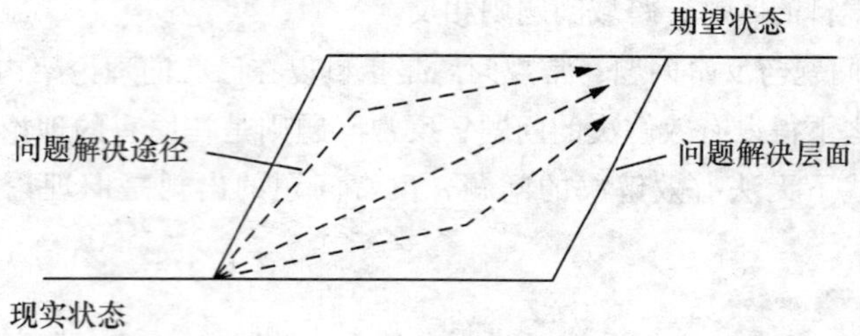

图 3-7　问题解决面

问题解决在于主体根据以往的认知经验与能力，提出有效的方法，解决现在情境与问题目标之间（也称问题空间）差异的过程；其主要目的在于使“提出问题”与“自己实际能解决问题”之间的差距缩小；换言之，问题解决需立足于主体解决问题能力可及范围内，运用旧的认知结构中先备知识辅助主体，通过反复论述掌握问题本质与解决问题的因果关系，明确问题点之所在后，思考问题的解决对策，减少已知知识经验与未知认知目标间差异，重新组织及建构其为某一可再认知的新经验创造过程。

问题空间的解决问题经验指主体利用已学习过的知识、技能去满足新情境需求，以获得解答的过程，通过内在心智模式探索外在世界的可能，透过内在智能与外在环境互动解决问题的模式（解决问题的主体受外在环境刺激，输入信息处理，输出解答的方法）来达成。此模式由信息接触至目标达成的问题空间的解法，依主体的解决问题认知路径与面对问题本身可获取的资源差异而有所不同。因此，主体需把问题空间锁定为一模糊待解的问题意识，而解决问题首先即是理解问题意识，认清欲解决的问题的所在，才有利于更进一步地解决问题。

因而，问题解决是高层次的心智模式及深层的思维活动，指自问题产生或认知问题起（发现问题），搜集问题的相关信息，抽丝剥茧去伪存真，而后洞察出问题的解决之道。主体对问题先形成问题表征，并以过去的经验或吸收新知识来重组问题，以产生解决问题的可行路径，形成问题空间来解决问题。此即说明由问题产生经由解决问题过程获取解答应属于因果关系厘清的过程，联结前后因果差距，此差距为问题解决所在，也是已知与未知间的问题空间。

二、问题管理

问题管理是以解决问题为导向，以挖掘问题、表达问题、归结问题、处理问题为核心的一套管理理论和管理方法。或者说，有系统规划所给定的限制条件与资源，有效消除现实状态与所期待目标之间的差距，进而将其转化成有知识价值的措施，称为问题管理。

问题管理有系统规划、功能组织与价值营造的功能。以策划为例说明，策划包括整体策划与局部策划。整体策划的功能，首先在于充分厘清现况以找出关键问题，并制定解决问题欲达到的最终目标；再以最终目标为愿景，策划问题管理过程，明确规划出问题解决中需要的管理阶段；最后针对环境收集相关必要的事实与数据，分析评估以充分掌握可用资源、能力范围与限制条件。局部策划的功能则在于针对不同的阶段进行问题管理，有四个步骤：步骤一，制定各阶段的目标及其所需应用的策略与工具。步骤二，持续追踪检查各阶段实施的效益。步骤三，比对各阶段目标与实行成果是否一致。步骤四，确保最终目标的实现。

问题解决与问题管理的区别在于消除差距的有效性。虽然问题解决有其必要性，但往往只从问题解决面去寻找解决问题的途径，欠缺全盘性的思考与系统性的规划，不仅无法充分利用资源、发挥能力，更无法确实掌握解决问题有效性的途径，因此面对复杂且困难的问题时，问题解决的思维就略显不足。反观问题管理则拥有全盘性的思考及系统性的策划，并持续追踪检查问题解决的策略效益，对于其问题解决过程与结果加以管理，如此，不仅确保了问题解决的有效性，更创造了解决问题的附加价值。因此可以说问题管理即是重规划且创造价值的问题解决。

问题管理大致可分为全盘规划、有效解决与知识管理三要素，其中全盘规划与知识管理两部分并无先后之分，却有轻重之别，如图 3-8 所示。全盘规划、有效解决及知识管理，以及分为解题前段与解题后段，其前段着重于规划，后段偏重于知识管理，以达到有效消除差距以及创造价值的路径。

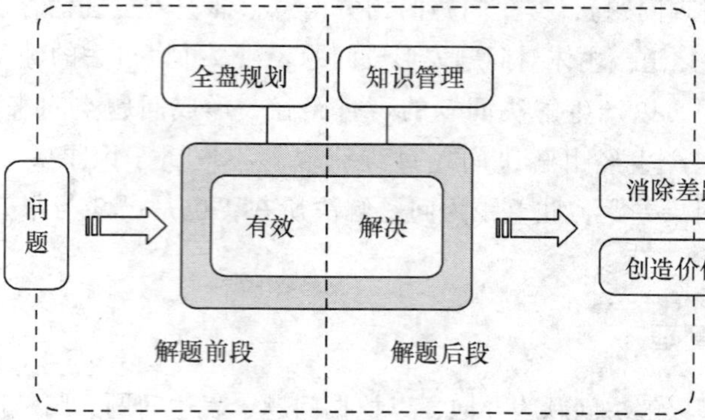

图 3-8 问题管理三要素示意图

一个策划过程本质上就是一个不断地进行问题解决与管理的过程，一个完整的策划过程可以分成不同的问题解决阶段，通过适当的问题解决方法以达成阶段性目标。换句话说，策划过程是有系统地规划解决问题的策略，经考虑环境相关资源、限制与能力范围，以达到消除差距的最终目标，并制定阶段性目标，之后循序渐进地完成问题解决的阶梯，如图 3-9 所示：

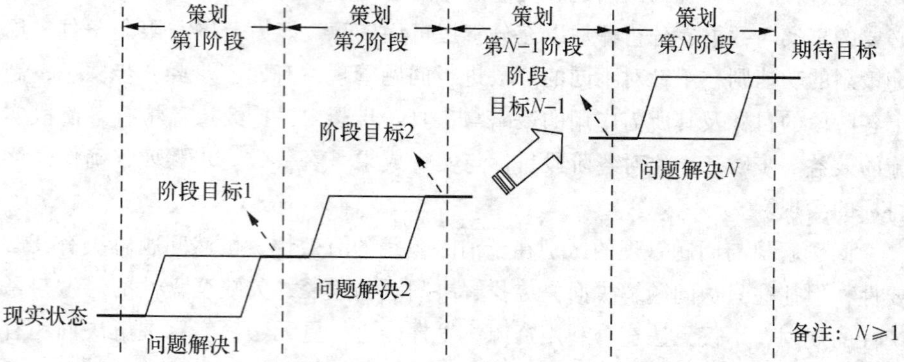

图 3-9 问题管理中的问题解决

问题解决模式的构件如图 3-10 所示，“基本理念”是问题解决模式的核心，不仅影响着“解决过程”的规划，更引领“阶段策略”思考的方向，因此，“基本理念”是问题解决模式的灵魂与精神所在，而“阶段策略”的思维则用于规划如何适时恰当地使用“应用工具”。总而言之，问题解决模式的基本要件中，“基本理念”是问题解决模式的核心，“解决过程”、“阶段策略”及“应用工具”三者都受其影响，其中不同阶段的“解决过程”需要运用不要的“阶段策略”及“应用工具”。

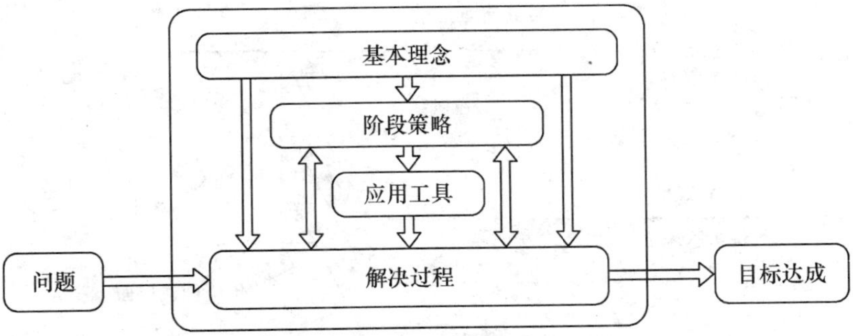

图 3-10　问题解决模式基本要件架构图

问题解决模式基本要件之间都有着较强的关联性，而在图 3-11 问题解决基础模式的示意图中，可发现问题解决模式基本要件在问题解决构面所扮演的角色，问题通过“基本理念”的方向往阶段任务目标迈进，在解决问题过程中经过“解决问题”的阶段程序化步骤，并在各阶段都有其运用的“阶段策略”与“应用工具”，以助于目标的达成。

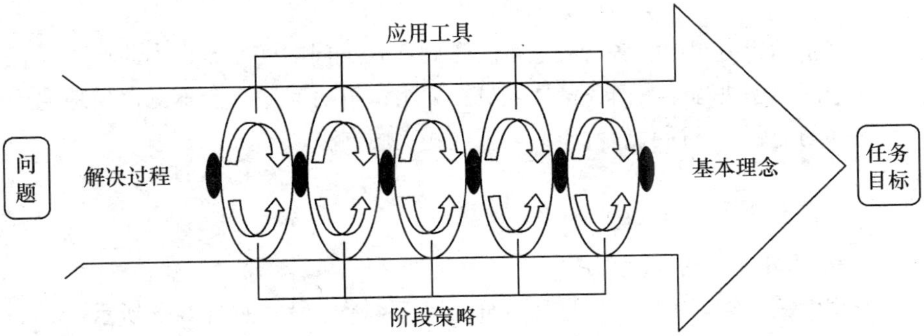

图 3-11　问题解决基础模式示意图

需要特别指出的是，问题解决往往只去寻找消除差距的途径，而欠缺对问题情景、态势的掌握，以至于此途径的有效性、价值性及时效性常常难以保障。而问题管理则关注“价值创造”、“讲求效率”等分析层面，如图 3-12 所示，“情景、态势掌握机制”的效益在于寻找有效性、价值性及实效性都完备的途径以消除差距，而其含义是在解决问题的过程中，为确保达到特定目的途径的有效性、价值性与实效性，所采取的评估程序或机制。

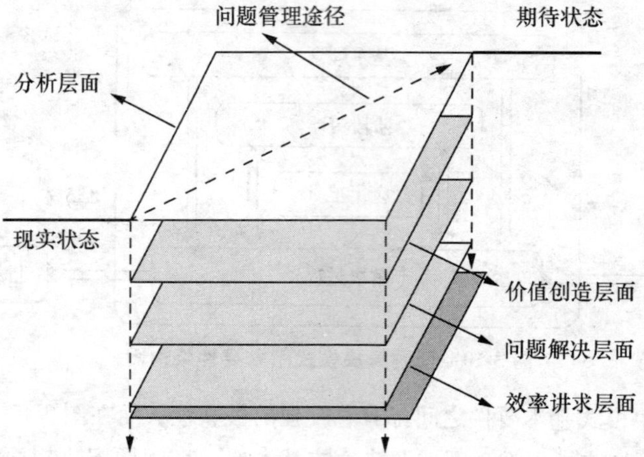

图 3-12　问题管理分析层面

第 3 节　问题解决程序

在经济运行过程中，各行各业都会遇到各自不同的问题，也由此产生了各种不同的问题解决程序。商务策划人员在为组织解决问题时会不可避免地遇到各种各样的问题，下面我们就介绍一下这些程序方法。

一、常用程序

（一）心理学家的 4 步程序

心理学家认为解决问题的过程可分为以下 4 个阶段，如图 3-13 所示：

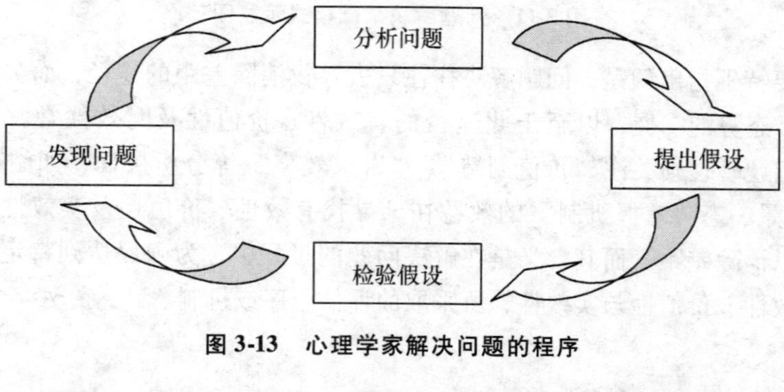

图 3-13　心理学家解决问题的程序

1. 发现问题。我们生活的世界处处时时都存在着各种矛盾，当矛盾反映到意识时，个体才会发现它是个问题，并要求设法解决它。这就是发现问题的阶段，是第一个阶段，也是问题解决的前提。

2. 分析问题。要解决所发现的问题，必须明确问题的性质，也就是弄清有哪些矛盾，它们之间有什么关系，以确定所要解决的问题要达到什么结果、所必须具备的条件、其间的关系和已具有哪些条件，从而找出重要矛盾、关键矛盾之所在。

3. 提出假设。在分析问题的基础上，提出解决该问题的假设，即可采用的解决方案，其中包括采取什么原则和具体的途径、方法。但所有这些往往不是简单现成的，而是有多种多样的可能。但提出假设是问题解决的关键阶段，正确的假设能引导问题顺利得到解决，不正确、不恰当的假设则会使问题的解决走向歧途。

4. 检验假设。假设只是提出一种可能的解决方案，还不能保证问题获得解决，所以问题解决的最后一步是对假设进行检验。通常有两种检验方法：一是通过实践检验，即按假定方案实施，如果成功就证明假设正确，同时问题也得到解决；二是通过心智活动进行推理，即在思维中按假设进行推论，如果能合乎逻辑地论证预期成果，就算问题初步解决。特别是在假设方案一时还不能立即实施时，必须采用后一种检验。但必须指出，即使后一种检验证明假设正确，问题的真正解决仍有待实践才能证实。不论哪种检验，如果未能获得预期结果，必须重新另提假设，再行检验，直至获得正确结果，问题才算解决。

（二）三型问题思考法

三型问题思考法把问题分为发生型、探讨型、回避型三种类型，其问题解决程序如下，如图 3-14 所示：

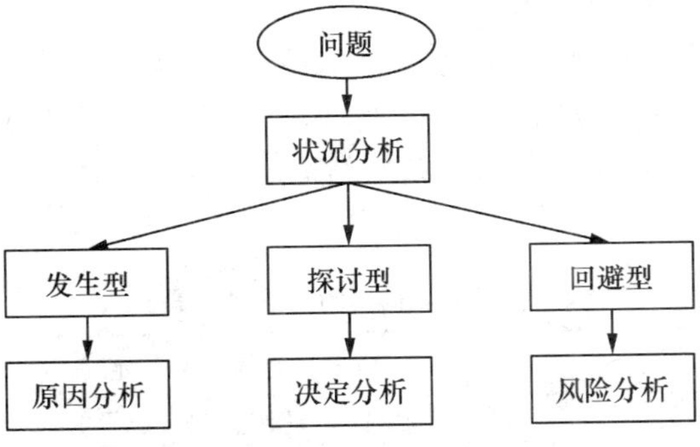

图 3-14　三型问题思考法解决问题程序

对于发生型问题，研究组织为什么未能顺利进行并有效追查原因、真相，使用原因分析程序。

对于探讨型问题，研究寻找最佳方法，最大限度地减少错误选择，使用决定分析程序。

对于回避型问题，预测将来可能发生的棘手问题，寻找如何才能避免发生这些问题，然后用最少的必要费用度过这个危机，使用风险分析程序。

1. 状况分析。一开始就能清楚地判断出问题性质的情形实在太少，而状况分析程序通过理清错综复杂的情况，将其分化成容易解决的小问题，最后排出着手解决的优先级。其目的是把盘根错节的问题进行合理的分类，使其能够根据各自的性质，运用“原因分析程序”、“决定分析程序”、“风险分析程序”的方法来解决问题。

2. 原因分析程序。适用于解决不明原因的问题，如能得当地运用这一程序，查明问题发生的真正原因，就能明确消除发生问题的根源，制定预防再次发生同类问题的对策。

3. 决定分析程序。选择或决定的工作，首先要有一定的目的、目标，然后判断为达到目标应该采取的最佳方法是什么。决定分析是指明确决定目的，有系统地收集相关信息，从多个备选方案中选出属于现阶段最佳方案的程序。

4. 风险分析程序。在决定分析阶段选出的最佳方案，如果不能成功得以实施的话，也得不到预期的成果，况且，在实施过程中，存在不少不可预测的风险。风险分析的目的就是明确采取什么对策才能避免将来的不安和担心，用事先做好的对策对待未来。

（三）主体逻辑思维解决问题模式

问题解决的整个过程就是要不断发掘问题，然后加上不断采取对策来处理问题。当主体已清楚掌握问题，即可制定可行的解决问题方向，简易的解决问题模式可由先备知识结构抽取记忆信息加以组织获取解答。复杂庞大（或是创新的问题）的问题，超越主体既有认知或涉及范围较大，则需通过吸取新知、数据收集供主体内化为可处理的新信息，以填补原有知识结构的欠缺。这种就是内化处理信息或者是主体内在的认知结构运作行为。主体逻辑思维的解决问题模式，如表3-1所示。

表3-1　主体逻辑思维的解决问题模式

解决问题的步骤	解决问题的内涵与定位
1. 问题意识	问题表征，问题产生缘起，确认问题构成及模糊状态的知觉感受
2. 问题界定	问题本质或核心问题是什么？锁定问题接口，掌握解决问题导向的定义域

（续表）

解决问题的步骤	解决问题的内涵与定位
3. 思考方向	解决问题意向与初略可行方向的了解，问题定义域中相关领域或子议题的类别，问题分解，从经验与知识范围内寻找可能的解决方向
4. 数据汇整	宏观地浏览搜寻对各面向或相关子问题的叙述，并汇总为解决问题的基础
5. 重点解析	数据整合中可形成概念联结及重要性启示语句，构成解决问题的明确信息
6. 归纳	各子问题与重点解析要义整合成有用的信息
7. 演绎	掌握归纳所得的概念，对于问题的本质提出新意（解决方案）

表 3-1 所列的各阶段步骤都具有其关键性的解决问题的内涵与定位，阶段间的关系性是一个整体的解决问题架构，也是模糊问题逐步厘清并产生新知的解决问题路径。各步骤的内涵与定位简述如下：

步骤一“问题意识”：指在问题未明朗化之前，预先感觉到问题存在的一种能力及模糊状态。解决问题首先需要建构正确的问题意识，只有发觉到现状有某种缺失，并且把它视为一个问题，才能够使想要解决问题的意念发挥它的作用，并且需要清楚明了到底要解决什么，先使问题的主体明确化，主体能够明确时，问题才能确定。

步骤二“问题界定”：试图陈述问题并将问题结构化，对构成问题的各要素间的关系加以明确定位，因此在了解原因、掌握问题之前，必须先了解问题的结构。这需要将问题陈述合理化，并达到主体可理解的状态。界定清楚的问题，为解决问题过程提供正确的方向。此外，问题陈述力求言简意赅，只需提供必要的信息，而非对信息的解释。因此，问题界定即了解问题与目标所可能涵盖的范围及限制条件，仔细研究分析问题界面的核心及定义域。

步骤三“思考方向”：由问题界定所构成解决问题的定义域中，将母问题可能触及的相异类型或专业领域拆解成数类子问题，分别对于子问题执行认知了解及资料搜集，循例逐一击破，全部子问题都厘清，那母问题即可迎刃而解。

步骤四“数据汇整”：数据整合运作的过程就是寻找问题解决的关键。收集汇整思考方向所列举的相异类型的叙述数据，逐步探讨解析，厘清子问题的细节，提供初略分析的解决问题信息。

步骤五“重点解析”：在处理此阶段时，主体应先将数据汇整的要点及无关解决问题的数据剔除，并将其以重点精简的单一语意摘录下来，转变成一种可供使用的概念或模式，然后归纳成较为浓缩的概念（架构）。在精简、提析、整并的过程中，应避免掺杂自己预先的诠释及观点，以免影响分析进行的客观性，增加误判的可能。

步骤六“归纳”：归纳分类才能化繁为简，找出数据间的共同规则，并以此作为知识。将重点解析的要意做出分类，将重点归纳为几点结论（子问题的结论或综合说明），但仍未超越原有资料的范畴，也未涉及主体的新诠释及判断，仅是数据的精简。

步骤七“演绎”：指通过片断地归纳要意的事实做出超越资料个别意义的联结与更客观的新诠释（解答说明），驾驭其所产生的新意以研发或阐述新知识。演绎的达成需要通过洞察及想象力突破主体既有限制，同时还要凭借主体累积的丰富的专业解决问题经验。

总而言之，在解决问题时，必须先发掘问题、确定问题，将问题状况明确地描绘出来，设定可能进行及搜寻的可能原因与方向，尔后寻求共识或新知分析原因，且以事实为根据。在这段期间要集合众智以找出创意，归纳出解决问题的方法与看法，最终由洞察中达至解答（新意）或问题的知晓、领悟，这就是问题解决的步骤性方法。

（四）串珠分合模式

1. 基本型串珠分合模式。解决问题的方法多种多样，对这些方法进行综合整理，可以汇总成以分合思维为主的解决问题的十大步骤，并称之为串珠分合模式。步骤如下：① 探索情境（Mess Finding）；② 厘清问题（Problem Finding）；③ 分析要因（Cause Finding）；④ 寻思对策（Solution Finding）；⑤ 探索障碍（Obstacle Finding）；⑥ 再造方案（Alternative Finding）；⑦ 实践方案（Action Finding）；⑧ 评估成效（Result Finding）；⑨ 确保成效（Assurance Finding）；⑩ 活用知识（Application Finding）。

这10个步骤不仅整合了很多学者关于问题解决的一般性方法，更运用了分合思维的概念，接着通过发散再进行聚合的动作，最后综合归纳成较为通用的问题解决步骤。

第一个“情境探索”阶段主要是将整个问题系统做一概括性的认知与了解，从中清理、盘点所有问题，并将问题依其种类分解切割，再对所整理后的问题进行评估，选定后再辨别其问题的特性以决定下一阶段所要执行的项目。此阶段步骤包括清理盘点、分解切割、评比优先、辨认特质四个作业事项，其产出为选定问题。

第二个“问题厘清”阶段主要是将我们所要解决的问题界定出所要解决的

范围及所会动用到的接口，进而将项目团队可用的资源与所欲达成的成效相衡量，若成效与所用资源不成比例将有修改的必要，再为所要解决的问题设定要达成的目标，进而将问题的范围、可用的资源、欲解决的程度、限制、预期困难与日程等作详细的规划与管理。此阶段步骤包括界定范围与接口、资源与效益的评估、设定目标及规划管理四个作业事项，其产出为问题陈述。

第三个“要因分析”阶段主要是让我们明确地了解对于问题的认知与实际现况的落差，而对于问题有更透彻的了解并将此情况做一比较，并试图找出所有有可能会造成问题的原因，且初步尝试、推论回答问题所发生的原因以确立真正的原因，再以行动、数据来进行查证。此阶段步骤有包括问题偏异陈述、探查原因、推论解释、检定真因及查证确认五个作业事项，其产出为主要原因。

第四个“对策寻思”阶段主要先将我们要找寻对策的目标定出来，并设定评选的基准再激发所有可能的对策，建立评判对策集的评量指标，以加权数值找出初步最佳方案，最后再评估此方案的可行性。此阶段步骤包括设定对策案由、基准选定与分类、研拟各种对策、评比初选、选定最佳对策及可行性评估六个作业事项，其产出为最佳对策。

第五个“障碍探索”阶段主要是先模拟之前选定的最佳对策，再从最佳方案中寻找有问题的弱点，针对其弱点作深入的调查分析以找出之前尚未注意的障碍与威胁所在，进而加以推论其问题点可能会发生的潜在原因并加以事先制止。此阶段包括对策情景模拟、寻找障碍与威胁、推论潜在原因及防堵潜在原因四个作业事项，其产出为潜在问题。

第六个“方案再造”阶段主要是针对在上一个障碍探索阶段中可能发生的原因，以制订全面的施行计划来克服它发生的机会，再找出一些潜在问题未发生时可行的预防措施，及若潜在问题发生的紧急应变对策。此阶段步骤包括制订施行计划、找出预防措施及紧急应变对策三个作业事项，其产出为预应对策。

第七个“方案实践”阶段主要是在已有最佳对策及所有因应措施的情况下，企业成立机动小组以随时可以调派人员进行临时性作业，接着就项目中的团队对最佳对策及所有应对措施进行规划如何执行的作业，再协调项目团队所要执行工作，进而一一分工指派至个人去实践，并有专人进行各流程的控制以随时响应调整。此阶段步骤包括成立机动小组、项目团队规划执行方案、项目团队协调工作、任务分工与指派及流程监控五个作业事项，其产出为执行方案。

第八个“成效评估”阶段主要是由决策单位成立评估小组，收集相关数据，通过所设定的目标对结果进行评估，以断定方案是否正确无误地达到当初所设定的目标，并比较目标与结果的落差，假若落差过大，则必须分析再重新实施更新后的流程。此阶段步骤包括成立评估小组、收集数据、评估结果、比较落差及确认重新实施流程五个作业事项，其产出为鉴定成效。

第九个“成效确保”阶段主要是不断地更新适当的流程作业，再收集以往影响其成效的因子，并将此有系统地抽离其成效因子且导入系统中，以确定问题不会再发生，最后对所欲实施的作业进行标准化，再加以推广、教育训练及专人负责等落实管理，定期地追踪实施状况。此阶段包括更新实施流程、整合流程关键因素、实施标准化及落实管理四个作业事项，其产出为标准作业程序。

第十个“知识活用”阶段主要是试着将问题解决的经验以文件或是计算机数据库的方式适当地储存或保留，以待他人或是其他相似问题使用，进而达到有效知识管理的成果。此阶段历程包括项目报告撰写、成果发表、扩展应用及知识管理四个作业事项，其产出为知识系统。

2. 改良型串珠分合模式。在问题开始着手之前应该先建立团队，并且在方案实践前，应取得小至团队，大至部门、组织的共识，以求得方案实施时的全员参与及配合。衡量绩效指标的建立及其衡量的工具是问题解决中被普遍忽视的过程。因此，成立团队、指标建构及共识寻求三个阶段是串珠分合模式十段论中所欠缺的部分。把这三个步骤补偿进串珠分合模式十段论中可以使其更加完整。

“成立团队”在问题管理历程一开始，即情境探索以前就要有，属于前置作业的阶段。通过一开始对于问题产生共识而组织的问题解决团队，在组织建立时，必须设置团队目标、负责人、规范并统一对外发表的口径，施以适当的事前训练。最后，应向组织内部宣告问题解决小组的成立，以告知对于问题解决的决心及重视，使适当的人员有所认知，并将有适当的制度调整。此阶段主要有对问题产生共识、组织问题解决团队两个作业事项需要达成，其产出为团队组成。

“指标建构”的阶段的含义是在选定一个问题之后，通常都需要有衡量的指标及工具来量化目标的达成度，因此，将“指标建构”置于情境探索之后，问题厘清之前的阶段以衔接。在此阶段主要是先了解与选定题目相关的衡量指标有哪些？可用哪些方法进行衡量？将之前所关切的事项转化为具体指标，进而开始收集所设定的数据，再从中选取最为适切的衡量指标，来作为问题厘清中设定目标的依据及作为成效评估阶段中评比改善前后的程度基准。

“共识寻求”阶段是因为团队都会依循一定的解决问题的模式进行改善活动，往往在没有先寻求共识的情况下就毅然决然地去执行方案，间接造成成效不彰、人际及角色等潜在的问题，因此，把这一步骤置于对策再造阶段之后，方案实践阶段之前，以避免造成问题久久无法解决。此步骤主要是先建立团队对此的共识，进而通过单方面的倡导项目或是召开有互动性质的说明会、协调会等，以寻求小至个人，大至团体、部门、组织等的认同及配合。

至此，已将原有的十段论加入“成立团队”、“指标建构”及“共识寻求”等历程，目前所建构的通用问题管理历程共有十二段论，对各阶段作简要说明如下：

1. 情境探索：在杂乱无章的问题情境中，抽丝剥茧以理清头绪来掌握团队所要解决的问题。

2. 指标建构：找出衡量问题解决或改善程度的关键基准及所要使用的衡量工具。

3. 问题厘清：清楚界定问题的范围、要解决的程度及相关限制与资源所要达成的目标与程度，并做成问题陈述。

4. 要因分析：透过深入探查来找出问题的真正原因或重要的影响要素并验证确认。

5. 对策寻思：针对真因或要素找出所有可能施行的有效对策，加以评估以选定最适者。

6. 障碍探索：模拟对策实施的过程情境以寻找可能发生的弱点、障碍及阻力的几率。

7. 方案再造：针对可能发生的潜在原因做到防微杜渐以及应急行动，重新拟订对策方案。

8. 共识寻求：通过倡导协调等作业将欲施行的活动建立共识以寻求认同及配合。

9. 方案实践：有系统地进行规划协调来指派分工，并有效监控以实时回应。

10. 成效评估：针对设定的指标来衡量改善前后的落差，并确认达成的成效。

11. 成效确保：将现有程序标准化，并定期更新。

12. 知识活用：建立有系统的项目知识库，将已有的成果及经验分享以扩展应用。

（五）KT 模式

Kepner 和 Tregeo 深感一般组织或企业遇到问题或瓶颈时，常常病急乱投医，造成忽视问题的真正原因以及胡乱决策等，因而提出一套通过观察归纳与工作经验所发展出来的具有系统化问题解决的理性管理程序，以协助管理者系统地分析现状进而迅速有效地做出决策，其程序如下：

1. 情境探索（SA）

（1）清理盘点；

（2）分解切割；

（3）设定优先；

（4）辨认特质；

（5）规划管理。

2. 问题分析（PA）

（6）偏异陈述；

（7）探查原因；

（8）解释推论；

（9）检定真因；

（10）查证确认。

3. 决策分析（DA）

（11）设定案由；

（12）基准分类；

（13）研拟方案；

（14）评比初选；

（15）选定方案。

4. 潜在问题分析（PPA）

（16）探索问题；

（17）寻找弱点；

（18）探查问题；

（19）预防措施；

（20）应变减害。

KT 理性管理程序包含“情境探索”、“问题分析”、“决策分析”及“潜在问题分析”等四种思考模式，其中每个阶段又包含五个段落，共计有二十段的作业项目，但并非在解决每个问题时都必须要一步一步地走过，而是一开始在情境探索时就先澄清问题的走向及所需资源的性质，进而决定下一项该执行的动作，如图 3-15 所示，例如：情境探索后可依其线段之箭头直接进行问题分析、决策分析或是潜在问题分析或者需要依照全部的过程从头到尾一一实行。

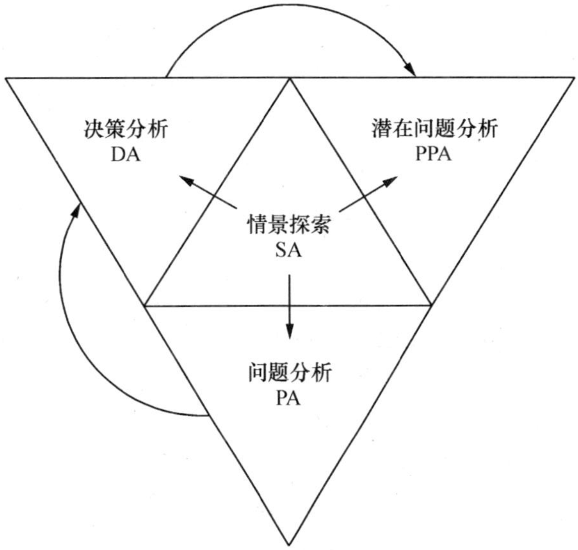

图 3-15　KT 法四段历程简要示意图

二、咨询公司解决问题的通用方法和程序：七步成诗法

七步成诗法是著名的咨询公司麦肯锡及其他公司在解决问题时常用的一套程序，如图 3-16 所示：

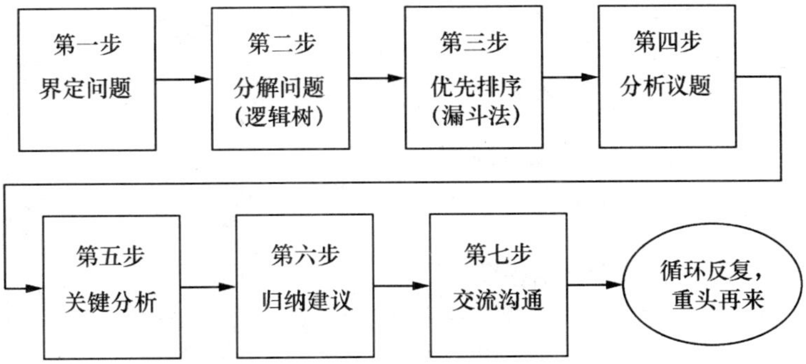

图 3-16　七步成诗法示意图

第一步：界定问题

界定问题要完成三个方面的工作，一是明确企业要解决的基本问题；二是要具体地、有内容地描述问题；三是清楚列示问题涉及的各方面信息。界定问题要在明确了解问题的背景情况的基础上对问题进行清晰的界定，然后形成问题陈述表。

问题的背景情况包含以下要素：

（1）决策者是谁：哪些是你的听众？

（2）影响决策者的主要因素：哪些是他们对决策比较关心的问题？你如何解决互相冲突的安排？

（3）解决问题的时间安排：需要多快得知答案？

（4）成功努力的标准：决策者如何判断是否解决了问题？他所关心的是什么？

（5）主要衡量标准：哪些是衡量成功的主要标准？

（6）问题解决所需的准确度：需要何种准确度？

在把握问题的背景情况后，就要对问题进行阐述，清晰阐述问题的特点有以下几点：

（1）一个主导问题或可靠性很高的假设；

（2）具体，不笼统，不是问题的罗列而是一种无可争议的主张；

（3）行动性强；

（4）以决策者下一步所需的行动为重点。

以某公共图书馆解决问题为例来说明什么是清晰的问题阐述，如表 3-2 所示：

表 3-2　解决问题的实例

	评　价
公共图书馆面临着大家抱怨它不能提供信息服务的问题	事实的陈述
图书馆是否应努力改善对会员的服务？	无可争议
能否采取不同的图书馆管理方法以改善对会员的服务？	太空泛
图书馆有哪些改善会员服务的可能？是通过延长时间，更好地选择书刊，还是在现有的预算内改善编辑目录使借阅更加容易？	具体，行动性强

问题经过仔细界定后，填写问题陈述表，如表 3-3 所示，第一步就算完成了。

表 3-3 问题陈述表

需要解决的基本问题（被清晰地界定了的问题）	
1. 观点/背景	3. 决策者
	4. 其他利益相关方
2. 成功的标准	5. 解决方案受到的限制
6. 解决方案所涉及的范围	

第二步：分解问题

将问题分成几个部分使解决问题可以分成能够解决的几个部分，将问题的各个部分解决好，即可解决整个问题。

分解问题坚持一个思维、一个原则、一个导向和运用一个工具。

坚持一个思维即结构化思维。解决问题的过程并非始于事实，而是从结构开始。结构思维是指解决问题的分析框架，更一般的，是指首先界定问题，然后将问题细分。

一个原则是指 MECE（Mutually Exclusive, Collectively Exhaustive）原则，读为“me-see”，意为“相互独立，完全穷尽”。在解决问题的过程中，MECE 意味着将问题细分为明确的、没有重叠的子问题，同时确保所有相关的问题都已考虑在内。也就是对于一个重大的议题或者问题，能够做到不重叠、不遗漏的分类，而且能够借此有效把握问题的核心。严格的结构化是策划人员的三大工作方法之一，而且是解决问题的入手点。而 MECE 是结构化解决问题的基本原则，其目标是明确的，把思路理清，在避免困惑及纠缠不清的同时，保证思考必须是完整的。为了易于把握问题，策划人员要对问题进行界定，弄清楚问题的分支、与其他因素的联系以及可能产生的结果。然后，剔除次要因素，把精力放在对企业有重要影响的因素上。这样，他们就会更容易就问题和解决方案进行交流，从而使那些指令执行者的思路变得清晰。

一个导向是假设导向。利用适当的结构框架将问题简化细分之后，就进入到构建问题的下一个步骤：建立可行的假设。策划人员坚信，利用初始假设指导研究和分析会提高决策的效率和效果。策划人员知道，通过证实或证伪某个假设来分析问题，要比逐个分析这些问题以得到最终的答案更为有效。从一开始，假设就可以为你和你的团队提供一张解决问题的路线图，它将指引你提出正确的问题，进行正确的分析，从而得到问题的答案。

一个工具即逻辑树。策划人员结构化地细分问题最常使用的工具就是“逻辑树”。逻辑树是将问题的所有子问题分层罗列，从最高层开始，并逐步向下扩展。逻辑树务必是 MECE 的，只有这样，你才能考虑周全，避免混淆。

第三步：优先排序

优先排序是指对议题进行划分并剔除非关键性的议题，如图 3-17 所示。从策划人的角度出发，优先排序可以使策划人集中精力，更有效地利用现有资源解决问题。

那么如何进行优先排序呢？首先，要用判断力和洞察力决定各议题的重要程度。其次，优先排序需要客户的参与，客户往往能提供更多有益的判断和见解。再次，分析时不要过分注重细节，在这一阶段，不需要很高的准确度。最后，要有冒风险的准备，现在正在做的一切在未来都可能会有所调整。

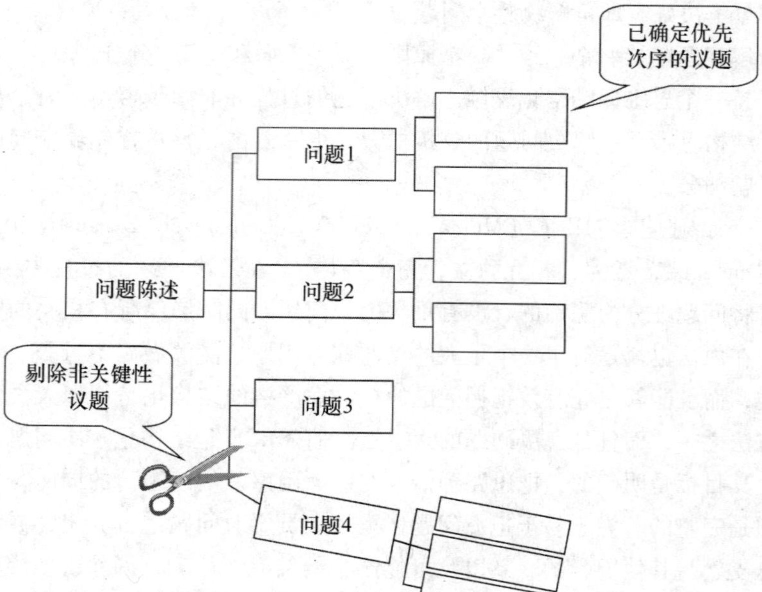

图 3-17　优先排序

80/20 规则是优先排序的最重要的基础法则。80/20 规则是商界的一大真理。这是一条粗略的估计规则：80%的效果产生于20%的分析样本。80/20规则最早可追溯到经济学家维尔弗雷多·帕累托。帕累托在研究意大利经济形势时发现，20%的人口占有80%的土地。后来当他在花园劳作时，发现80%的豌豆是由20%的植株产生的。根据这些以及日后的调查，帕累托发现，对于任何系列的研究要素，大部分的效果往往源自小部分的要素。后来，这一规则就演变成为“80/20规则”。80/20规则早已存在，这是策划人员和咨询顾问赖以生存的法宝之一。如果留心一下本单位的数据，你会发现80/20的例子无处不在。例如，80%的销售额来自20%的产品，80%的利润来自20%的员工，20%的工作占用了你80%的时间，80%的订货合同来自20%的用户。如果80%的销售额来自20%的产品，那么，这20%的产品究竟有什么启示？如何提高另外80%的产品效率？是否还真的需要另外80%的产品呢？你会发现，80/20规则大有帮助。在当今数据爆炸的世界中，全面彻底地分析问题的所有方面已变得相当容易。但是，如果所做的分析不能显著地增加问题解决过程的价值，那就是浪费时间。弄清楚证明或证伪自己的观点所必需的分析方法，实践它们，然后不断前进。不要奢侈地去干超过这一限度的其他事情。在与问题相关的数据太多的时候，可以做出很多分析，但对于其中的大多数数据和分析要忽略。

第四步：分析议题

表3-4 分析议题工作表

议题	假设	支持性依据	分析	来源
对关键性议题或者未解决的问题做出肯定或否定的回答，是具体行动的依据	说明可能的答案以及回答是或否的原因	“哪些是支持假设所需的足够及必要的因素？”“需要哪些依据来验证假设的正确与否？”一系列详细的支持性依据将使分析变得更为容易；论据必须是充足而必要的	进行模式化研究以证明或推翻假设，进而解决此问题	分析工作所需数据的获得方式

分析议题是联系议题界定和实际分析工作之间的纽带，是对议题进行更深

层次的分解，确认各子议题和所需的分析工作。最终的成果形式是详细的工作计划，就是策划团队中的“工作规划”。工作计划的主体部分是分析议题工作表，分析议题包括议题、假设、支持性依据、分析和来源等几个部分，如表3-4 所示。

以“ABC 是否应该在技术上投资2000 万美元”为例说明分析议题的制定，如表3-5 所示。

表3-5　分析议题工作表示例

议题	假设	支持性依据	分析	来源
ABC 是否应该在技术上投资2000 万美元	如果不进行新的投资，ABC 成本将没有竞争力	竞争者的生产成本在降低；行业领导者已在新技术上投资；投资在短时间内会产生回报	生产成本比较；重新分析有竞争力的投资项目；现金流量；净现值	专家；杂志/报告；与制造商及顾客的访谈；会计部门

工作规划通常是负责团队日常运作的项目经理的工作。在项目的早期，特别是在团队已经试探最初假设后，项目经理将决定所要采取的分析方法和相关的负责人。他通知每个团队成员的内容包括：所要完成的任务，在什么地方能找到相关的数据，以及最终产品的可能面貌。

一个全面的工作计划总是从建立最初假设过程中的各种问题和子问题开始的。对于每一个问题和子问题，应该列出以下的内容：

- 关于答案的最初假设；
- 按优先顺序来证明或证伪最初假设的分析方法；
- 实施这种分析所必需的数据；
- 可能的数据来源（如人口普查数据、核心成员、走访）；
- 对最终产品可能面貌的简要描述；
- 负责最终产品的人选（这里假设你在某个团队中；否则，就是你自己）；
- 最终产品的交付日期。

分析议题部分有一些值得借鉴的最佳做法：不要等待数据搜集完毕才开始工作；对数据进行不断的更新和完善；分析和来源一定要明确具体；与小组成员共同进行分析，尝试各种假设；符合实际，可操作性强，否则它将毫无用处。最终的工作计划如表3-6 所示：

表 3-6 工作计划表

工作计划			
分析议题工作表	+ 最终成果	职责	时间安排
	说明分析结果	收集资料，分析资料的小组成员	确定解决关键议题所需的时间
	例： 成本分解、比较产生成本差异的原因	例： 王×	例： 10天

第五步：关键分析

关键分析是非常重要的一步。分析论证要坚持几个原则：以假设为前提，事实为依据，结构化论证；尽可能简化分析；要充分利用团队力量；对困难要有心理准备；不要害怕创新。为了有效地分析问题，不仅需要明晰的思路，遵循正确的原则，还应掌握分析问题的基本方法。策划人员要根据不同的问题选择恰当的分析方法。常用的分析方法有：

（1）系统分析法。这是判定问题的一种方法。它把企业或一个部门看成一个系统，再判定这个系统是否存在问题，是什么原因造成的，涉及管理的深度和广度的程度，是在掌握了足够数据和对系统运行状态有了比较深入的了解情况下，可采用的方法。一般用以判断问题的性质，拟定解决问题的措施。

（2）解析分析法，也称“5W2H”法。它把分析的对象作为一个整体，然后按构成这个整体的因素进行分解，通过对这些因素的分析来界定问题的性质，从而深入把握存在的问题原因，为采取相应措施提供依据。

（3）问题归类法。这种方法是对调查出的问题按一定标准进行分类，按各类问题的特征进行分析的一种方法。这有利于找出同类问题的共性和特征，采取相应的对策。

（4）纵向比较法和横向比较法。纵向比较法主要分析客户企业不同时期的标准并与实际情况进行比较：了解存在的主要成绩和问题及演变过程，以推测未来趋势；横向比较法是分析客户企业在不同时期经营管理状况与同行业平均（或先进）水平、竞争对手的先进水平进行比较，来把握企业在整个行业所处地位及该地位的变化趋势。

（5）重点分析法。这种方法是把企业存在的众多问题用排列图的方法，依照影响问题的性质或程度大小组合排列。然后将影响程度占总问题的比例大的因素作为解决问题的重点，其他占比例小的也会迎刃而解。

（6）因果分析法。它是利用鱼刺图的方法，把影响所存在问题的各种因素，按影响程度大小分为若干等级，影响大而且直接的因素称为一级影响因素或问题原因，下一级影响因素是上一级影响因素存在的原因，即上级原因是下一级问题，以此类推，通过层层列示影响因素直至到最底层不能再分为止，就是解决问题的最根本原因。这种方法是分析问题，找出原因多采用的方法。

第六步：归纳建议

前几个步骤会形成一些结论和成果，这一步的主要工作是把松散的研究成果归纳成一个主要观点即总结问题分析的结果，并根据结果建立论点，推出解决方案的建议（针对问题的关键因素制订行动方案）。

有两种可供选择的工具来形成归纳建议的框架，分别是“情况、复杂性及解决方法”架构以及归纳金字塔。

“情况、复杂性及解决方法”架构是以要解决的问题为轴线，列出问题的情况、复杂性和解决方法，如图3-18所示：

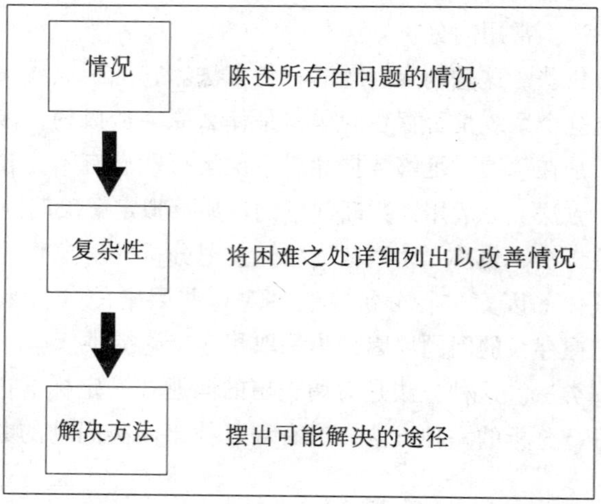

图3-18　“情况、复杂性及解决方法”架构图

以前面讨论的公共图书馆问题为例来看“情况、复杂性及解决方法”架构的应用，如图3-19所示：

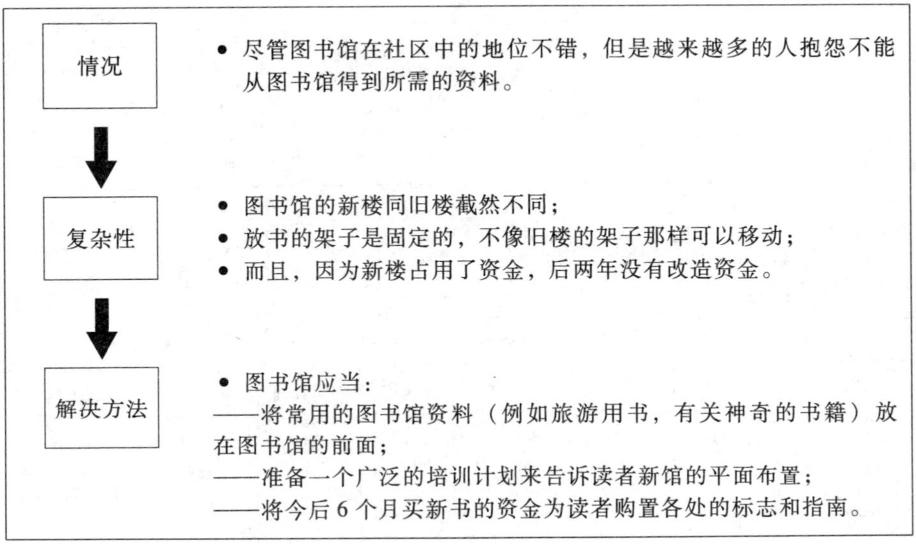

图 3-19 “情况、复杂性及解决方法”架构示例图

归纳金字塔是更为常用的归纳工具，如图 3-20 所示，归纳金字塔的结构有三个原则：一是每一层次的思想观点必须是低一层次思想观点的概括；二是每一组的思想观点必须在逻辑上属于同一范畴；三是每一组的思想观点必须符合逻辑顺序。

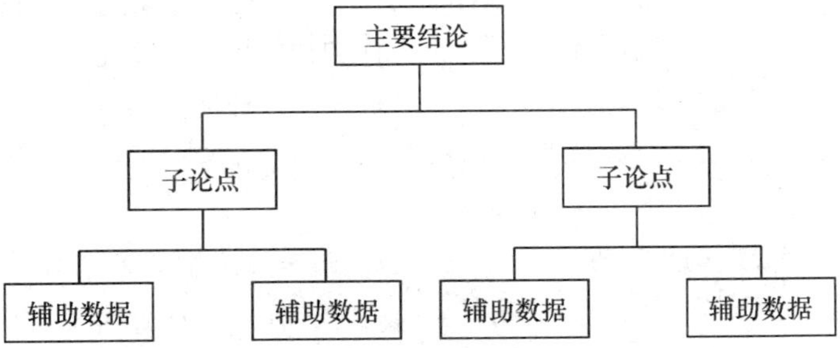

图 3-20 归纳金字塔

仍以前面讨论的公共图书馆问题为例来看归纳金字塔的应用，如图 3-21 所示：

除了上面介绍的工具外，归纳建议部分还应该注意以下事项：

一是归纳出来的主要观点应该符合明确、有力、凝练和具体等几个原则。作为一名策划人员，你必须提出为客户创造利润的建议。

二是要注意：每一个客户（问题）都是独一无二的，即不存在一刀切的解

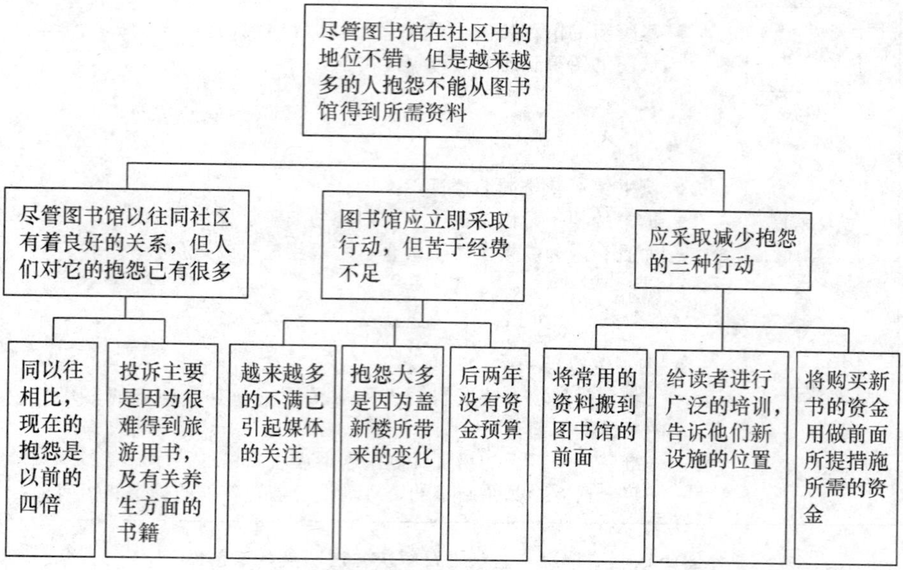

图 3-21　归纳金字塔示例

决办法。各种问题之间总是存在许多相似点，但这并不意味着相似的问题就有相似的答案。必须用以事实为基础的分析去验证最初的假设。策划人员在实施以事实为基础的分析时，要求在向客户提交任何建议之前必须进行艰苦的求证。即便最初的假设可能是正确的，也请用足够的时间用事实去验证这个假设。

三是不要用事实拟合你的假设。也许你和你的团队制定了一个非常有创意的假设，但是在验证其真伪时，事实和分析很可能证明你是错的，对此要有充分的思想准备。如果事实与假设不符，那么需要修改的是你的假设，而非事实。

四是切记分析的局限性。在解决问题的过程中，分析起着至关重要的作用。但是，当完成分析以后，也就只能如此了。你务必从分析中做出推断。现在，你就进入了策划模式中“直觉主导，数据从属”的阶段。这就是十字路口，你必须做出选择。分析本身具有局限性，这一点我们无法避免。记住一句话，“准备，开火，用意识去瞄准”。或许你是个拥有敏锐直觉、丰富经验的决策者，但别忘了分析的重要性，好的分析有助于你与其他人进行沟通，并得到他们的支持。或许有人认为直觉和数据是阴阳两个对立面，但实际上它们是不可或缺的，正如阴与阳，在相互对立中得以成长。没有直觉的数据仅仅是枯燥乏味的信息，没有数据的直觉只能是凭空任意的猜想。但是，合二为一就构成合理决策的坚实依据。

五是确保解决方案适合你的客户。你或许提出了一个非常睿智的方案，你有大量的数据支持它，你承诺它会给客户带来巨大的收益，但是如果客户或企业根本无法实施，那么也只能是纸上谈兵。认知你的客户，认知其优势、其劣势、其能力——哪些管理模式是适合的，哪些经营方法是不可行的。时刻考虑这些因素才能量体裁衣、对症下药。如何根据客户的需求提出可行的解决方案，策划人员的经验是：从客户的角度考察问题；考虑客户的能力。

第七步：交流沟通

在归纳建议的基础上，这一步要形成最终的陈述报告。通过陈述报告，向客户阐明解决方案的灵魂和精髓。陈述报告要强调两点：结构清晰、简单明了。

结构清晰。要想使陈述报告取得成功，就必须让听众顺着你的逻辑走。陈述报告应该很清晰地反映出你的思维过程：如果你的思维很清楚，逻辑性很强，那么陈述报告也会同样如此；相反，如果你的思路一团糟，那么想把自己的观点表达清楚就非常困难了。

简单明了包含两层意思。一是要求你能在尽量短的时间内清晰而准确地向客户解释清楚解决方案。如果你做不到这一点，那么把你正在做的工作理解清楚以后再去推销你的解决方案。二是陈述报告会用到大量的图表，要注意每个图表只包含一个信息。图表越复杂，传递信息的效果就越差。图表所要表达的信息务必一目了然，因此，如果你想用相同的图表表达不同的信息，那么最好还是重画几张，以便清晰地说明每一个问题。

陈述报告要用坚实的结构支持你的观点。陈述报告就是卖点，至关重要的一点是，在陈述报告中不允许出现任何错误。用流畅、富有逻辑的结构去组织观点和理念，策划人员不仅能拿出好的观念，而且能充分地影响客户。一份成功的陈述报告是联系客户与自己的桥梁。它让客户明白你都了解什么。做到这一点并不困难，只要你的陈述报告结构清晰、逻辑连贯。

结构清晰、逻辑连贯的陈述报告的工具是金字塔结构，这时，要把“归纳金字塔”转变成“故事框架金字塔”。如图 3-22 所示，“故事框架金字塔”不一定要和“归纳金字塔”的结构完全一致，具体结构如何很大程度上取决于听众和沟通的目的。要根据客户量体裁衣，就是根据听众的要求适当调整陈述报告的内容，而无论听众是谁，要想使陈述报告取得成功，那么你就必须了解你的听众，了解他们的背景、他们的偏好。一切都要根据你的听众量体裁衣。量体裁衣还需要学习他们的语言——他们的思维过程以及一些行话。在向客户陈述报告时，我们沿用他们熟知的术语和方法。

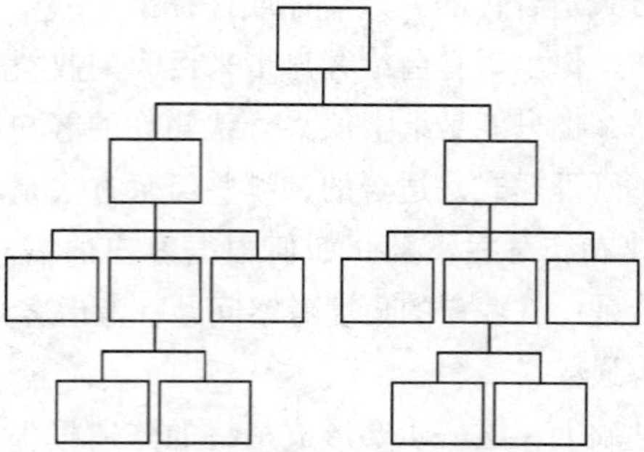

图 3-22 故事框架金字塔

把“归纳金字塔”转变成“故事框架金字塔”后，还要把“故事框架金字塔”转换成最终的报告格式，如图 3-23 所示：

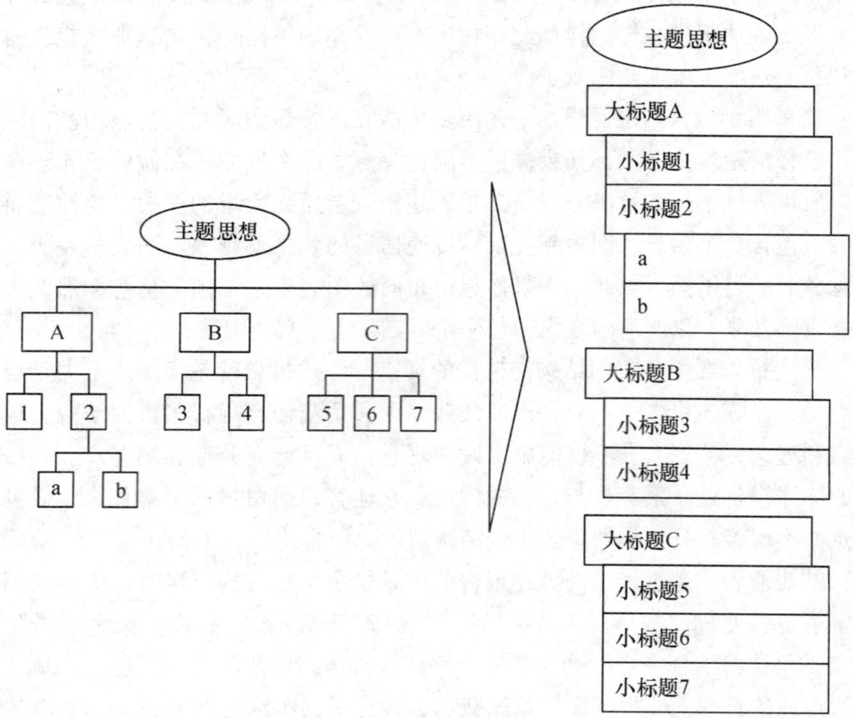

图 3-23 “故事框架金字塔”转换成最终的报告格式示意图

第4节 问题管理与策划

有问题，就需要解决问题。在解决问题的过程中，当问题解决者面临问题时，在时间、成本与资源等限制因素的考虑下，会选择特定的问题解决模式，以化解问题或达到目标。可见，问题与策划有着天然的联系。策划人的问题意识集中体现在策划过程中的问题导向并熟练地掌握以问题为导向的策划模式。

一、基于问题导向的策划基础模式

问题解决模式多种多样，模式除了需具备解决问题的步骤程序外，还包含其他要件。问题解决策略运作模式所需具备的要件有4个：

1. 程序：问题界定、发展、评估、组合；
2. 技巧：捷思法、定程序法；
3. 工具：检核表、评估矩阵；
4. 思维特质：扩散、转化、收敛。

上述问题解决策略运作模式，是构成任何一个问题解决模式最基本的雏形，具有一般系统的基本特质：共同目标、要素及彼此间的关系。其主要功能是让问题解决的生手，先了解构成一个问题解决模式最基本的组成要件及其运作关系的概念后，得以提早进入状态，缩短摸索过程，希望问题解决者在基于此共通的基础模式上，能尽快将各种常见解决问题的方法如KT、TOC等得以灵活运用，使得问题解决的生手更加轻松上手。

因此，上述问题解决策略运作模式只是基础的解决问题的要素。然而人们为了应对各种不同的问题情境，需要选用合适的问题解决的方法如CPS、KT、TOC等等，将其套入在问题解决策略运作模式当中，就构成了问题解决模式。问题解决模式是在解决问题过程中，能以一定的形式使得整个问题解决的活动得以灵活运作以便有系统、结构化地处理问题，进而达成最终目标。

除此而外，策划者在处理问题时将会受到环境因素的影响与限制，如资源的限制考虑，此项目中可运用的经费与补助有多少？如何支配？是否必须在一定的期限内完成？项目完成了将会有多大的获利？因此，把这些环境因素纳入到问题解决模式中，就构成了基于问题导向的策划基础模式，如图3-24所示：

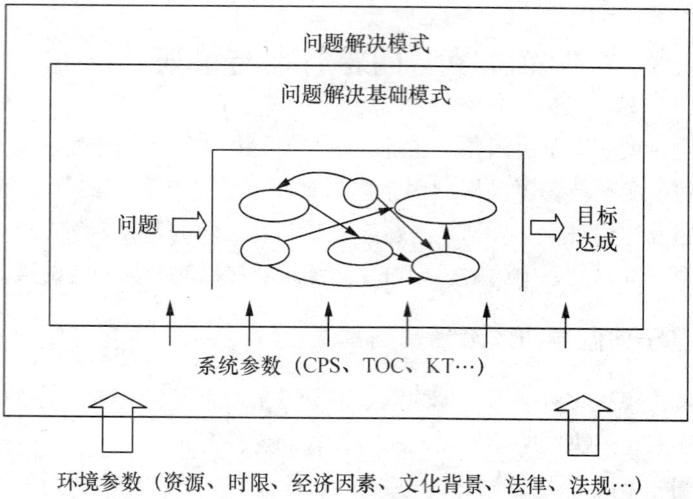

图 3-24　基于问题导向的策划基础模式

二、基于问题导向的策划高级模式

在问题导向的策划基础模式的基础上，进一步研究问题与策划之间的关系，将以解决问题为核心的策划模式的要件进一步整理为：程序、理念与思维、工具与策略、知识运作，如图 3-25 所示：

1. 理念与思维

策划模式的理念与思维是用以解决问题的基本理念与思维形态。策划者在运用不同思维方式来加速各个策划阶段以达到目标之前，其背后都有一个基本理念，促使策划者在面对当时的问题情境里，产生解决问题的动机以及解决问题的思考方式。在不同的环境影响下，运用不同的理念与思维方式。以 TOC 策划模式为例，其理念有：任何组织或系统的强度应取决于最弱的一环、诸多困扰现象存在着因果关系等；而思维则有：以发散思维探索困扰现象，再通过因果关系的溯因思维来寻求关键问题等。

至于其他策划模式的基本理念与思维形态，各个模式都具有不同的思维风格，如 QCC、KT 都具有理性且系统化特点的思考方式，即必须运用正常的合乎逻辑的推演过程、合理的解释，才能明确达到目标。而各个策划模式的思维方式共同点在于各模式充分运用了收敛、发散、演绎、归纳、溯因等思维方式来引导问题解决，使问题朝更为明确的方向前进。

2. 程序

在整个解决问题的过程中，无一不是先界定问题、分析问题、找出真因、

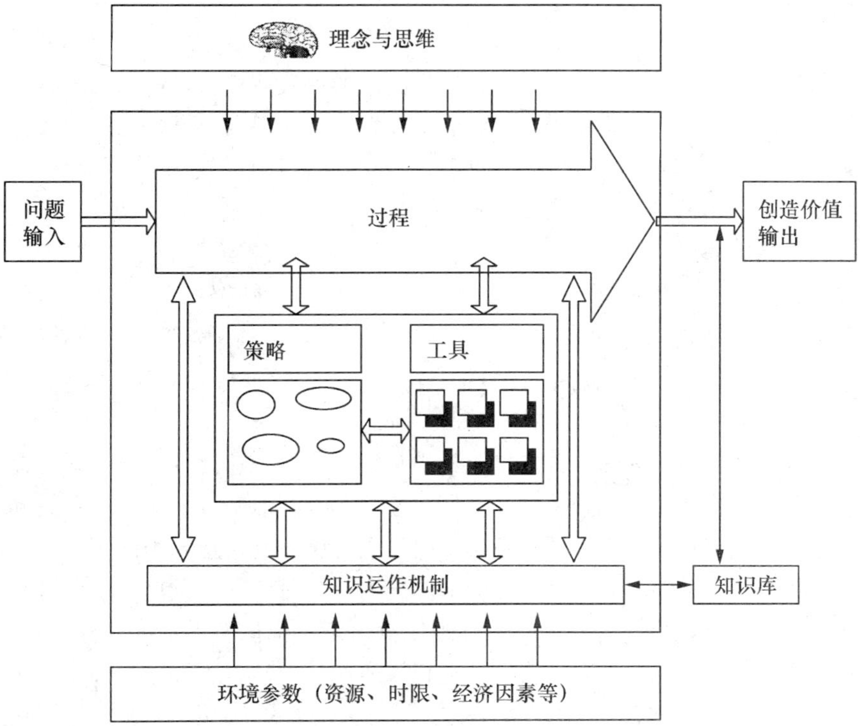

图 3-25 基于问题导向的策划高级模式

而后再寻思对策等一连串阶段性解决问题的步骤与流程，在各个解决问题阶段告一段落时，下一阶段才又开始。程序是有效解决问题所实行的阶段性步骤。程序除了可以引导生手或是正在处理问题的对象，得以循序渐进、有系统地经历解决问题过程中必经的过程，对于处理不曾有过经验的问题，也一样可以有效解决，可以说是在解决问题上的一种共同的语言。

3. 工具

为达到特定目的所采取的定型化的规则或手法。以TOC策划模式为例，其工具有：现况树、冲突图、未来等。策划模式中应有的工具有两个重要的特色：其一是每个工具都有其用途以及要达成的目的。以检核表为例，其主要目的是利用所搜集到的数据来了解数据的分布状况，显示不同项目发生的严重程度，或者将欲确认的各种事项全部列出制成表，并以此检查确认，观察是否有未完成的事项，进而加以完成、修正；其二是具有既定的步骤与制作方法，在开始制作检核表时，必须事先决定所要搜集的数据及欲掌握的项目，而后选用查检表的格式，同时并决定栏内所使用的记录形式，最后再决定搜集数据的方法及方式，如由何人搜集、检验方式为何等项目。

4. 策略

策略是为解决问题或达到特定目的所采取的手段或途径。策划模式需要通过相关策略的规划与手段的配合，方能使策划模式的理念和思维通过程序与适当工具相配合，将问题加以解决。以 TOC 策划模式为例，其策略有：苏格拉底式询问法、活用树图呈现因果关系等。

策划者在思考问题或是为了解决特定问题时，经常运用一些策略和工具来完成其特定目的，然而策略与工具不同，其最大的不同点在于策略所实行的手段并无既定的形式与规则，在进行的过程中，策划者可依其需要而采用任何不同的方式、手段来达到所要完成的目标。

5. 知识运作机制

策划者在处理问题时，如果能灵活地运用知识、快速提取知识，适时提供明确且强而有力的事实加以分析、推理与验证，将有助于策划模式朝向正确的方向前进，进而完成解决方案。而对于问题在解决后所营造出来的价值，若能有效加以整合及储存，除了之后在面对同样的问题时有规则可循外，也可作为公司永久的资产。因此，知识运作机制在策划模式中扮演了不可缺少的角色。所谓的知识运作机制是针对解决问题过程中所产生的数据、信息与知识予以有效记录、整合应用的程序或机制。知识运作的机制不但记录了策划活动流程，且让我们对于下次重复事件的再发生能够立刻快速查阅、进行处理，也可从活动的记录中，对事后活动做一下检讨，可以说是建立知识库的动作。信息和知识的提供，帮助我们在解决问题时，逻辑的推理更为正确、更具说服力。各种策划模式在运用知识运作机制时并不相同，KT 策划模式是将各种情报、数据、意见及经验通过理性分析有系统、合理地解决问题，已达成期待结果的一种思考方法，并运用问题分析窗体、决策窗体这些工具，将所发生的时、地、物及变化差异情形记录下来；至于 TOC 策划模式则强调以严谨的逻辑推理方式来处理问题，但对于知识的储存并无明显的运作机制与说明。

第4章

商务策划项目管理

商务策划是以项目为对象的。没有具体的项目，没有具体的问题，策划充其量就只是点子，一个想法而已。

商务策划是以项目（课题）为中心的活动。商务策划的项目管理，也是围绕如何开展项目活动，如何进行项目的分析、计划、组织、协调、实施和控制来进行的。

讨论商务策划的项目管理，必须首先要明确什么是项目，什么是商务策划的项目和商务策划项目管理的项目。

对于策划来讲，项目可大可小。小到一个公司里年终总结会的召开，新闻发布会的举行，或者是一台晚会的筹办，大到规模涉及多个地区众多政府机构、新闻机构、金融机构、高等学校等的学术会议，如博鳌论坛。与通常的项目管理不同，商务策划并不是从项目开始的，相反，却是以项目的计划（策划）为结果。

商务策划工作中所指的项目，不是大规模的工程技术投资，比如修一座发电厂，建一座跨海大桥，或者征地拆迁搞一个大型的展览馆。尽管策划必然地要包括一些具体的建设内容，但我们所指的项目，还是要比这样的概念要大些。

商务策划项目管理的所谓项目，是具有以下特点的一组活动：

- 明确的特定的目标；
- 相对于日常活动，具有一次性；
- 具有明确的开始和结束日期；

当然，还有一定的经费预算限制。

这些特征，与目前正规的大学专业教育中开设的“项目管理”的定义，是一致的。

商务策划项目管理，是将客户委托的项目（课题）作为一个项目，为了在规定的时间范围内，以有限的预算投入，完成客户委托，对策划工作的全部内容进行合理的计划、组织、实施、控制，以保证策划方案（项目）获得客户的认可和满意。

商务策划的项目管理，其重要性自不待言。要完成客户委托，在规定的期限内，高质量地提交策划方案，没有组织严密、计划周详的项目管理，是不可能的。尤其是当一个策划涉及资金预算较为庞大，参与人员和组织为数众多，时间周期相对较长，就更需要进行项目管理了。

为了讨论的方便，在商务策划管理里，我们将客户委托任务，称为课题，课题可以是来自于组织内部的，如公司的某个层次的决策者交付的任务，当然，更包括组织外的个人或组织，如企业、政府机构、行业协会等，而为了完成客户委托进行的整个过程，我们称为项目。

第1节 商务策划项目的特点

商务策划项目有与一般项目共同的地方，但也存在着自身的一些特点，这些特点是由商务策划这个职业或者行业的性质决定的，在商务策划项目管理上，也因此有自己的独特性。

一、商务策划项目的生命周期

商务策划的项目，与其他所有的项目一样，从接受任务到完成任务实现规定目标，有明确的开始和收尾，是一个逻辑清楚的过程。这个过程从诞生、发展到结束的完整过程，类似于生命周期，我们称之为项目生命周期。

在项目的生命周期里，有明显的阶段性特征，根据阶段性质的不同，我们分为四个阶段，即项目建立、项目计划、项目实施和项目收尾，如图4-1所示。

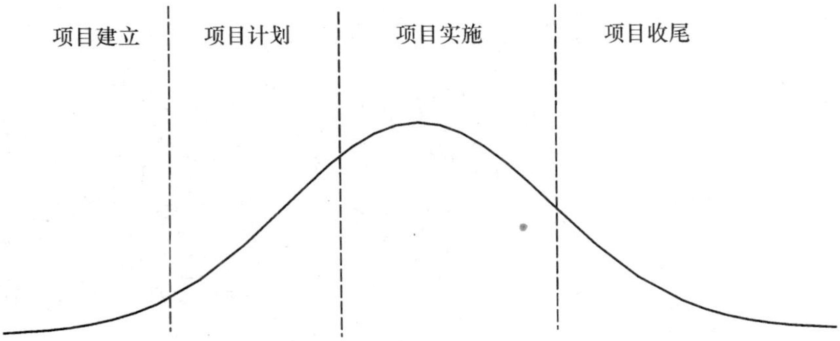

图4-1 商务策划项目生命周期

项目建立阶段是指获得有关委托任务，进行初步洽谈，提出策划工作基本目标和发展方向，拟定项目（课题）合作基本方式等商务策划项目前期活动。这些活动的开展，为商务策划项目确定了基本规格。

项目计划阶段是指经过前期工作，在课题的基本目标和任务、项目合作方式、基本内容及客户所能够提供的课题的资源条件确定之后，按照项目性质，制订详细的工作计划和工作流程，进行任务分解和进度安排以及职责划分等活动。

项目实施阶段是指按照有关计划进行项目的具体工作，如资料收集、调查研究、策略设计、方案撰写等工作。

项目收尾阶段是指在完成了课题的规定目标后，按照约定向客户提交商务策划的方案。有时候，为了课题能够实现预期目标，还需要进行一段时间的实施监控。

实际工作中，仅仅是在第一阶段，双方进行了初步接触，就有关课题开展的基本方向和内容达成一致后，便因为种种原因没有了下文，项目的后续阶段就不可能产生，项目夭折了；在某些情况下，在经过了前三个阶段后，由于没有能够对项目开展的进度进行适当的控制，超过了规定期限，或者与客户沟通失败，导致项目不能进入最终收尾阶段。

二、商务策划各项目阶段的要求

在商务策划项目的生命周期里，不同阶段重点不同，面临的风险和挑战不同，对资源能力的要求也不尽相同的。

在项目建立阶段，工作的重点围绕课题任务进行，必须能够明确具体的任务和目标，面临的最大风险是委托方的信任，对沟通谈判能力的要求较高。

在项目计划阶段，工作的重点在任务分解和工作流程的安排，面临的最大风险是计划的周密性与课题任务之间的逻辑联系有可能不够紧密，计划周详却没有针对性。这个阶段，对策划人员的资源整合和组织能力要求很高。

项目实施阶段，工作围绕策略设计和方案形成而进行。这个阶段，有可能因为思考不深入，调查不充分，资料不确切，造成策划方案不具有针对性、操作性，或者流于平庸，为此，对策划者的创意能力和策略规划设计能力要求极高。

而在项目收尾阶段，工作的主要任务是与委托方进行沟通，获得委托方对方案的满意是最直接也是最终的目标，这个阶段最大的风险在于对沟通过程缺乏管理，没有能够有效地控制沟通过程，导致方案不能让委托方接纳，为此，对提案者的沟通能力要求很高。

项目各阶段的特点见表 4-1。

表 4-1　商务策划项目生命周期各阶段的特点

	项目建立	项目计划	项目实施	项目收尾
工作重点	明确任务	任务分解、工作流程	策略设计、方案形成	提案与沟通
风险	未取得充分信任	计划的针对性不够强	方案平庸、缺乏针对性和操作性	沟通过程控制不力
能力要求	谈判与沟通能力	资源整合能力	创意能力、策略规划能力	沟通能力

三、商务策划项目管理的评价标准

在经典的项目管理上，对项目成功的决定因素，或者项目管理的评价标准，基本都是一致的。一般说来，时间、成本和绩效三约束（Triple Constraint）是例行的评价标准，或者再加上客户接受成为四约束（见图 4-2），都已经是非常完整而严密了。但是，对于商务策划而言，这样的标准还需要深入。

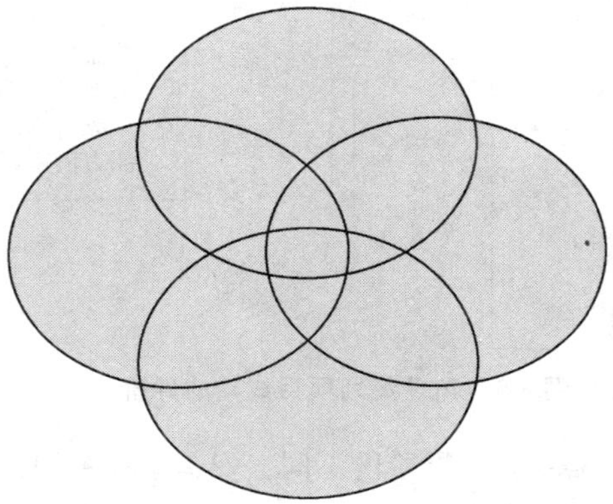

图 4-2　四约束模型

资料来源：杰弗里 K. 宾图，《项目管理》，机械工业出版社 2009 年版。

商务策划的项目，是受客户委托的课题（任务）而形成的，因为客户的满意是最核心的，也是最根本的，所以项目成功的第一标准，当然是客户满意。在客户满意里，包括了课题任务的时间进度、费用预算、方案的绩效（方案的针对性、操作性和新颖性等）。但仅仅客户满意也是不够的，策划人员和策划团队的利益有可能得不到保证。在策划人员和策划团队这一方面，还有成本控制、进度控制、后续合作的可能性等方面，都要考虑。

为此，商务策划的项目管理，其成功的标准应当是两个方面的。一方面，必须满足委托方（客户）的需要，获得客户满意；另一方面，还必须考虑到策划人员所属团队，甚至是策划这个职业的形象和利益。于是，成功的项目管理是两方利益的平衡，即“一手托两家”、“一碗水端平”。

就单个的课题委托来看，商务策划人员在进行项目管理时，首要是满足客户的需要，保证客户的利益，获得客户认可，但这并不意味着完全地牺牲自我。策划人员和自己所在的团队，与客户打交道的过程，有如恋爱与婚姻，如果一方委屈自己丧失了自我，稳定长久的爱情和婚姻是无法保证的。

于是，商务策划项目管理的评价标准，我们用下面的模型来表达，如图4-3：

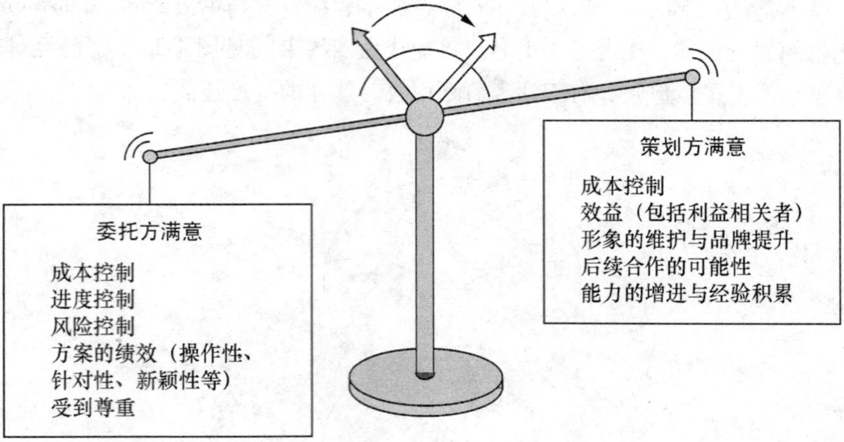

图 4-3　商务策划项目成功的评价

自然，因为不同的委托方发展阶段不同，资源条件不同，主要的决策者决策偏好有较大差异，委托方的满意在各个具体评价细目上，权重也不同；而对于策划方，自身资源条件不同，进入行业的时间有早有晚，业界影响力和与不同委托方的谈判地位在各个阶段都有差异，所以，对一个项目的评价标准在具体细目上的权重也是不同的。为此，我们也就不企图建立一个永久性的适用于所有策划人员和策划团队的项目评价模型了。

第 2 节　商务策划项目的建立

商务策划项目的建立与确定，是从与委托方的接触而开始的。

商务策划项目，根据其可能涉及的范围、动用的资源以及对委托方的影响，在规模上有大小的不同。但它们在项目建立的基本内容和程序上，都是相同的。

一、客户委托

对于从事策划业务的策划人员个人和团队，客户委托来源于以下的几个方面：因为策划方的专业能力和影响力，客户慕名而来；因为相关人员较为可信的推介，客户主动前来接洽；因为项目客户进行公开的招标；客户因为自身问题突出，病急乱投医；策划方主动出击，向客户推销自己；策划方漫天撒网，客户抱着尝试的态度进行试探性接触。

不同的委托来源代表不同的客户动机，对项目的建立和项目后续发展方向与最终结果，都有非常大的影响。

通常客户的委托要经过基本的一些程序，即收集信息，甄别筛选，初步接触，意向谈判到最终正式委托。

首先收集信息，在客户有课题委托的急切需要时，便通过各种渠道收集有关策划咨询的专业团队的信息，如果是一家管理较规范的组织，可能预先有这些信息的储备，那么就直接进入到第二步，即甄别筛选。第三步，经过筛选，确定意向中的课题委托对象，进行初步接触，如果接触失败，便重回第二步，筛选预备的其他对象。第四步，意向谈判，如果成功，进入第五步，进行正式委托；否则，回到第二步；正式委托如果失败，也将回到第二步。见图4-4。

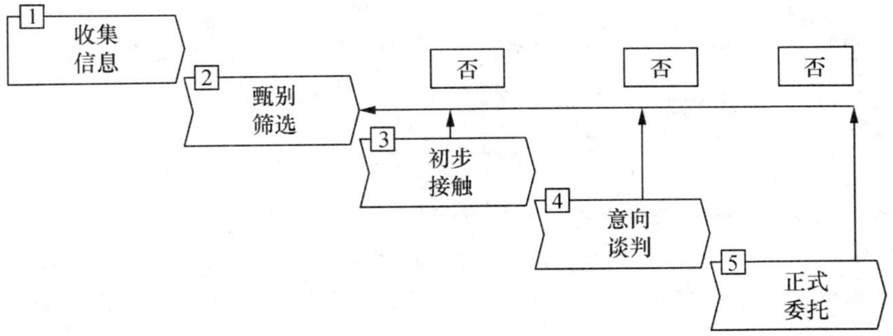

图4-4 客户课题委托的基本程序

在实际的工作中，委托方没有这么机械。有经验的组织，总有几个意向中的委托对象，他们甚至分别接触这些委托对象，各个进行意向性谈判，经过比较分析，最终决定将课题委托给其中某个对象，或者可能都不进行正式委托。

一般说来，对于商务策划的课题委托，莽莽撞撞地病急乱投医的客户是少见的，但并不是没有。在经济飞速发展的过程中，我们经历了“点子热”、“策划热”的疯狂和盲目，那个时候，企业的情形有似于此，而且，由于经济发展不平衡，一些地区的企业决策者仍然还需要一个过程才能逐步成熟，对一些稍有专业性能力的策划团队来说，这样的情形也是存在的。

在这个程序中，客户是否能够顺利地从第一步走进最后一步，进行正式委托，最关键的是第三和第四步。

初次接触所产生的影响是关键性的，直接关系到能否进入正式委托，更关系到合作的成败。初次接触时，课题委托方对被委托方的专业能力和合作态度进行评估，得到的结论直接影响到后期的行为反应。这样的评估是临时的，也是感性的，但最重要的，它是语境的。影响到委托方初次接触评估结论的，除了包括专业经验、专业背景、业界口碑等历史因素，还包括会见场合、会见时机、会谈过程等临时因素，更包括话题选择、话轮变换、问题界定等现场沟通和交流因素。这样三个方面的因素，决定了委托方的评估，形成了委托方的基本认识。见图4-5。

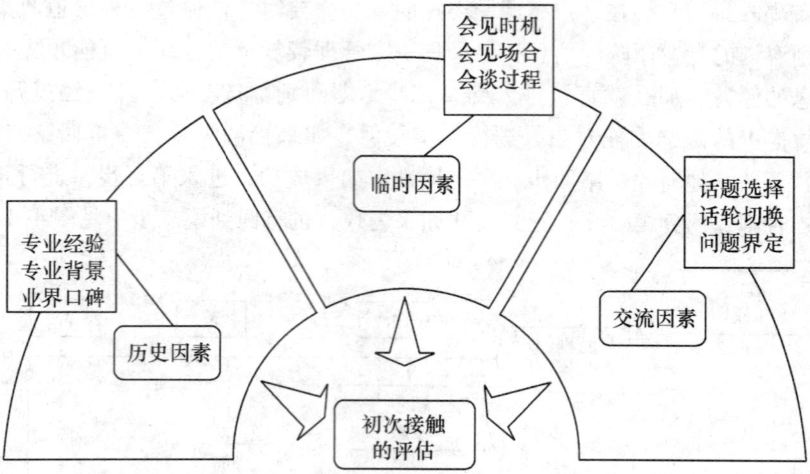

图 4-5　初次接触的评估

资料来源：杨德慧、彭英编著，《商务策划文案写作》，首都经济贸易大学出版社2009年版。

初次接触的评估所建立的基本认识，是后续活动的基础。如果初次接触评估得到的认识是失败的，或者是专业能力不能胜任，或者是合作态度不能令人满意，或者兼而有之，可能就没有后续的接触了。

初步接触产生的影响是直接的，而意向谈判过程中，双方对课题性质的理解、对问题和任务的界定，对合作方式与各自利益和共同利益的态度，对于能否进入正式委托，也有重大影响。

二、建立信任

信任是所有项目成功的基础条件。商务策划的项目尤其如此。

所以，在商务策划项目建立之初，就应当把取得委托方的信任作为工作的最高要求。

策划人员和策划团队，可能因为较强的专业能力和长期积累的业界口碑，能够在与客户的初次接触中，先入为主地让客户对自己的专业能力表示信服。

但是，信服和信任并不是一回事。要取得客户的信任，还必须小心谨慎，高度重视相应的每一个细节。

1. 初次接触预先安排。对于商务策划业务，客户突然的登门是比较少见的。大多数情况下，都通过某种渠道进行预约。会见的时间、地点，都具有明确的情境意义，是客户进行判断的重要依据。

对于会见的地点，不同情形所代表的意义是不同的。

策划方领地 策划方的办公室、公司所在地，或者策划方较为熟悉的场所，因为策划方更为了解，表现得更为随意，容易占据主动，被看做策划方的领地。如果客户直接要求到策划方的领地，表示客户对自己有一定了解，但对于策划的专业能力还不甚放心。为此，要首先善于做好自己的策划工作，从办公环境的整洁有序，到团队成员的精神面貌，乃至长期工作积累的资料素材等，都要处处体现出专业性。

委托方领地 客户自己的办公室、公司，或者客户自己更为熟悉的环境，是客户占主动的区域，属于委托方领地。如果会见的地点被要求是在委托方的领地，表明客户对自己事业的信心和较强的优越感。如果不是有比较充分的理由，客户的这种要求就显得比较霸道，不利于建立课题合作应有的信任。我们建议，不要立即满足。

中间地带 中间地带是对于双方来说，都不存在谁预先占有主动的环境。这样的环境，如果是客户特意的选择，则既表明客户对策划方的专业能力和敬业精神有足够的了解，也表示了客户合作的诚意。这对于建立信任是最为有利的。

而对于会见的时间安排，也自然有特殊的意义。

工作日会见 工作日是正常业务的工作时间。如果安排在工作日会见，表明客户课题的性质更多是日常的、例行性的，或者在客户的计划和预期范围内。同时，也表现了客户对策划方的尊重态度，有利于建立信任。

节假日会见 选择在非工作日会见，更多地表明策划课题是非日常性的，是需要更多创造性思维的，或者涉及范围较大，动用资源超越了委托方现有能力，需要对问题、目标等多个方面进行斟酌，会谈是开放的，态度是随和的，客户对策划方已经有基本的信任了。

2. 注意初次接触的人员安排。建立与委托方的相互信任是关键性的，所以，在项目建立阶段，与委托方进行初步接触时，就应当在各个细微之处体现出合作的诚意。在策划团队里，总是有一些更具有沟通能力，更平易近人，让人容易产生信赖的人。在进行初次接触的人员安排时，这些人应当重点考虑。

3. 环境气氛的营造。环境是生硬的，必须经过人为的努力，使之具有某种特定的情境意义。为了营造一个良好的便于沟通、推动合作交流的氛围，有必要对会见的环境进行一定的装饰与点缀。这些装饰和点缀用力不多，也无须过多地花费，一两盆盛开的鲜花，就可以了。

三、会谈备忘录

给予客户足够的尊重，保持热情乐观的精神状态，这些，都有助于与客户的交流。有一项足够重要却常常被忘记的事情，就是会谈的备忘录，例如表4-2。

会谈备忘录虽然不是正式的协议，不具有法律效力，但由于它是双方就课题合作的初步意见，将双方会谈的细节和初步达成的一致性意见以正式的文本形式送达委托方，具有一定的提示作用，对于双方都具有一定道义和情感上的约束力。

会谈备忘录本身作为表现形式，既能在项目建立之初体现出对委托方足够的尊重，也体现了自己严谨细致的专业态度。对于项目合作的成功，具有重要的意义。

只有在双方建立了相互的信任，商务策划项目才算真正建立了，否则，这个阶段是没有结束的。项目建立的标志，是双方合作协议的正式签订。

表 4-2　会谈备忘录的基本内容

商务策划课题委托会谈备忘录

存档编号：0000000X

基本信息			
会谈时间		会谈地点	
参加人员			
会谈主要议题			
记录人		整理人	
会谈内容			
委托任务			
预计开始时间		预计完成期限	
项目预计经费	元	成果形式	
项目人员要求	1. 2. 3.		

（续表）

委托方组织保证	1. 2. 3.
委托方特别要求	1. 2. 3. 4. 5.
其他要求	1. 2. 3.
填表人	填表时间　　　年　月　日

第3节　商务策划项目的计划

商务策划活动是一种知识产品的生产活动，这种生产是典型的订单式生产。即使是完全由策划人员个人或者策划人员的团队组织，按照自身的意愿和目标而进行的，我们也一样看做是某种业务委托，只不过委托方与被委托方是同一个主体而已。

商务策划项目的正式开展，是在项目建立之后进行的。项目的实施包括了项目的启动、成立项目的组织，进行问题分析与诊断、收集与分析信息和资料，提出备选方案，进行策略评价等工作。

项目的成功，首先依赖于制订完善的计划。计划是项目成功的先决条件。

从事策划工作的人应该知道，策划不同于计划。策划更强调策略和创意，而计划更多的是在目标范围已经清晰的情况下，对现有资源条件的分配。换言之，计划是在明确清晰的条件下对已知的资源手段的运用。

一、项目启动

尽管我们在对于项目管理的阶段划分时，是将正式的协议或双方的正式认定算作项目启动，但商务策划项目的开展，却并不完全是要等到这一时刻的。要真是这样，商务策划项目的成功就比较悬乎了。

“凡事预则立，不预则废。”在正式启动项目之前，相应的许多工作都应当比较扎实地开展了。如问题与任务分析，市场基础研究（或市场前研究）以及相应的人员安排等工作，都需提前进行准备。

在商务策划项目正式启动前，双方就委托课题的任务与目标、合作方式、合作内容、进度与期限、相应的资源配置，以及策划方将提交的最终成果形式，都应予以明确，并以比较正式的形式表达双方的认可。

为了体现对项目的重视和与委托方合作的诚意，项目的启动常常伴随着比较隆重的仪式。这个仪式，或者是合作协议的签字仪式，或者是一定级别的新闻发布会，或者限定范围的酒会、茶会。作为专业从事策划工作的策划人员和策划组织，进行活动策划，主持和操办这种活动，使之让人满意，是在能力范围内理所当然的事情。

项目一旦启动，相应的工作就立即开始了，首先就是进行项目的计划。

二、目标分解

一个周密的项目计划，应当是一个对目标认识和理解充分，对现有资源条件充分利用，严格控制了成本，并能够在规定的时间期限内达成预期目标的整体安排。

对于目标的充分认识和理解，是关键性的。没有目标，也就没有计划的意义。目标规定了计划的方向，当然更决定了项目实施的任务。而对于计划是否周密的考量，是看资源手段包括时间的利用是否充分，是否依据不同的资源手段的不同性质和特征，充分发挥了资源手段的作用。

汉语是不太精确的语言，许多概念都因为没有明确界定，造成理解上的困难。目标一词也是如此。为了避免混淆，我们这里所说的目标，是指包括成本、进度、效率和交付的成果以及重要的利益相关人的标准在内的一整套评价标准，即项目成功的那些评价标准。这些标准，一部分是量化的，另一部分则是定性的。对于定性的部分，则需要根据策划人的理解，尽量地进行量化，使之便于操作。

一个项目，可以看做是一组相互关联的工作或活动的集合，这些工作或活动的完成，集合起来，就是总的交付成果。实际上，任何项目也都是一步步完成的。为此，合理地分解项目所要完成的任务，将总体需要实现的目标和标准，分解成为具体的工作任务，是进行项目计划的关键。

如果在进行计划之前，将预期需要实现的标准尽量地进行了量化，任务分解就变得相对容易了。

以一个产品广告的效果调查为例，如果这个调查是由策划公司负责实施的，这样的课题委托就是典型商务策划项目了。为此，我们来看是如何进行目标和任务分解的。

一个关于产品广告投放效果的调查，最终提交的成果是一篇可信度高、专业性强的调查报告。这份调查报告，要表达准确、分析透彻、论证充分、行文流畅、逻辑严密，体现一个专业的策划咨询团队的整体实力。当然，这些是表现在外的标准。同时，还有一些潜在的或者隐性的标准。比如，调查报告的表现形式要大方、精美，体现对委托方的尊重，在项目的实施过程中，作为策划公司自身，也需要控制成本预算，节约时间和人力，还期望能够通过这个课题与委托方建立更长远稳定的合作等。这些都是在做项目计划时必须要明确的目标。作为项目计划的第一步，需要将这些目标进行明确，并加以分解。

提交成果：一份书面形式的调查报告

标准：可信度高

——有效性：覆盖率高、真实性强

——调查样本量足够

——调查方法科学

——调查内容完备，有针对性

——调查过程控制严格

专业性强

——语言表述严谨、准确、流畅

——行文结构严谨，逻辑性强

——文本表现精美，体现对读者（委托方）的尊重

——调查方法科学

——分析方法系统、严谨、透彻

成本控制

——人员安排合理

——时间安排紧凑

对委托方的尊重

——常有交流和沟通

——与委托方接触的形式（包括成果提交）体现尊重

——成果符合委托方的需要

……

进行目标分解，要作深入的分析，要明确目标之间的相互关系。有一些目标，有前后关系，比如我们案例中的“有效性”，必须要“调查样本足够”、“调查方法科学”、“调查内容完备与针对性强”、“调查过程控制严格”。另一些目标，则存在因果联系，比如，“策划团队期望通过课题的完成与委托方建立长远稳定的合作关系”这个目标的实现，是以这个课题相应的那些目标的实现为前提的。还有一些目标，则要通过多项工作的完成才能体现，如对客户的尊重，则是通过调查报告的专业性、可信度和形式的精心设计来体现的。

要理清这些目标，分析相互之间的关系，比较有效的办法是思维导图。对于从事策划工作的人员和团队，这个工具应当不会很陌生，相应的软件也比较好用。

三、任务分解

目标一旦理清，接下来的事情，就是进行任务分解。

任务分解有两条线，一条是顺序地从项目开始，到最终成果提交，另一条则相反，采用从后面开始的方式，先从成果提交往后倒推，最后到项目开始。两条线，我们主张采用后者。

采用从后面开始向前倒推的方法更有好处。既可以防止目标设置的遗漏，使项目的实施到最后还不得不再返工，也提高了效率，避免了工作中重要环节或者任务的遗漏和重复。要知道，丰田公司之所以发展壮大的一个重要条件或者基础，就是从后面开始的向前倒推，它成了管理界的一大创举。

还是以上面的产品广告效果调查为例，我们来看任务是如何分解的。

首先，最终需要提交的成果是一份打印和装帧精美的调查报告，于是第一个需要交付的成果是打印装帧好的报告书。往前倒推，装帧和排版需要专门的设计，这成为第二个交付成果。再往下，是表达准确、行文流畅、逻辑严密的文稿撰写，这当然成为第三个交付成果。第四个，是数据分析和处理，第五个，第六个，以此类推。见表4-3。

表 4-3 项目工作任务分解举例

任务分解	描述	标准	编号
可交付成果 1	调查报告书	打印清晰，装帧精美	
工作 1	装帧检查	符合公司风格，符合客户审美	1.1
工作 2	排版检查	流畅、清晰，便于阅读	1.2
工作 3	文稿检查	文字表述准确，图表精美，无错误	1.3
可交付成果 2	装帧与排版设计	装帧精美，大方，排版流畅，可读性强	
工作 1	装帧设计	装帧设计美观、典雅	2.1
工作 2	排版设计	排版新颖，主题清晰	2.2
可交付成果 3	文稿撰写与润色	表达准确，行文流畅，逻辑严密	
工作 1	初稿撰写	材料充分，结构严谨，层次感强	3.1
工作 2	文稿检查	内容完整，表达准确，逻辑性强	3.2
工作 3	文稿润色	表达准确，行文流畅，体现风格	3.3
可交付成果 4	数据分析与处理	数据充分，分类清楚，整理完全	
工作 1	原始数据整理	分类清楚，数据完整，便于输入	4.1
工作 2	数据输入	数据完整，无缺失，无错误	4.2
工作 3	数据分析	工具使用恰当，数据分析逻辑清楚	4.3
工作 4	数据处理	图表表述准确生动，便于阅读和理解	4.4
可交付成果 5	数据来源与控制	来源清楚、真实，样本量足够，有效性强	
工作 1	问卷访问	样本量足够，问卷设计合理，问卷发放分布合理	5.1
工作 2	电话访问	样本量足够，问题设计合理，抽样合理	5.2
工作 3	小组访谈	抽样科学，组织合理，问题明确，有效性强	5.3
可交付成果 6	调查任务分配	任务清楚，责权明晰，人员利用充分	
工作 1	任务分解	任务分解细致，严密，无遗漏，无重复	6.1
工作 2	组织分解	人力资源利用充分，水平协调和垂直指令清楚	6.2
工作 3	时间进度安排	时间计划合理，控制严格	6.3
工作 4	资源分配	资源分配适当，满足工作所需	6.4
可交付成果 7	调查计划制订	目标分解清楚，进度安排合理	
工作 1	目标分解	目标分解细致，充分照顾双方利益	7.1
工作 2	进度安排	进度安排适当，统筹全局，重点突出	7.2
可交付成果	项目启动	项目启动	

将可交付的成果排列清楚，再配上各个可交付成果需要实现的目标和标准，目标基本上就分解到具体任务上了。但可交付成果本身不是任务，还是一个成果形式，是完成任务的标志或项目目标的载体，于是，要将可交付成果变成具体的工作任务。为了便于检查，也便于进行控制，甚至为了今后存档，可以将可交付成果、可交付成果分解出的具体工作项目进行编号。

以下几点需要注意：

如果项目涉及的内容较多，编号可以更细，以便于进行任务分配。

每一项工作实际上可能包含了多个活动，比如："小组访谈"就包含了"访谈计划制订"、"问题设计"、"人员组织"、"访谈主持"、"访谈记录"、"访谈服务"等多个活动，在进行任务分解时，可以将其划得更细一些。

任何的一项工作任务，都必须产生相应的可交付成果。没有成果，就无法考察工作的成效。同时，可交付成果是与标准挂钩的。进行任务分解，并不简单是为了分解而分解，而是为了有效地进行项目的实施。

四、组织分解

组织分解，就是将具体的工作任务与具体的人员以及相应的资源条件联系起来。只有将工作任务分配到具体的人员（或者部门），目标分解和任务分解才真正有了着落。毕竟任何的工作都是需要恰当的人员去完成的。

组织分解并不需要特别的技术或者技巧。重要的是对人员素质和能力的充分了解，什么人能干什么事，什么事情需要什么样的组织形式，都是需要商务策划项目管理人员充分了解和掌握。策划人的能力，是做事的能力，更是做"人"的能力。

组织分解要将工作任务落实到具体的个人，不但涉及对人员能力和素质的充分了解，并将合适的任务分配给合适的人员，还涉及人员的组织和协调。切实的组织分解应当是将人员的职责权限加以分配，使参与项目的每个成员都目标清楚、责任明确、权限清晰，规定了任务的执行、协调、控制形式。比较可行的办法，是建立一个任务分解和组织分解的矩阵表格（如表 4-4 所示），在该表格中清晰地可以看到每项任务在整个流程中所处的位置，负责人（部门）、支持者（部门）分别是谁，向何人汇报，任务进度和相关情况向何人告知等细节。

表 4-4　任务分解与组织分解矩阵举例

部门领导 任　务	信息部 李先生	设计部 张女士	文案部 王先生	客户部 刘先生
工作 2. 1	○	★	◇	▲
工作 2. 2	◇	▲	★	◇
工作 3. 1	◇	○	★	▲
工作 3. 2	▲	◇	○	★
……				
……				
……				

★负责　　◇支持　　○告知　　▲汇报/批准

策划的团队本身是针对业务的需要而形成的，这个团队的人员都因为合作的需要，各自拥有而且应当拥有各自的专业能力。对于项目计划中的组织分解，问题并不大。重要的是，在进行目标分解、任务分解和组织分解的时候，要十分细致，防止草率从事，防止过高或者过低的估算。如果在目标分解时遗漏了重要的目标，或者在任务分解时忽视了重要的步骤，在组织分解时对责任和权限没有明确，就必然导致工作进度的拖延，或者项目实施过程中相互推诿，不能达成预期，以至不得不返工重来。这是进行商务策划项目管理所必须引起高度重视的。

任务分解和组织分解完成之后，就要为每个工作任务进行描述。描述任务是为了在项目实施的过程中，能够清楚地对各项任务的负责人下指令，便于检查、督促，更是为了让任务的执行者清楚自己的工作方式和工作目标。在实际的工作中，相当多的失误不是由于执行人员缺乏责任感，而是由于指令的不清晰。有效的方法，是制作一份任务描述表（见表4-5），在交付工作任务的同时，送交工作负责人手中，让他们可以一目了然。

表 4-5　项目任务描述

基本信息			
任务名称：	项目编号：	项目负责人：	
任务编号：	存档编号：	工作负责人：	
需交付成果：			
成果认定标准：1. ______ 2. ______ 3. ______			
资源条件要求			
人员数：		任务完成所需时间：　　天	
费用：　　元		费用使用：	□预支　□报销
其他条件：1. ______ 2. ______ 3. ______ 4. ______			
完成该任务的先决条件：可交付成果 X、Y、Z			
任务开始时间：　年　月　日		任务完成时间：	年　月　日
项目负责人（签字）		日期：	年　月　日
任务布置人（签字）		日期：	年　月　日
任务负责人（签字）		日期：	年　月　日

当然，对于较小的课题委托或者小型的项目计划，我们也并不主张采用如此复杂的方式。将简单的事情复杂化，并不是我们的喜好。尤其对于配合默契，素质较高的策划团队，这样的方式，甚至显得多余。

五、绘制甘特图

甘特图（Gantt Chart）由亨利·甘特（Henry Gantt）于1917年发明，是一个非常实用的项目管理工具。由于它具有浅显易懂、设计简易、修改便利等优点，应用非常广泛。在实践中，人们在亨利·甘特的基础上，发扬光大，创造了各式各样的甘特图，如工作计划甘特图、项目进度甘特图、总结甘特图、历史演进甘特图等。甘特图可以很简单，几道线条，清楚明白，也可以很复杂，包含了非常多的内容。

商务策划项目管理中，为了进行有效的项目计划，也为了项目实施中进行

ID	任务名称	开始时间	完成	持续时间	2006年		
					四月	四月	四月
1	寻找新办公室	2000-8-10	2000-8-16	5d			
2	商谈租约	2000-8-14	2000-8-16	3d			
3	建筑计划	2000-8-22	2000-8-22	1d			
4	开始扩建	2000-8-24	2000-10-2	28d			
5	建筑	2000-8-24	2000-9-21	21d			
6	内部设计	2000-9-22	2000-10-2	7d			
7	搬家具	2000-10-5	2000-10-11	5d			
8	安装IT设备	2000-10-12	2000-10-20	7d			
9	入住	2000-10-23	2000-10-23	1d			

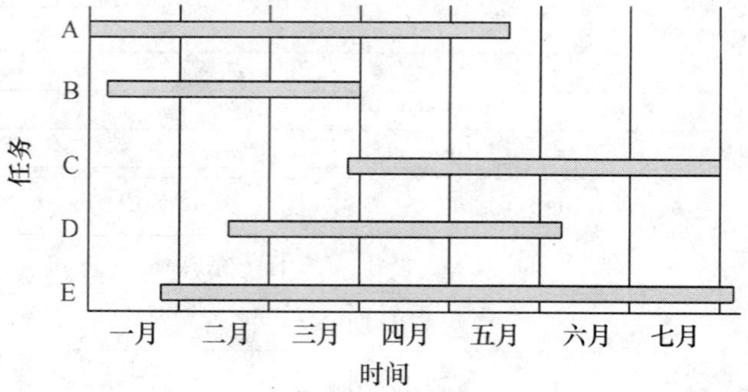

图4-6　甘特图示例

有效的控制，我们建议在项目计划中，绘制甘特图。而且，甘特图既是一个有效的项目计划工具，也是一个使用方便的项目控制工具，可以通过将项目计划与实际的工作进度进行对照，方便项目控制，所以在项目实施和控制的过程中，也常用到甘特图。

甘特图又被称为横道图或线条图，如图4-6所示。在甘特图的最左边一列，代表任务和活动，从上到下，按照活动开始的时间顺序进行排列；右边按照日历时间排列，这样，每项工作或活动所需要的时间，从开始到结束可以连成一根横线。所有的活动可以在一张图上清晰地被标示出来，让人一目了然。而且，代表每项工作或活动的横线上面可以添加标注，将有关的执行人、负责人，所需资源等信息都附加上去，十分方便。

在甘特图上，我们也能够直观地看到各个工作任务之间的逻辑关系。通过阅读甘特图，我们可以对计划进行检查，以避免任务分解中可能出现的遗漏。

第4节　商务策划的项目控制

没有经过控制的项目是长满杂草的花园，是惨不忍睹的。商务策划项目的成功，需要进行严格的项目控制，否则，客户委托的课题无法按期保质保量地完成，而商务策划人员和策划团队失去的，将不仅仅是客户的信任，更是自己赖以生存的基础——声誉！

为此，强调项目的质量、进度和成本控制，防止因为各种可能出现的主观和客观原因导致的项目失败，是项目管理的重要内容，更是商务策划管理的核心。

所谓商务策划的项目控制，是指在按照项目计划进行项目实施的过程中，根据项目实施的实际情况，对比预先设计的各个指标，找到偏差，分析成因，研究对策，进行必要的纠正的过程。

项目计划可以十分周密而详尽，但是，再周密的计划，也无法完全地预计到实施过程中出现的各种主观和客观的问题，项目实施过程中充满了不确定性。为此，项目控制是一个有选择的动态控制过程。

项目控制有不同的类型。有正规控制和非正规控制之分，有预防性控制和更正性控制之分，还有预先控制、过程控制和事后控制之分。但不论是哪种控制，都是以防止偏差，保证计划的实施为目的的。

一、项目质量控制

在商务策划项目评价标准四约束中，客户接受是最为根本性的。一方面，策划人员自己和所在的团队，需要获得相关的效益，需要通过项目的实施建立声誉和进一步合作的基础，在项目管理上，表现为项目的绩效；另一方面，委托方要求项目完成最终提交的成果具有创新性、针对性、预期的效益性，并且是在规定的成本预算和时间期限内。满足这些条件，客户才能接受。团队自己的绩效是以客户的接受为条件的。

所以，项目的质量控制应该是两个方面的，即项目自身的质量控制和客户满意度控制。

在项目计划阶段，我们首先对项目评价标准进行分析，然后进行目标分解。将策划团队和客户满意两个方面的目标综合到一起，并分解到具体的任务中。这样，我们就有了质量控制的依据。

1. 项目质量控制的依据

商务策划项目质量管理和控制贯穿项目全过程，从项目计划，到项目实施，乃至项目课题结束后的提案。同时，项目的质量控制既有事前的，即通过计划和标准来分配和分解任务，也有事中的控制，即对过程进行监督，当然也有事后的总结。

尤其要说明的是，商务策划项目的质量控制并不是在项目完成后就结束，还涉及项目课题的提案。这是其他项目管理所没有的。

项目质量计划和任务描述是在项目计划阶段完成的，是项目质量控制的重要依据。

项目质量计划 经过项目计划中的目标分析和目标分解后，将各项任务的目标和具体负责单位，形成一个明确的可以进行具体实施和检查督促的表格，就形成了项目的质量计划。

项目任务描述 项目任务描述我们在前面已经提到，它的重要性在各个阶段都会显现出来。在分配具体任务的时候，一定要让负责任务的人员和部门明确完成任务后交付成果的标准。

2. 质量控制的工具

商务策划项目的质量控制可以按照一般建设工程的质量控制工具自己设计。一般说来，以下的工具是比较适用的。

检查表 检查表是最为常用的工具。按照项目质量计划，在每个任务完成后的可交付成果上，因为有质量标准，按照这样的标准进行检查即可。

控制图 控制图又称为管理图，用于决定一个过程是否稳定或者可执行，是反映生产程序随时间变化而发生的质量变动的状态图形，是过程结果在时间坐标上的一种图线表示法。

Pareto（帕累托）图 Pareto图来自于帕累托定律，该定律认为绝大多数的问题或缺陷产生于相对有限的起因。就是常说的80/20定律，即20%的原因造成80%的问题。Pareto图又叫做排列图，是一种柱状图，按事件发生的频率排序而成，它显示由于某种原因引起的缺陷数量或不一致的排列顺序，是找出影响项目产品或服务质量的主要因素的方法。将有关质量问题的要素进行分类，从而找出“重要的少数”（A类）和“次要的多数”（C类），以便对这些要素采取ABC分类管理的方法。

流程图 对于流程图，商务策划的专业人士应当得心应手。流程图能够非常直观地显示系统中各要素之间的相互关系。常用的流程图包括因果图和系统（或程序）流程图，如图4-7所示。

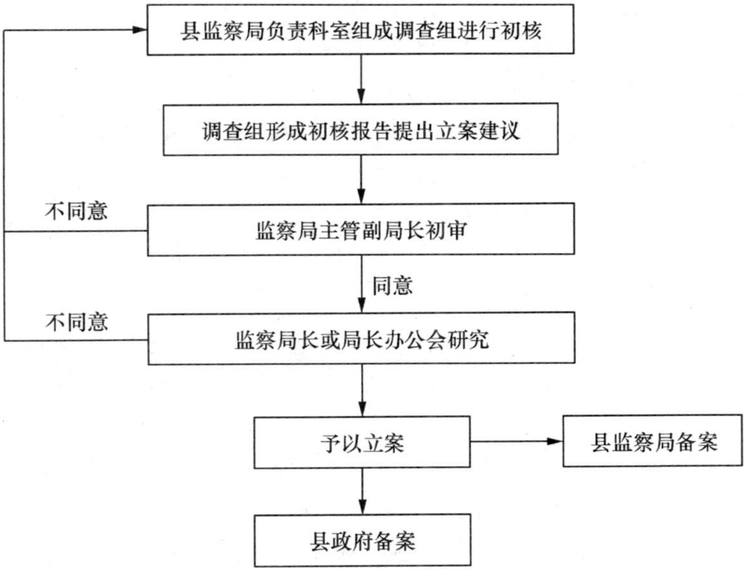

图4-7 流程图示例

在商务策划项目结束后，项目的成果需要向委托方提案，这个过程是商务策划最为重要的环节，将会在后面讲述。

二、项目成本控制

商务策划是以知识为基础的智力活动。对于成本控制，我们认为，应当有新的理解才更能体现这种智力活动的性质和特点。

对于一个商务策划的团队，最重要的管理莫过于团队的默契，最严重的损失，莫过于团队默契的被破坏。

在商务策划项目中，高度默契的配合和合作是最为重要的。与团队成员投入的智力和热情相比，项目实施过程中的资金投入和运用，尽管并不是微不足道，但确实可以不必费太多心力。

1. 商务策划项目的成本概念

商务策划属于典型的服务性产品，直接性的投入并不大，更多的是智力资源的投入。这种智力资源包含了相当多的内容，同时，作为成本，它还应该包括保证这种智力资源投入的相应环境和条件。

团队成员个人和团队的智力资源包括以下内容（见图4-8）：

知识 与一般意义上的知识不同，商务策划的知识既要包括事实知识，即关于产业、社会文化、政治经济、法律法规等方面的信息资料，还要有大量的原理知识，能透过现象看到本质看到趋势——审时度势、科学分析、运用战略眼光和洞察能力看到未来，更需要长期积累和深刻感悟的人际知识，需要理解和领悟人心、人情和人性，懂得管理和协调的技巧。这些知识是全面的、长期积累和学习的结果，更是团队成员在相互信任相互配合实践中，总结、升华的结果。这些知识作为投入是无形的，但却是巨大的。

智力 智力是知识、经验和素质的综合运用。长期专注，悉心揣摩，刻意努力，逐渐形成在某个领域的专业能力，是委托方所看重的，也是项目合作的基础条件。

团队文化 策划团队是以知识和专业能力为基础，在相互配合和合作中逐步建立起来的，其基础是开放、创新、交流的环境下的相互信任。在项目实施过程中，这种文化是一种投入。

团队组织能力 商务策划团队的组织能力是一个整体的能力，不属于某一个成员，是在交流合作中形成的。这正如一支足球队并不因为某个前锋或者某个守门员能力优异就一定可以赢得比赛一样，组织能力是整体协调配合形成的能力。

与传统意义上的投入不同，商务策划团队在项目实施过程中的成本投入，不会随着项目的结束而呈直线地消减，乃至终归为零，作为无形资源的投入，如知识、智慧，在项目上损失不多，但投入的风险却可能是巨大的。有相当多时候，一个策划团队在一个项目的合作过程中，原先配合良好的组织有可能因为管理控制不严格，作为组织能力的基础丧失了。

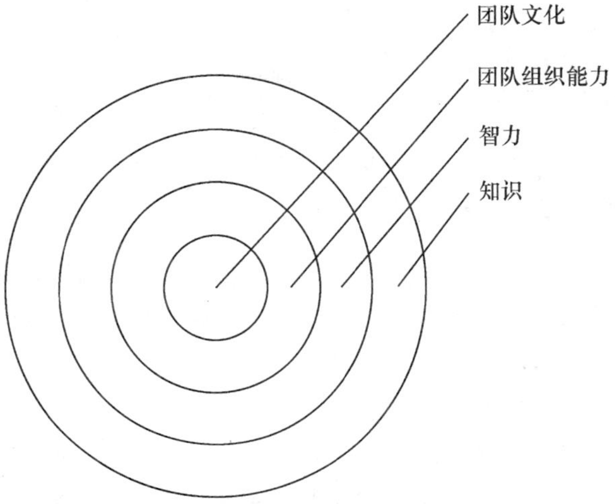

图 4-8　商务策划项目的成本投入

2. 商务策划项目成本控制

为了保证商务策划项目的顺利开展，更为了保证商务策划团队长远的发展具有稳定的基础，必须要对商务策划项目的成本投入进行严格的管理控制。

保持组织的开放性　商务策划不是简单依靠现有的某个模型或者标杆企业的商业模式的解读就可以通行无阻的，每天都面临新问题和新挑战，为此，建立开放的文化，保持开放的心胸和开放的思维，是商务策划人员和商务策划团队永远的任务。在商务策划项目运行过程中，这种开放性是必须小心呵护的，不能因为任何原因而故步自封、画地为牢。一旦这种开放性丧失了，商务策划人员的职业生涯也就结束了，商务策划团队的生命力也凋谢了。

建立和巩固团队内部的平等交流　商务策划项目管理最大的威胁，莫过于团队内信息的封闭。要知道，尽管商务策划项目任务的完成依靠的是团队的能力，但这种能力从根本上来自于每个成员。信息的封闭必然造成相互的封闭。封闭的结果，必然是内部冲突不断增加，人与人之间隔膜的加深，交流就没有了。为此，要建立并巩固、完善团队内部平等交流的机制和平台，保证信息顺畅，实现信息共享。

创造和维护组织内部持续创新的氛围　对于策划人员和策划团队来说，创新能力是个人和组织的生命。在每一个商务策划项目运行过程中，作为成本的投入，是包括几乎每个人的知识和创造力。如果没有完整的鼓励创新、保护创新、支持创新的环境氛围，既无法吸引也无法留住创新人才，组织的能力最多也就是一个图书馆，靠给人提供一点资料和信息过日子。那就不是商务策划了。

商务策划项目运行过程中，要对自身的投入保持清醒的认识，智力是最大的也是最根本性的成本。项目本身并不导致这种成本的消减，但失败的管理和控制，却可能导致自己和团队辛苦积累的资源在短暂的时间内如水银泻地般消失殆尽。

三、项目进度控制

商务策划项目的成败，取决于客户是否满意。要使客户满意，必须满足包括进度在内的许多标准。能够在规定时间里完成委托的课题任务，并不必然带来客户满意，但如果超过了规定的期限，就必然是客户不满意。

项目的进度管理，无疑是非常重要的。

项目能否在预定的时间内完成，是项目管理最为重要的问题之一。绩效、成本、进度和客户接受构成了项目评价的四个标准。这四个项目评价标准，都某种程度上依赖于进度控制，通过进度来实现。

1. 进度控制的概念

商务策划项目的进度控制，是采用科学的方法确定进度目标，编制进度计划与资源配置计划，在协调成本、绩效和客户接受目标的基础上，实现工期目标。

尽管商务策划中更多的智力的投入是运用无形的资源进行的服务，但这并不表明商务策划项目的运行都是可控的。尤其是一些项目的策划，涉及的范围和资源较大，依靠个人的能力无法胜任，不得不依靠团队协作，不确定性因素、干扰因素就非常多。为此，进行包括项目进度在内的项目控制，就非常必要。

在项目实施过程中，必须根据实际情况的改变，甚至根据客户临时提出的要求进行改变，采取必要的措施保证进度，以确保客户满意。

2. 项目进度控制的方法

项目进度控制是一种全过程的、动态的控制。其主要方法是规划、控制和协调。

编制进度计划　编制进度计划前要进行详细的分析，系统地剖析整个项目结构构成，包括实施过程和细节，系统规则地分解项目。

我们在前面已经阐述了，要根据客户要求，明确项目评价的客户标准和自身对项目的绩效要求。在评价标准明确之后，才能够进行有效的目标分解，并最终落实到项目计划中。这要求策划人员和团队与客户充分沟通，理解客户意图，并能够将客户的评价标准转化为可以度量的指标，在项目计划中予以体现。

在项目管理中，WBS 是一种可以清晰表现各项工作之间相互关联的设计工具，逻辑严密，在商务策划项目管理中十分常见，也十分有效。

使用 WBS 项目分解，制订总进度计划，并进行相应的资源和费用配置，分解到每个具体时间段，如月、日，甚至小时，从而得到一个具体可控的项目进度计划。

成立项目小组 以项目经理为组长（当然，如果是小型的项目和小型的策划团队，就可能是全体动员了），各个职能部门负责人为副组长，各任务组单元负责人为组员的控制小组。小组成员分工明确，责任清晰，定期不定期召开会议，严格执行讨论、分析、制定对策、执行、反馈的工作制度。

制定控制流程 将项目运行从开始到结束，分解成为各个环节，这些环节具有逻辑上的联系，从一个环节到另一个环节，层层把关，保证项目进度的发展在计划范围内。

群策群力 要充分调动项目成员的积极性，定期不定期地通报有关情况，信息公开透明，发挥群体的智慧，将可能影响到项目各项工作目标实现的各种因素进行充分的分析，并制定相应措施，责任到人，确保计划的实施。为此，项目计划的编制一定不要局限于少数的几个人，尽可能让所有成员参与。

项目进度实施 要使计划得到预期的成效，就必须采取措施，使计划得以顺利实施：

(1) 要有相应的组织措施，建立起包括进度控制的组织系统，落实各个环节的控制人员，以及人员的责任和任务；要建立相应的工作规范和工作流程，使之制度化，即使是小型的项目，也应当谨慎行事，具有事前、事中、事后的控制。

(2) 项目运行过程中，相应的花费必须有足够的保证，勿使事到临头，捉襟见肘，相关的人员在工作中的良好表现，也需要与其贡献相当的激励机制。

(3) 项目实施所需要的相应技术条件和技术方法。“磨刀不误砍柴工”，技术之于商务策划项目的重要性是无须赘言的。

(4) 当然，还有必要的管理措施，如合同的管理，信息管理、资料管理等，都需要加强，要充分协调各个方面的关系，使之有利于项目的开展。

定期检查、动态监测 要对项目进展进行检查，掌握进展动态。每一项工作的实际开始时间、实际完成时间、实际进展时间、目前状况和可能发生的问题等都要掌握，以免变化突然，影响到正常的工作进度。

总结提高 一个商务策划项目的结束并不意味着就可以将所有的资料束之

高阁了，要多做总结，积累经验，汲取教训，以有利于今后工作的开展。

用好甘特图 最后，要用好甘特图。既然我们在项目计划阶段已经画好了甘特图，就应当把它用好用足。甘特图并不仅仅是用于计划的，更是用于进度控制的。通过甘特图，可以对照计划与进度之间的差异，检查问题，及时进行修正，尽可能保证项目实施的进度和质量符合预期，满足委托方的要求。

对于商务策划的项目管理，我们并没有企图深入到商务策划项目的具体细节。我们以为，根据项目性质的不同，根据客户意图的不同，根据策划团队与课题委托方的关系的不同，具体内容也相应不同。但商务策划项目的管理，在大体内容上，是相同的。都是按照项目评价标准，分解目标，分解任务和组织，然后编制计划，制定措施，协调人员，进行项目实施和控制。

还有必要说明的是，商务策划项目的性质与一般建设工程项目是不同的，它是以智力活动为核心的，涉及更多的是知识、经验、人员创造力的管理，更多的是建立在相互信任基础上的团队管理和协调。不要将传统企业和官僚组织的管理方式，尤其是项目管理方式完全不加思考地予以运用，过分严格的、等级森严的层级管理控制，是对团队的伤害，尤其是有可能破坏本来十分默契的合作，而这种建立在相互了解、理解、信任基础上的默契是商务策划团队最核心的资源，一旦损失，无法弥补。

第5章

商务策划团队管理

当今社会，表现为高度的契约化。时代越是发展，这种契约化程度就越高。人与人之间，需要协调和协作。单纯依靠个人的力量，是无法成就事业的。这一点，已经成为现代人的常识了。

对于商务策划这种典型的智力服务，协调和协作是重要的，而且是必须的。社会在发展，依靠一个灵光闪现的点子可以纵横江湖的时代已经过去了。单打独斗既成不了气候，也无法承担客户的委托任务。

商务策划是需要配合和合作才能完成的工作。

既然是配合和合作，就一定涉及人与人的关系和利益的协调与处理。每个人有不同的观点，不同的利益，不同的能力条件。进行商务策划，从事商务策划这个职业，就必须善于将这些不同整合到一起，形成一个整体，以整体的能力面对市场、面对客户。

策划人，是具有较强社会责任感的人，也是成功欲极强烈的人。要想获得事业的成功，真正造福于社会，就必须努力寻求合作，建立团队，深入地构建和加强整体的实力，需要发挥团队的智慧，否则，“鹪鹩巢林，不过一枝，偃鼠饮河，不过满腹”，单凭个人的修为和勤勉，难以有所成就。

团队，对于商务策划，是重要的，更是必需的。

为此，在这一章里，我们将讨论商务策划的团队管理。

第1节　商务策划团队构成的基本要素

商务策划总是以某种形式的方案为成果的。这些方案，都是被假定要实施并能够获得预期成效的。方案是否有创新，方案的效益如何，最终都需要看它是否可行。而方案的可行性，就自然要考察环境条件和资源能力，更重要的，是要考察方案的实施和执行者。

为此，我们也自然要考察客户本身，考察执行者的能力。他们是一个能将方案顺利实施的好的团队吗？

在我们考察客户的时候，我们其实首先需要考察我们自己：我们是一个真正能够做出一个令人满意的策划方案的好的团队吗？

一、什么是团队

团队（Team）这个词，近来十分常见。在许多场合，都有人提及。但真正理解团队的含义的，却不多。

对于这个词的定义，有很多。几乎每一部讲团队的书，都有一个自己的定义。这些定义，在团队的规模、结构、形式、目标、形成方式、性质等方面各有侧重。

我们以为，团队是两个或两个以上的、愿意合作并且能够合作，为了某种共同利益、目标和任务而结成的联合体，见图5-1。

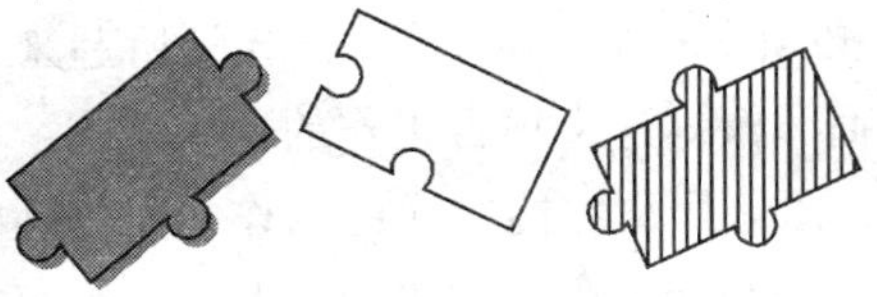

不同能力的个体

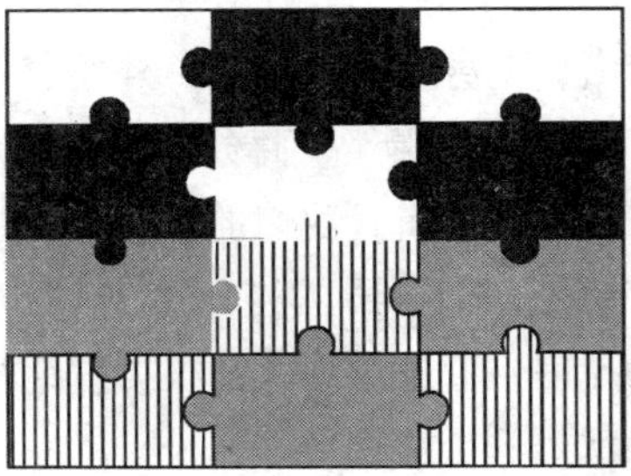

愿意合作、能够合作的联合体

图5-1 团队是合作的联合体

这个定义有以下几个方面的含义：

人数 两个或两个以上。我们并不认为团队就一定意味着人员数量较少。人员数量少固然便于沟通和协调，但我们也常常谈及一些大型的组织，因为良好的配合和协调，被公认为精干的团队，比如神舟七号团队。

合作的意愿 团队的成员应当深信合作是达到目标的更为有效的手段，而不是仅仅依靠自身的能力。应在工作中愿意接受协调，愿意主动承担责任，尊重他人，约束自己的个性，体现合作的诚意。

专业能力 团队成员应当各自具有自己的专业能力，各自在某个领域或者某个方面更具有他人不及的经验和工作效率。专业能力是合作的基础，没有自己的专业能力，或者这个专业能力是其他人在短期内可以迅速获得的，合作的基础就不存在，即使能够合作，也断难长久。

专业能力并不一定表现在具体工作上的效率，也可以是因为天赋，或者因为某种原因拥有团队所稀缺的资源，比如业务关系，亲和力等。

共同的利益 团队的成员之所以能够聚集到一起，一定是因为共同的利益，这个共同的利益可以表现为一个明确的共同的目标，或者共同的任务，因为目标的实现和任务的完成能够使团队的成员达成预期的利益。

联合体 团队不一定是一个正式的组织，并不一定存在着所谓的管理层之下的员工。但团队一定是成员按照某种形式结成的组织。

在众多的关于团队的定义中，我们尤其不赞成将团队简单解释为“有‘口’‘才’的人和一群‘耳’听的‘人’组成的组织”。这实际上是将团队一词庸俗化了，而且望文生义，一厢情愿，为陈旧的等级管理张目。那样的“团队”不是真正意义上的团队，更不是我们所讨论的商务策划的团队。

二、商务策划团队

我们已经讨论了什么是团队，但商务策划的团队是这个意义上的团队吗?或者，商务策划的团队另外还有一些什么不同之处?

第一，当然，商务策划的团队首先必须是一个“团队”。这句话听起来似乎不太合逻辑，我们的意思是说，进行商务策划这个项目工作的这个群体，一定要是一个“团队”。商务策划是要依靠团队协作才能完成的工作，因为这样的原因，商务策划人员很自然地容易形成一个相互配合的组织，但这个组织未必就是一个“团队”。

如前所述，团队应当是“两个或两个以上的、愿意合作并且能够合作，为了某种共同利益、目标和任务而结成的联合体”。一个商务策划项目，所要求的成员不会很多，几个人足矣，但要求每个人都各自具有自己很强的专业能力，也有自己不同的个性、兴趣和利益追求。这些成员，都应当明确地认识到，必须进行合作才能达到目标，实现自己的利益追求，为此，不但能够合作，并且也愿意合作。惟其如此，才能构成一个整体，也只有在这个意义上，整体大于部分的简单相加。

商务策划项目，有的较为复杂，有的较为单纯，但不论多么单纯，哪怕是一个简单的调查任务，也需要两个以上人员的合作和配合。

我们常常看到，有一些商务策划的团队，其实只是一个群体性质的组织，或者一个官僚机构性质的组织。为了完成项目任务，也有分工协作，但这种分工，未必是基于能力，更不是因为合作的意愿，而是把商务策划当成了奴隶式劳动，只以简单的指令进行了任务分派，然后就以为大功告成，高枕无忧。这就大错特错了。

第二，商务策划团队是一个知识型团队。固然，现代社会里，几乎所有的劳动都是人类生产生活知识的运用，所有的组织，都不同程度地运用知识进行运作。但我们商务策划所强调的，更多的是运用属于个人、储存于个人脑中的知识。这样的团队有一系列区别于传统项目组织的特征。

团队动态性 商务策划团队成员组成是不固定的，随着项目任务、目标、性质和来源的不同，成员也各有不同。每个成员都有各自不同的能力，不同的背景、风格、兴趣爱好和性情，更有不同的利益追求。每个项目都因为这些不同而几乎不得不面临全新的组合，团队的面貌性质也发生相当大的改变，调整和重新调整，成为商务策划团队的常态。

成员的平等性 商务策划团队的领导和控制是不明显的，没有绝对的领导权威。成员有相当高的自主性，在各自的专业领域里，是这个领域在团队里的权威，分享与其他成员平等的话语权。在商务策划的团队里，能力超凡的领导的意义，与其说是一个指令发出者和控制者，不如说是一个剧班的主演。戏剧能否成功获得观众的喝彩，相当程度上，要看主演的表现。领导魅力，更多地来源于作为一个组织者和协调者的沟通水平和沟通能力。

沟通及时性 商务策划需要信息和资料的高度共享，否则，成员之间在协调和配合工作中，必然因为目标和标准的理解分歧而产生冲突，进而影响到项目的开展和实施。为此，保持信息的透明化，保证信息顺畅交流，保障成员意见和建议的及时沟通，是团队最为重要的工作。

知识共享 商务策划的团队，以知识共享为重要特征。没有知识共享，完全各自为政，就无法形成团队，更无法形成商务策划的知识型团队。知识共享，意味着高度个体性的知识，必须贡献于团队。如果知识完全属于个人，相互封闭，形不成合力，团队知识整合的努力失败了，商务策划的任务纵然短期能够穿越重重险阻得以完成，但商务策划的团队却是无法维持，长久的生命力是没有的，更谈不上团队的能力。

第三，商务策划的团队是以相互间的默契配合为特征的。对于商务策划这种高度知识密集、智慧密集的团队，动员和激发成员的热情，发展和发挥成员的创造性，是团队管理的最重要的目标，也是团队管理的关键。团队一旦失去了默契，将不得不退回到依靠传统的以 X 理论为基础的层级式管理，整齐划一，磨灭个性，将本来个性张扬充满活力的团队成员打磨成为一颗颗螺丝钉。

拥有默契配合的团队，成员之间关系融洽，摩擦较小，相互信任，相互尽责，目标明确，宽松和谐的内部环境接纳了不同个性不同思想的成员，思想和智慧的交流和碰撞，不断激发和推动了创新的激情，使商务策划不再停留于技术，而进入艺术，具有了感染力和号召力，从而真正实现了策划的意义。

就构成商务策划团队的要素来讲，其他的如共同的目标、行动的计划、权限的分配等，其实都不是最要紧的。当一个从事商务策划的群体成员，在共同的目标下，因为合作的需要和能力的互补，结成了团队，相应的其他问题就显得简易了。

第 2 节　商务策划团队的创建

我们已经理解，并不是所有的组织都可以被称为团队的，在商务策划领域里，从事商务策划，进行商务策划项目管理的，也并不都是一个真正意义上的团队。而要完成商务策划业务，长期稳定地发展商务策划业务，在这个行业里取得巨大成就，却必须是一个配合默契的团队。

为此，如何将一个简单承接商务策划业务委托的项目小组，发展成为一个真正意义上的商务策划团队，是每个有志于从事商务策划工作，并希望在这个领域有突出成就的策划人所必须思考的，更是一个商务策划的项目负责人所应该考虑的。

一个策划团队，不论是由于长期的合作与相互了解，而将其信任和合作在策划业务中进行的延续，还是其他策划业务委托的需要而临时结成的项目小组，都只是具备了发展成为策划团队的雏形。要进行团队建设，发展成为一个既相互密切配合又行动高效斗志高昂的商务策划团队，还有许多的工作要做。

一、商务策划团队的形成

任何一个真正意义上的团队，其创建都要经历了四个发展阶段，即形成（Forming）、磨合（Storming）、规范（Norming）与成效（Performing）（见图5-2）。商务策划的团队创建，也大体要经过这样的四个阶段。

图 5-2 团队的形成

形成阶段 团队形成初期，成员互不了解，需要相互认识，逐步建立起彼此之间的信任，确定彼此之间的合作关系，最重要的是，要取得对目标的一致共识。

磨合阶段 由于不同的成员有不同的背景、能力、行为方式、性情和兴趣爱好，矛盾和冲突不时产生，成员之间要学会相互接纳，将冲突水平保持在合理的范围内。

规范阶段 成员之间通过磨合，逐渐认同自己在团队中的角色和团队的文化，相互之间能够理解，接纳了各自的不同，能够从积极的角度去看待冲突，并在工作中注意配合，以完成共同的任务，实现目标。

成效阶段 成员之间相互关心、相互支持，能力互补，能够圆满地完成任务解决问题，团队内部相互信任的基础得到巩固，认识高度统一，彼此之间合作愉快。

追根溯源，商务策划团队的形成有不同的情形。

1. 业务委托的需要

策划首先是因为有问题存在，没有问题，就不需要进行策划。这些问题，表现为对个人或组织的生存、安全、发展构成了明确的威胁和挑战。解决问题的复杂性和风险性，使得单纯依靠自己的力量或内部成员的力量的解决方案不能令人充分满意，寻求专业人士的智慧便成为必需。于是，策划的委托便由此产生了。

商务策划的委托来自以下的几个方面：组织内部的上级，长期往来的朋友，合作伙伴，第三方推介，慕名而来者。

这些委托，因为来源不同，项目的复杂性可能有所不同，策划内容也当然各有不同。但当它作为一个具体的策划任务，以较为正式的方式委托之后，对于从事策划的人士，如果秉持了严肃的态度和专业的精神，就断不可能随意敷衍。于是，根据委托内容，分析问题性质和结构，研究问题范围，组织有关人员，分工合作，共同参与问题的调查研究、分析论证，制订解决方案。这样，因业务的需要，商务策划的项目小组得以建立。当然，这个项目小组还不能称为真正意义上的团队，它还仅仅是一个因为各自能力不同而项目依赖互相配合的临时合作组织。

这种因业务的需要临时组成的项目小组，具有发展成为商务策划团队的雏形。相当多的时候，因为业务的产生而产生，也因为业务的完成，而随之解散。我们将这种团队姑且称为问题解决型团队。

2. 合作的延续

出于长远发展的需要，长期合作和交往的朋友建立了比较牢固的互信，愿意继续合作，以求在新的领域或未来的业务中有更大的收获。通过充分沟通，双方达成合作的意愿，为一个新的项目进行策略设计，项目确定之后，进行项目策划小组的建设，商务策划的团队得以初步建立。

这种在合作基础上的延续而形成的商务策划团队，成员之间彼此了解，相互信任，较之于前者，更像一个成熟的团队。在业务开始时进行组建，随着业务的发展，还可能介入到后期的实施和操作中。我们将这种团队称为功能型团队。

3. 志趣

一部分人士，长期保持了对市场的热情，细心研究环境变化和市场机会，在点滴的观察中积累经验，富有创造性和主动性，在社会交往和事业合作中，找到了志同道合者，经过充分沟通，建立了相互的信任，愿意为新的项目投入热情和其他资源，在新的项目合作中，各个成员了解自己的角色意义，结成团队。这样的策划团队，在信任的基础上建立，成员之间沟通较充分，为理想而投入，我们称为理想型团队。

当然，我们这里所说的理想型团队，并不是说这是团队建设的高境界，而是指他们是因为理想和志趣自觉组织起来的，富有理想和热情。但要发展成为高效的团队，进行项目策划乃至进行项目的实施，还仍然需要磨合。而且，对于这样的一个团队，尽管相互了解，志趣相投，但团队能力和创造力的建设则更为重要。否则，仅仅是一个一团和气的平庸的团队，承担不了商务策划的任务，也将难以实现预期的“理想”。

二、商务策划团队的创建

根据商务策划项目的性质，策划团队的创建与一般意义上的团队建设是有一定区别的，这些工作的独特之处对团队的创建是如此重要，以至于决定了策划团队的成败。同时，商务策划团队的建设是一个长期的、细致的，而且是精巧的工作，需要更大的耐心，更热情的投入和更为技巧的管理。

1. 团队创建的目标

商务策划，是一个面对高度复杂性和不确定性，需要高度创造性的工作。商务策划团队的创建，也因此而赋予了更为繁重的任务。

第一，商务策划团队必须是一支高效率的团队。这个团队能力超凡，对行业了解深入，观察视角独特，研究分析透彻，掌握最新变化，洞察未来发展趋势。这样的人才，不能仅仅是一个人，应该是各有擅长的一群或者一组人。这些人，既能够在某一个或某几个方面独立从事策划，独当一面，又能配合团队成员，在某个或某几个策划事务项承担任务。比如一个对地产行业十分了解，另一个对体育产业十分精通，都可以称为专家，但他们却能够因为一个团队的项目，相互配合，并不因为是专家而各自为政。商务策划的团队必须是这样的团队，否则，这只是一个“明星团队”。某个能力出众的人成为众星捧月的英雄，具有代表整体的权威，个人意志取代了团队，随意左右了团队的其他成员。这样的“明星团队”，是不被认同为团队的。事实上，正如我们常常见到的那样，许多从事策划咨询承接策划业务的，都是这样的“明星团队”，这种状况是不可能持续的。

第二，商务策划的团队必须是一支高度民主的团队。商务策划需要发挥每个成员的积极性和创造性，需要每个成员的知识和智慧对团队的贡献。知识和智慧的贡献是不可能通过命令的方式获得的。于是，在商务策划团队里，成员之间高度平等，作风民主，信息透明，交流及时。根据项目任务的不同，每个成员都有可能成为项目负责人，成为领导者，具有在这个项目领域里的权威。团队的负责人，只是名义上的，通过非正式的影响力使得团队成员凝聚在一起，没有等级森严的控制，没有作风粗暴的处罚和惩戒，宽松融洽，一视同仁。这样的团队成员在与同伴、与委托方交流的过程中，自信而平易，没有卑躬屈膝，没有趾高气扬，人与人的关系友好而信任，身心舒畅。

第三，商务策划的团队必须是一支具有高度创造性的团队。商务策划不是管理咨询，不可能也不应该用所谓标杆企业的成功经验放之四海地到处应用。商务策划既是科学，也是艺术，既需要严肃的论证和分析，更需要不破不立的大胆想象。如何创造一个宽松和谐的内部环境，建立起激发和保护团队成员创造性的管理机制和交流平台，是商务策划团队管理最为核心的任务。具有创造力的成员，总不免感情奔放个性张扬，总不免心血来潮固执己见，总不免是规则的破坏者，团队的负责人和团队的其他成员要能够接纳、包容，并且将其规范在团队工作目标实现的轨道中，使个人的创造性化而为团队整体的创造性。这要求团队的负责人和团队的其他成员也应当是创新的，在体制、机制乃至情感态度上，保持创新的精神。管理陈旧，组织老化，制度僵化，只能造就一支平庸的项目小组，无法创建真正的商务策划团队。

第四，策划的团队必须是一支高信任团队。所谓高信任，是指策划团队的成员之间、策划团队与委托方之间，以信任为基础，从积极的角度推测行为动机，用乐观的态度看待事物，顺势应变。同时，保持对外界的敏感，保持内部信息的通畅，心胸开阔，坦诚相见，少打肚皮官司，减少了无谓的摩擦和冲突，团队内部内耗较小，管理成本降低，工作积极高效，团队氛围融洽，能够有效地吸引人才、留住人才，并让人干劲十足，乐于参与。这都建立在相互之间高度的信任基础之上。

管理的最高境界，就是管理者没有感觉到自己在有意地进行管理，被管理没有感觉到被管理，或者说，就是不管理。商务策划团队的管理，由复杂管理到简单管理，由有管理到无管理。团队建设达到这样的程度，成员自我管理，以项目为中心，以信任为纽带，以每个人创造性的发挥为成就，以团队的成就为最终利益。这样的团队，是我们所要追求的目标。上述四点的关系如图 5-3 所示。

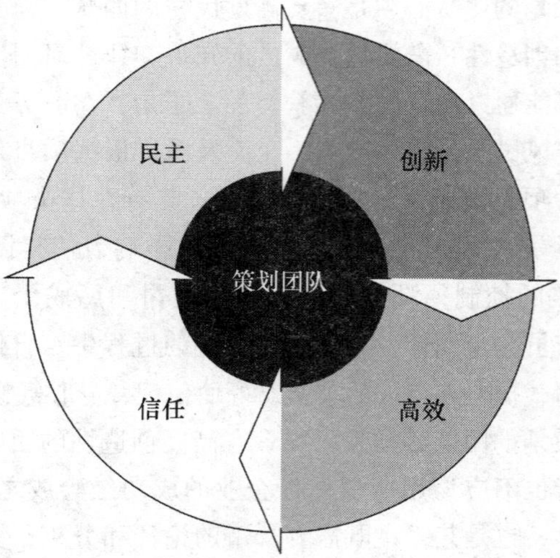

图 5-3　商务策划团队设计的目标

2. 商务策划团队建设的基本步骤

要实现商务策划团队建设的目标，需要根据商务策划团队不同发展阶段的不同特点，有针对性地进行，一步步实施，层层推进，大处着眼，小处着手，最后实现理想目标。

商务策划团队的发展，在各个阶段有不同的特征（见表 5-1）：

表 5-1　策划团队发展各阶段的特征

形成阶段	磨合阶段	规范阶段	成效阶段
团队成员互相熟悉，建立相互的信任；试图在团队中找到自己合适的角色和位置	团队成员因为不同的个性、背景、知识、能力结构等因素关系紧张；通过各种手段发挥权力和影响力，谋求控制；向权威提出挑战	团队成员开始相互接纳；熟悉工作环境；团队工作的流程和规范开始形成；团队的凝聚力开始形成	相互信任、相互理解；沟通高效，信息畅通；配合密切，关系融洽；高团队绩效

（1）策划团队形成阶段

在商务策划团队的形成阶段，团队成员来自不同的背景，动机不同、需求不同，个性性情也相差迥异，共同的目标还未确立，或者还远未得到认同，彼此之间的关系也尚未建立起来，人与人的了解与信赖不足，尚在磨合之中，团队规范没有建立，或者对于规矩尚未形成共同看法，此时，一致性很少，矛盾很多，但由于还不甚熟悉和了解，所以彼此之间十分客气，明确爆发的冲突却很少。

对策划团队的建设，这个阶段需要尽量缩短，要让团队成员快速进入角色，减少不确定性。

在此阶段，团队的主要负责人，或者项目发起人，要采取主动行动，不能放任，要明确地向团队成员树立团队的目标，减少团队成员无谓的猜疑和想象。要创造开放的环境，强调成员之间的相互支持、相互信任，同时，要建立团队基本的规范——尽管规范不一定是完善的，可以在今后的工作中修正和调整。

对于商务策划团队的建立，这个阶段的风险主要有两个方面：一是领导，二是目标。领导和控制的分寸感把握不好，要么太过于强势，要么过于放任。前者，有可能让有创造性的成员产生疑虑，担心自己能力的发挥和个性受到压抑，进而对团队目标的实现表示怀疑；后者，则可能导致团队成员之间相互猜忌，群龙无首，离心离德，给团队目标的实现笼罩上一层浓重的阴影。团队目标的不明确，可能导致成员对团队的文化建设、组织形式等不甚清楚，对未来团队的工作环境和工作流程的建设缺乏了解，或者放任自我，随意从事，或者没有规范，为后期的团队建设带来不必要的阻力。

(2) 策划团队磨合阶段

经过一段时间的努力，团队成员逐渐了解领导者和发起人的想法和意图，对团队的目标较为了解，互相之间也由熟悉而产生信任，在以后的工作中，会因此而产生默契。团队的规范开始形成，并逐步获得认同。经过前一阶段，成员对领导者和发起人的权威更为信赖，领导者的影响力开始由单纯的权力运用（决策权、领导权、奖惩权等）逐渐过渡到更为注重非权力影响力的发挥，成员的主动性和积极性还有待进一步发挥。

在这个阶段，团队建设的主要任务，是充分发现团队成员各自的能力和潜质，激发他们的积极性、主动性和创造性，建立团队的核心能力。

这个阶段的重点，在于建立规范，搭建平台，确立团队的工作流程和共同认同的游戏规则，领导要以形成团队的风格，建立团队的核心能力为首要目标。团队的文化逐渐形成，对新进成员有相当的影响，要使之尽快融入团队。针对工作性质，对成员进行适度的授权，定期检查，并在不干预和不影响其主动性的情况下，给予必要的支持和指导。这些支持和指导是以建议的形式提出的，要鼓励成员的创造性尝试，时时激发成员的创意，给予足够的空间，让他们发挥。要将对失败的处分转变为奖励创新，让团队成员有信心提出新的构想并承担风险。

这个阶段的团队建设的风险，体现适度授权上。放权太快，成员的能力不确定，准备不充分，可能导致权力滥用；放权太多，可能后期难以控制，一旦失败没有人承担责任，而且最为重要的是，商务策划的任务无法完成，丧失了客户的信任，损失难以弥补；而不敢放权，或者控制过紧，则将压制了成员的主动性、积极性和创造性，严重的后果是把一个本来可以生气蓬勃的团队，弄成了一潭死水，交给客户的，是一个平庸的方案，不能获得客户满意，最终还是丧失了客户的信任，失去了商务策划团队存在的基础。

(3) 策划团队规范阶段

经过领导者和团队成员共同的努力，在团队里建立了开放的氛围，成员能够放松地提出不同的意见与看法，创造性的尝试受到鼓励，并开始产生积极的效果；团队的目标经过引导，成为团队成员的共同愿景，或者成为信念；团队成员之间的关系比较融洽，由形成阶段的陌生而客气，到磨合阶段的摩擦和冲突，再发展到现阶段的坦诚相见，互相的信任和支持处处可见；团队的规则和规范，由外在的强制，转变为内在的承诺；成员之间高度团结，互相信赖，甚至互相欣赏，观点和方法的不同成为激发创新和创意的重要来源；团队对未来的事业成功充满信心，热情洋溢，生机盎然。

这一阶段的目标，是夯实团队成员之间的互信基础，形成团队的创造力。另一个重要的任务，就是要在团队里建立起知识分享机制，保证成员之间的属于个人的知识能够在团队中分享，知识成为团队的整体能力！

这个时期，团队的领导可能权威有所降低，对团队的控制减弱，领导者要适应这种变化，并以这种变化为可喜。激发团队成员的创造性，需要领导者参与，容许混乱，容许不同的声音。要以乐观的态度对待团队成员的各种尝试和初期的一些混乱。要知道，破坏和无序，是创造的开始。

团队建设在这个阶段的风险主要还是在领导，领导者对待创造性变革和创造性混乱的态度，是团队创造力形成和发挥的关键。如果害怕混乱，动辄念起紧箍咒，以悲观的态度给成员的创造性努力泼冷水，团队的创造性是难以培育的。

(4) 策划团队成效阶段

经过艰苦的努力，团队现在已经成为一个开放的、凝聚的、高效的组织。所有成员与团队一体，荣誉感责任感都很强。组织爆发出惊人的创造力——这是单一的任何一个成员都不能想象的，而这才是团队的力量！

建立起一个互信的、高效的团队极不容易，但毁坏它却是朝夕之间的事情。这就像中国的瓷器，要完成这样的艺术品不知需要多少人工和心血，一不小心，失手即毁，多少努力化为乌有！所以，天下事，“其兴也勃焉，其亡也忽焉”，知白守黑，防骄戒燥，小心呵护，保持团队的生气，保护团队成员的创造性和进取心，避免老化，是包括团队领导在内的团队每个成员在这个阶段乃至今后不变的任务。

第3节　策划团队的创造力

我们一再说，尽管业界现在常常把策划与咨询联系在一起，商务策划不同于管理咨询。创造力是商务策划团队的核心能力。也只有这样的能力，才能使一个策划团队在竞争中，有胜出的可能。客户需要的是策划团队的创造性。

所以，创造力的培育，是商务策划团队管理的核心内容。

一、创造力培育“3T”原则

按照《创意经济》（*The Flight of the Creative Class-The New Global Competition for Talent*）的作者理查德·弗罗里达（Richard Florida）的观点，创造力的培育，创意经济的发展，有赖于技术（Technology）、人才（Talent）和宽容度（Tolerance）三个必不可少的要素，见图5-4。这三个要素也是以创造力作为核心能力的商务策划团队管理的原则。

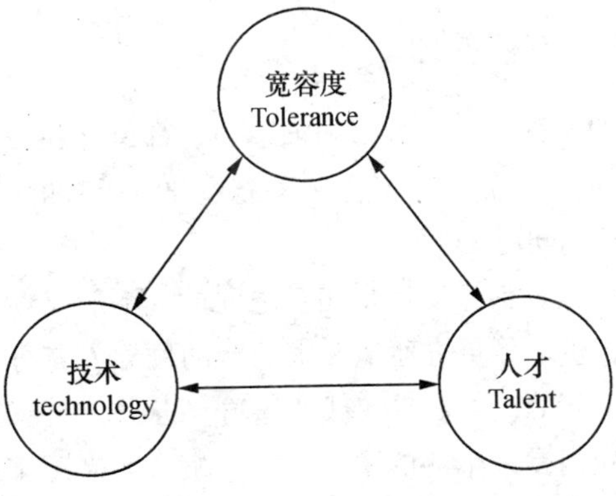

图5-4　策划团队创造力培育“3T”原则

对于商务策划团队，宽容的环境是第一位的，没有这种兼收并蓄的宽容，自由的思想得不到释放，再伟大的人才也难以有所作为，再新奇的创意也不能有所施展，再先进的技术也得不到应用。商务策划团队的领导者最为重要的任务，不是当一个客户经理，为团队争取业务（尽管这也很重要），而是挖空心思，动用可能的一切手段，开创一个适合创造力生存发展的团队环境。团队的多样性、开放性和包容性，是决定团队创造力的根本。

策划团队所需要的宽容，不仅仅意味着接纳和包容不同观点、性情、背景和个性的成员，更为重要的是，要以开放的心胸去拥抱差异，迎接挑战，积极面对问题和困难。商务策划是为了解决问题的，策划人是解决问题的专家。客户之所以需要你，是因为你能帮助他们解决他们不能够或者不方便解决的问题。如果策划人对于问题的态度是冷漠的和悲观的，视之如洪水猛兽，避之唯恐不及，策划人和策划团队就失去了存在的意义。

人才，当然是重要的。策划团队是依靠一群热情洋溢精力充沛能力非凡的人才组成的。没有他们，策划难以完成，策划团队就更谈不上。一个商务策划团队究竟有没有创造力，能不能获得事业的成就，关键是看有没有这样的人才。于是，团队成员的知识和能力状况、能力结构、创造力水平、专业背景的多样性等方面，成为考察团队创造力的主要依据。

至于技术，对于商务策划团队的创造力而言，是为了最终在商务策划方案设计中，体现出针对性、新颖性和策略性而使用的知识、工具和方法。商务策划需要对行业知识、专业知识的深厚积累，需要相应的调查研究、分析论证、策略设计和预测决策的方法和工具，更需要相应的硬件条件。这些，自然是需要不断的改进，也最容易改进和完善的。

二、建立和巩固互信基础

商务策划团队的凝聚力、执行力和创造力，都建立在一个基础之上，那就是团队内部成员之间的相互信任。没有这个基础，所有的团队的知识和能力，都是空中楼阁，创造力更是如此。

在策划团队里，强调信任应当是相互之间的，不能仅仅要求团队的成员对领导的信任和依赖，也不能单方面地要求团队的领导者充分信任各个成员。信任是同等的，没有上下等级，没有权威的逼迫。否则，就是对信任的滥用。

商务策划团队应当是一个活的团队，它的生命力来源于对人的尊重。在商务策划团队的管理上，要赋予价值的，不是资产——策划是典型的服务业，除了人，几乎没有什么资产。除了尊重人，团队的领导几乎没有更重要的工作要做。在吸引人才、留住人才，发挥人才的知识、能力和激情方面，领导人始终要做的工作，就是建立和巩固团队内部相互信任的基础。

互信建设，是一件说起来容易，实际做起来很难的工作。互信既需要观念更新，也需要感情投入，还需要制度基础，见图 5-5。

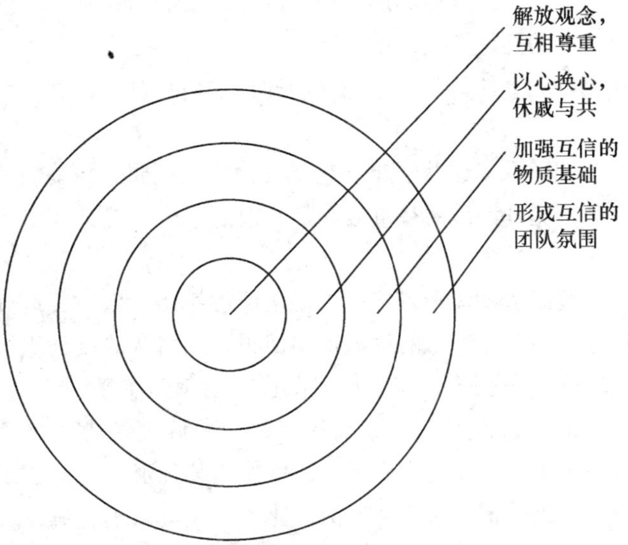

图 5-5　策划团队的互信基础

在观念上，要从知识管理的角度，放弃陈旧的管理理念和管理哲学，真正"把人当人"，尊重团队成员就如同尊重自己的亲人，视他们为志同道合的朋友，是兄弟和手足，不能将他们当成所谓的"员工"，更不是当做什么"人力资源"！要在思想上，谋求与团队成员在价值观认同下的文化与理念的一致性。

在感情上，要与团队成员休戚相关，同呼吸，共命运，一起享受成功的喜悦，一起承受失败的痛苦和困难的折磨。以心换心，求得共鸣。纵然你是策划公司的法人代表，纵然是你带来了策划的项目委托，你也仅仅是肩负了应该肩负的责任，这个团队不是你的，而是你们的。

在制度建设方面，要建立互信的物质基础，让团队成员在参与项目的同时，也能够分享学习的机会，独立承担责任，分享团队创造的价值。

一个商务策划如果长期专注于互信基础的建设，也能够在团队内部形成良好的氛围，成为组织文化的一部分，在这种氛围影响下，团队成员耳濡目染，在潜移默化中体验到组织的凝聚力，在相互信任中锻炼了人格，用坦诚的方式交流和沟通，从而进一步巩固了组织的互信基础。

三、建立知识与信息分享机制

商务策划的创造性，是策划思维的创造性，是创造性思维的应用。良好的思维习惯和思考方法，只是空具形式的，没有扎实的知识基础，没有充分的信息资料，没有相应的问题情境，创造性是无法体现的。

故此，必须在策划团队建立起完善的知识和信息分享机制，加强团队的知识管理。

第一，要为团队的知识共享建立起有效的激励机制。在策划团队里，学习知识、锻炼能力、提升素质的最直接和最有效的手段，就是与团队成员的知识共享。

知识属于高度个人的无形资产，要使之能够在团队内与成员分享。必须要从分享的动机上着手，让知识的付出得到回报，让团队的成员积极参与，将属于个人的知识转化为团队的知识。让团队成员明确地感受到知识分享的收益。这些收益，表现为某种程度上交流和沟通的精神愉悦，某种意义上的学习机会、某种场合的知识权威和能力展示，还可能是某种形式上的物质回报。在建立激励机制时，深入分析，从多个方面，让团队成员乐于交流，每个人皆有所收获。这样，不仅将属于个人的知识有效地转化成为团队的知识，也增强了团队的凝聚力，为吸引、留住人才，发挥人才的创造性提供了坚实的保障。

第二，要开放地建立一个高效的学习指导系统，让团队的成员不但学有所得，还要学有所成。要组成一支由行业专家、团队明星、客户代表为师资的指导团队，督促成员的学习和提高，指导他们将知识应用到具体的项目工作中，在过程中加深理解，并创造知识。要通过有力的手段，奖励学习和进步。

商务策划团队，既是一个项目团队，在某种意义上，也是一个培训机构。要有开放的胸怀，让不同的人，即使是团队之外的人员也能够在这个团队里，通过学习提高，拥有承担项目甚至独立创业的能力。于是，这个指导系统也应当是开放的，即不但要在内部相互学习，也要从外面，向客户、向同行、向相关的专家学习，更要在进行项目工作的过程中学习。

第三，保障信息及时畅通地在团队内传递和交流。要加强信息透明度，及时传递相关信息，不仅使团队成员明确工作的内容和目标，更清楚工作的进程和工作的意义，发现问题，能够不分彼此，以主人翁的态度和责任感，参与问题的解决。在传统型组织里，通过信息控制而形成的权威，在商务策划团队里，是没有意义的。为此，在商务策划团队里，会务管理的目的，就不简单地是为了直接有效地布置工作、融洽感情，更是为了有效和快捷地沟通信息，交流看法。现代互联网技术，使居家办公成为可能，多种形式的信息传播手段在商务策划团队的使用，使信息传递和观点交流可以分散进行，工作效率得以提高的同时，也加强了团队成员之间的相互信任。

第四，加强团队成员思维方式的互动。知识共享的核心，实际上，就是思维方式的共享。商务策划团队，需要的是有效的创造性的思维。其思维方式显著的功利性特征，要求团队成员的思考方式以目标为引导，以资源为基础，以创新为成果，加强合作，改善思维。这种思维方式，不可能依靠单纯的学校学历教育可以养成，也不可能仅仅通过某几个科目的培训可以习得。在商务策划团队中，思维方式的培养应当是不假外求的。不同背景的成员，有不同的思维方式和思考方法，飞扬发散的文法背景的思维方式，与严谨程序的理工背景的思维方式结合，可以使解决问题的过程更为有效，从而，有力地推动商务策划项目的开展和商务策划团队素质的提高。

第4节 有效管理策划团队的冲突

商务策划团队，是也必须是由不同背景的成员构成，不同背景不同个性甚至不同观念和文化的成员构成的团队，冲突和矛盾是常见的，甚至是必须的。

为此，进行商务策划团队的冲突管理，保证适度的冲突水平和冲突范围，是激发团队创造力、提高团队士气和维护团队活力的重要工作。

一、冲突的类型

冲突是团队成员之间或者团队主要责任人在合作过程中感受到的阻碍、失望、沮丧和/或对工作目标、任务、程序和方法的疑惑。

冲突是一种强烈的消极的心理感受，更是一个心理过程。

商务策划团队与其他性质的团队一样，也存在着各种冲突。这些冲突，我们可以按照一定的方式，进行如下分类：

(1) 按照冲突范围，可以分为成员个体之间的个体冲突、职能部门之间的管理冲突和群落之间的政治冲突。

(2) 按照冲突的层次，可以分为行为冲突、意见冲突、理念冲突和文化冲突。行为冲突是由于不同的行为习惯导致的冲突，如有人喜欢边玩边做，有人喜欢做完事情后再玩，有人喜欢连夜奋战通宵达旦，而另外有人则喜欢计划周详，分步实施，有条不紊；意见冲突表现为不同成员对同一问题不同观点之间的差异；理念冲突和文化冲突属于更高一个层次的冲突，表现为对项目运作、对团队管理、对团队目标、文化氛围、组织愿景等方面的不同观念的冲突。

(3) 按照冲突的影响范围，可以分为私下冲突、局部冲突和公开冲突。私下冲突属于成员个体之间的冲突，一般意义上，不会影响到团队整体；局部冲突涉及团队中的部分成员，但可能对团队的整体带来足够大的影响，不可小视；而在团队里发生的公开冲突，其影响则足以导致组织发生根本动摇，不论其影响是积极的还是消极的，都必须高度重视。

二、冲突产生的原因

商务策划团队的冲突，原因可能是多方面的，有个体方面的原因，也有组织方面的原因。而且，常常是多种原因同时存在，造成了某一类的冲突。

大体上说，在商务策划团队里，来自于个体原因造成的冲突，是可以不必理会的。商务策划团队，本来就是由不同个性、不同背景、不同知识结构、不同社会经历，乃至不同价值观的个体构成的，这些不同是商务策划团队创造力的来源。我们不能期望商务策划团队，整齐划一，步调一致，像一支军队。

从组织层面上，冲突产生的原因有如下几个方面：

1. 来自于管理的冲突

管理上的冲突，主要有三个方面，一是项目负责人的个性、态度、工作方式和方法，导致了成员之间的猜忌或混乱，或者对其工作方式和工作节奏的干预；二是组织构架或结构关系。商务策划项目的管理，必然要设计相应的组织结构，某种结构方式，如信息传递、工作进度安排、任务分配、绩效认定等，可能导致成员的疑惑或者不满情绪；三是团队里的沟通渠道的不畅通、沟通的不及时或者沟通技巧的缺乏，导致团队成员之间的不和谐和不理解，影响了相互之间的信任。

2. 来自于组织政治的冲突

政治问题在任何地方、任何组织里都存在着。商务策划团队里，一样存在着权力和影响力的不平衡导致的政治冲突。在团队的磨合期，这种冲突还可能表现得十分激烈。如果按照需要，商务策划团队里，每个成员都是各自拥有各自不同的专业背景和专业能力的，这些能力在各自的领域里，相对地形成了某种权威。同时，在商务策划团队里，团队成员大都个性鲜明，成功欲和表现欲极其强烈，对于权力和影响力的有意识和无意识的争夺随时都在发生着。

3. 来自于文化的冲突

商务策划团队建设过程中，由于对团队的组织目标、任务、宗旨、使命，对工作的态度，对客户和社会的责任，乃至对团队的建设和组织方式，都各有不同的观点。不同的价值观，不同的认识水平和不同的认知方式，导致不同的态度。这种冲突，在初期表现得比较含蓄并不必然导致激烈的争执，但在工作和合作过程中，一定产生了消极的抵触，在一定程度上，影响到积极性、主动性和创造性的发挥，影响到项目进展。

4. 来自于角色的冲突

尽管商务策划团队在很大意义上是一个项目团队，随着项目的建立而组建，项目结束后即面临重新组织。但如果要长期地在某个领域里从事商务策划，就必须维持团队的相对稳定。在相对稳定的商务策划团队里，因为策划任务、项目来源和项目性质的不同，同样的成员在不同的项目中承担的任务和扮演的角色也因此不同。不同的角色之间可能是冲突的。个体服从了某一个角色的需要，难以顺利地根据情境定义，迅速转变角色。在极端情况下，角色意识不强的团队成员，在内心里有强烈的挫折感，团队成员之间，也难免有角色的冲突。

5. 来自于利益分配的冲突

策划团队是利益混合体，团队成员因为共同的利益而合作。但利益是动态的，也包含了十分丰富的内容，既有经济的利益，也有名誉、地位、成就感、影响力等非经济的利益。在商务策划团队里，存在着团队的主要发起人、项目负责人、主要贡献者和重要贡献者、内外部客户、同行、重要支持者、团队成员等多个利益相关者，这些利益相关者间的利益争执常常会导致冲突的产生。在同一个项目中，对不同任务的付出和分配之间，没有客观的标准，在利益分配上，完全的公平几乎难以实现。比如调研、设计、文字、创意、提案和客户沟通，究竟应该如何进行经济利益和非经济利益的分配，是没有可以为所有策划团队效法的最佳方案的。

三、冲突的管理

对于商务策划团队里随时随地存在的种种冲突，要有清醒的认识，同时，根据需要，进行合理有效的冲突管理。将冲突限制在合理的水平和适度的范围内。

明确了解了冲突的原因，对于如何管理策划团队的冲突，也就相对清楚了。

1. 冲突管理的目标

策划团队在冲突管理上，要根据策划团队的性质，分清轻重缓急，把握原则，大的方面管住，小的方面则可以灵活处理，既有原则性，也有灵活性。因此，作为策划团队的冲突管理的目标，就表现为：合理的冲突水平和合理的冲突范围。

所谓合理的冲突水平，是指在策划团队里，应当保持适度水平的冲突，这是保证团队生命力、创造性的重要方面。合理和适度，主要是指冲突的影响，不能使其严重地阻碍了工作的正常进行，使项目的进度、质量和成本控制发生了意想不到的后果，不能使其导致了团队成员之间的猜忌和不信任。于是，冲突应当是积极的，是一种争论，是观点、方法的区别，而不是立场和态度的对立。

所谓合理的冲突范围，是指在策划团队里的冲突，不能超过工作本身。冲突仅限于针对项目的完成、对组织共同的利益和目标的不同观点、方法。属于成员个人的兴趣、爱好、工作习惯可以得到尊重，个性可以保留，但不能构成对其他成员的压制和消极影响。

2. 化解冲突

当冲突有可能超越其合理的水平和范围，给团队带来消极的影响时，就必须采取措施，消除和化解冲突。

商务策划团队的领导，是化解冲突的负责人。策划团队的领导，可以也常常是团队的发起人。在团队运行的过程中，也可能由于项目的需要，团队中的某个成员成为了团队中一致认可的核心，取代了团队发起人，成为团队实际的领导人。

在商务策划团队里，对于冲突要有清醒的认识。正如我们在前面阐述的那样，商务策划团队的创造力，相当程度上来源于团队成员之间的由于个性、背景和文化差异带来的冲突。没有差别，当然是没有冲突，但也就没有了碰撞，创造性的培育、激发和维护，几乎是不可能的。但如果冲突激烈，以至于影响到组织的稳定，最终甚至导致团队分崩离析，那当然更是一种失败。

因此，对于商务策划团队的冲突，我们主张采用化解的方式进行。化解，就是将矛盾冲突限定在合理的范围和合理的水平，将大的可能激化的矛盾，化解为小的可以调和矛盾，将可能导致团队成员产生强烈挫折感、委屈感的冲突，化解为同事之间的意见、观点的差别。方向保证正确，目标必须坚定，团队对外的形象和声誉，团队内部共同约定的惯例和行为方式，都应当作为原则，不能轻易地动摇。而对于纯属于团队成员个人之间的意见冲突、观点的对抗、个性的差异、工作方式的不同，可以宽容一些，允许其存在。

化解冲突的关键，是团队的领导。领导应当具有相当强的责任感和使命感，应当具有高超的领导艺术，最重要的，要解放观念，不要简单地将冲突作为一种加强自己权威、控制团队成员的手腕加以运用，而是应该更多地从策划团队核心能力建设的角度，保持团队的活力，创造团队宽松和谐而又适度竞争的氛围。

3. 宽松的组织氛围

管理商务策划团队冲突的最有效也最理想的方法，就是在团队里创造一种宽松和谐而又适度竞争的组织氛围。在一个宽松的、畅通交流和平等沟通的团队氛围里，成员之间以相互信任为基础，可以开诚布公，自由而放松地发表意见，不必因为留有太多顾忌而刻意隐瞒自己的见解，不必因为照顾团队成员的脸面而选择隐晦曲折的表达方式。信息透明，人人都拥有平等的机会。因为角度不同和认识方式的区别，不同的观点也就容易产生，讨论、争论甚至争执，也就常常发生，但若沿着积极的、建设的方向发展，就不会带来负面的消极的影响。这样的组织氛围，是策划团队创造力的源泉，也是策划团队高效地完成策划任务的根本保证。

宽松的组织氛围并非空中楼阁，需要坚实的互信基础。平台共享、利益共享和价值观共享，是团队成员之间能否相互信任的关键。当团队的每个成员能够直接感受到团队合作带来的利益，能够分享团队的成功，在付出了知识、智慧和心血之后，能够体验到强烈的成就感，对团队成员的信任就能够建立，并进一步巩固，也就能够主动地开放心胸，热情接纳，善意地肯定不同的意见，宽松的氛围才能够真正形成。

4. 加强沟通

团队的冲突，相当多的时候，还不是因为意见的分歧和观点的相左，而是由于沟通方式和沟通技巧的缺乏。拙劣的沟通方式，可能凭空造成了理解的障碍，或者不经意的伤害，给团队成员带来失望、挫折和委屈。尽管成员之间相互信任，这种冲突或许不至于伤害到团队的合作，影响到团队的士气，但这种沟通不善导致的冲突实在不值得欢迎。为此，在商务策划的团队里，加强沟通技巧，防止沟通障碍，消除沟通过程中产生的歧义和误解，对于提高冲突管理的有效性，也是十分重要的。

第6章

商务策划知识管理

对于策划公司以及进行相关策划业务的策划类公司来说，由于主要的获利来源是提供顾客以知识为始的服务（Knowledge Enabled Services），而其竞争力来自于处理不同业务所遇到的不同问题所累积的丰富经验，以及将这些不同层面的经验转变为某些通则或者直觉性的解决方案，以解决现在顾客的特定需要。换个说法，策划公司必须证明其集体知识的有效性，这综合了经验、整合能力以及实用性。所以如何有效地管理知识，是近乎核心的最重要产业活动。

第1节　知识的经济学特性与管理学分类

一、知识的经济学特性

知识是一种流动性质的综合体，其中包括结构化的经验、价值以及经过文字化的信息，包含专家独特的见解，为新经验提出的评估、整合与信息等提供思考框架等。知识起源于智者的思想。在组织中，知识不仅存在于文件与储存系统中，也蕴含在日常例行工作、过程、执行与规范之中。从经济学逻辑思路来考察知识的一般性质，有助于更深入地了解策划知识的本质属性。

（一）外部性

知识的外部性就是指私人所生产的知识成果，容易扩散或者溢出进入社会公共领域，成为一种公共产品的性质，这一点已被传统经济学家所论述，很多学者注意到了知识的公共产品性质。知识产品的生产者很难把知识创新成果占为已有，知识的创新者如果把他的知识创新藏起来，就不会被别人所承认，就没有意义。如果公开发表出来，知识就公布于大庭广众之下，就不是生产者的私有产品。知识的公共产品性质，决定了市场在知识生产的资源配置上是无效的。

（二）私有产品性

知识是公共产品，但又不是纯粹免费供应的产品，也不是可以自由转移和传播的产品，它还具备私有产品的性质。这是因为：

第一，知识经济时代，由于基础科学研究的新发现对于应用技术的创新越来越重要，因此，基础科学研究成果包括两部分：一部分是可以公开发表的；一部分是作为产品可以在组织间进行交易的。知识的创新者往往对新知识的细节进行保密，希望对此形成垄断，为自己带来利益。

第二，知识传播需要知识基础，不是任何人都可以进入知识成果的消费领域，知识消费需要培养能力，因此需要成本。从策划管理的角度来讲，策划公司（部门）吸收技术需要能力，仅仅靠抄袭技术，其成功时间不会很长，最终还是要失败的。

第三，知识具有“隐性”的特点，许多知识是不可言传的，对组织和个人都具有黏滞性，因此，对知识的学习需要“干中学”，组织需要积累研究经验和研究人才。

第四，对保密知识的模仿和破译需要时间，在这段时间内，知识创新企业能够获得足够的超额利润。反过来讲，知识产权保护成为重要的保密措施，它是对知识创新的一种制度激励。

上述几点说明，知识又不完全是公共产品，知识的这种私有性质，使得组织之间知识的竞争变得有意义。

（三）知识消费不同于物质产品的消费

知识产品的消费具有如下特点：

第一，知识产品的消费并不影响其中某个人的消费，相反，从整个社会角度来看，知识产品的社会效益要远远高于知识产品给生产者个人带来的效益。在一个组织中也一样，知识在组织内部共享会给组织带来更大的效益。

第二，理论上，知识产品一旦生产出来，其他人增加消费的边际成本等于零。因此，知识具有低成本的可复制性，这一点与物质产品截然不同，因为即便是复制完全相同的物质产品，也需要一定的固定成本和变动成本。

第三，重复生产知识没有任何意义。知识不像实物那样可以重复制造，因为重复的知识通过简单而便宜的复制就可以获得，所以，知识的重复制造和生产不会产生任何价值，例如，在中国历史上，曾经有若干人重复测算过圆周率。

第四，复杂知识消费的转换成本很高。知识消费过程也是一个知识学习过程，消费者需要付出很大的时间和精力成本，而一旦这种知识被消费者掌握和使用后，消费者就与这种知识存在着一定的“黏滞”性。同等的情况下，消费者是不愿意随意转换知识消费对象的。以计算机软件为例，微软的 office 软件非常复杂，人们需要很长时间才能完全掌握其功能，如果出现另一品牌的功能与之差不多的软件产品，人们也一般不会转而应用这种软件产品的，因为转换成本很高。这一点与物质产品的消费不同，相对而言，物质产品消费的转换成本可以很低，例如，消费者可以经常更换自己使用的牙膏品牌，而不需要付出太多的时间和精力成本。知识的这种消费特点对于企业知识产品的营销是非常重要的。

（四）可学习性和继承性

从学习者的角度看，学习是获得已有知识的一条重要途径，学习比研究和开发更经济、更快速。组织和个人只有在充分掌握了前人的知识成果的基础上，才有可能创造出新的知识。但是，学习获得的知识都是二手的，不具有垄断性，而只有通过研究与开发创造出来的新知识，才是首创的，而且具有垄断性。

（五）知识的不确定性

思想家卢梭说过，“所有人类的知识都是不确定的、不准确的和局部的”。人类对于事物的认知过程是无限发展变化的，人类的每一个认知成果的真理性都是相对的，在不同的时空和条件下，人类从不同侧面或角度获得了不完整和不全面的知识。随着社会的进步，后人的知识必然超过、替代前人的知识。知识的不确定性隐藏在知识的投资、生产、分配、交换和消费各个环节的风险和不确定性中。

知识的不确定性和易被替代性，决定了个人知识和组织知识具有高的贬值风险，符合人类社会发展需求的新知识会使组织、个人中原有的“老”知识为组织创造效益的能力大为降低，甚至被完全淘汰。新型设备代替老设备，新版本软件产品代替老版本，都使得老载体（设备、软件光盘）中知识的价值大大降低。因此，作为以知识生产为主的组织而言，创新能力至关重要。

由于企业是一个有着自己独立经济利益的实体组织，它的知识运营目的和社会知识运营的目的是不一致的，因此，知识的上述特性使得企业在知识管理中必须面对很多矛盾，企业知识管理的本质也是为了很好地解决这些矛盾：

第一，知识的外部性和企业自身的利益的矛盾。正如上面所述，知识在总体上是具有外部性的，可以在全社会实现低成本共享和消费，但是，任何知识创新都具有高成本性、高风险性和收益分配的不确定性，而企业是个利益实体，企业知识创新不是为了向全社会提供公共产品，其根本目的是为了获取高额的垄断利润，需要用产权的方式尽可能做到独享知识成果。因此，企业的知识管理不仅仅是知识创新的问题，而且是一个企业知识产权保护的问题，它是知识管理的重要内容。

第二，知识创新过程的长期性和知识更新周期加快的矛盾。知识经济时代，知识的生命周期越来越短，新的知识越来越容易被替代而变得毫无价值，但是，单个组织的知识创新又往往具有长周期性和高成本的特点，因此企业知识创新有很大风险。解决这对矛盾也是企业知识管理的任务，如何提高知识创新的效率，同时提高对外部的动态反应能力，从而尽可能降低风险是企业知识管理的重要任务。

第三，知识垄断和知识共享的矛盾。企业作为一个组织，在对待知识的垄断和共享问题上希望有双重标准：一方面，希望本企业对自己创新的知识具有永远的垄断权力，一劳永逸地享受知识成果带来的利益；另一方面，为了提高知识创新的效率，企业又希望知识在本企业员工之间、本企业不同部门之间实现充分共享，而不希望员工、部门对自我知识进行保护和垄断。因此，企业的知识共享问题也是企业知识管理需要解决的重要问题。

总之，这些矛盾都是需要企业的知识管理来解决的，知识管理就是通过促进组织的知识获取、组织内部知识共享来提高组织的知识创新、知识应用效率，从而提高组织整体优势。

二、知识的管理学分类

知识经济学家们对知识性质的研究使人们对知识的本质有了更加深刻的认识。在这个基础上，管理学家总是根据管理的不同目的将知识分成若干类型，事实上，对知识的管理学分类也是人们对知识本质属性认识深化的结果。目前管理学领域对于知识的分类主要有以下几种：

（一）经济合作与发展组织（OECD）对知识的分类

OECD分类法是被国内普遍引用的方法，这种方法将知识按用途分为四大类：知道是什么的知识，又称事实知识，或者称为“知事”，它包括事实、描述和信息；知道为什么的知识，又称“原理知识”，也称“知因”；知道怎么做某事的知识，又称“技能知识”，也称“知窍”，它是一种关于如何行动的知识；知道什么人有什么知识的知识，又称人力知识，也称“知人”。

前两类知识即事实知识和原理知识，是可以表述出来的知识，属于显性知识；后两类知识，即技能知识和人力知识很难完全地用文字明确表述，属于隐性知识。这种分类方法并没有将知识与信息、数据加以区别，是一种广义上的知识。

（二）知识与数据、信息的区别

知识管理理论认为，知识与信息、数据是不同的，三者之间既有联系又有区别：数据是一系列关于事件离散的客观事实的描述，它反映的是变量的测量值，它直接来自于传感器。在组织中，数据通常是事项的结构化记录，数据是产生信息的原材料，但是，数据本身没有意义，它不能说明自己的重要性和相关性。

与数据相比较，信息具备具体含义，德鲁克曾说过，“信息是赋予了背景和目的的数据”。它是为了一定目标而组织起来的有规律性的数据，它反映了系统的历史和现状，将数据转化成为信息——一般通过加入语境、分类、计算、改正、压缩等方式。

知识则是信息的更高层次的加工结果，例如，比较、推理、连接、交谈等。它是信息的应用和生产性的使用。相比较而言，知识是相关信息、价值和规律的一种有机综合。知识是一种包含了结构化的经验、价值观、关联信息以及专家见解等要素流动态的混合物。它起源于认识者的思想，并对认识者的思想起作用。在组织内，知识不仅存在于文档和数据库中，而且嵌入到组织的日常工作、过程、实践和规范中。

知识本身也被分成许多层次，例如根据可接受程度，知识可分为科学、判断和经验，科学是已经被接受的知识，而经验是潜在的知识；根据能动性，知识也可以分为知识、智力、智慧等。

总之，从数据、信息与知识的关系来看，数据是信息的基本单元和原材料；信息是知识的基本单元和原材料；而知识又是智慧的基本单元和原材料。从数据到信息，再到知识和智慧，这是一个不断再加工和增加价值的过程。在这个过程中，原始的数据变得越来越具有目的性、越来越与使用的环境息息相关。

（三）隐性知识与显性知识

隐性知识和显性知识的区别是知识管理理论对知识本质的深入认识，对于理论和实践的意义都非常大。大家引用最多的是野中郁次郎的隐性知识和显性知识相互转化的模型，其实，早在20世纪五六十年代，波拉尼就将知识划分为隐性知识和显性知识，他是从“人们知道的比他们所讲出来的要多得多”的事实开始分析人类的认知领域的。他说，当某种知识能够被清楚地表达出来，而学习者或者是接受者也能够通过这种表达获得这种知识的话，这种知识就具有“外显”的特性，因此，属于显性知识；反之，如果某种知识很难清楚地表达出来，或者是即使表述了也很难让接受者和学习者直接获得，这种知识就具有内隐的特性，因此这种知识是隐性知识。由于这种知识具有高度的情景性，与它的主体很难分开、不能独立存在，因此，波拉尼甚至建议用“隐性知道”，而不是“隐性知识”来说明知识的“隐性”问题，并且还说，所有的知识都有隐性的成分，没有任何知识可以完完全全显性化，可以用“清晰度”来表示知识的显性化程度。对于隐性知识的特性，楚卡斯有过非常清晰的描述：

所有的显性知识是基于一个隐性的背景的，它是一套辅助的细节，这些细节隐性地集成在个人的大脑里；实践者遵循规则的能力是基于一个未被显性化的背景的，因此，在观察者看来，某种规则的要求是一回事，但是行为者在活动中的执行情况是另一回事，二者是不同的；当我们与别人交往、沟通的时候，我们的这种隐性的背景会被我们自己所觉察。

从知识的传授角度来看，显性知识可以通过文件、形象或其他精确的沟通过程来传授，但是隐性知识却只能依赖于人与人之间亲身的体验、直觉和洞察力。针对知识的这两种分类，有人提出知识管理的两种策略：基于隐性知识的个人化策略和基于显性知识的编码化策略。

将知识区分为隐性知识、显性知识，继而对其分别进行管理是人类对知识本身认识的一大进步。

（四）个人知识与组织知识

从拥有知识的主体来划分，知识又可以分为个人知识和组织知识，这种划分也凸现了知识管理的重要性。因为，人们往往有这种误解，即知识（尤其是有价值的知识）大都存在于人才的大脑中，于是有人就认为，将人才管好了就是最有效的知识管理。其实不尽然，人们已经认识到，仅仅将知识消极地储存在个体的大脑里，已经远远不够了，由于劳动力的频繁流动、教育水平的参差不齐以及业务变化频繁，这些都意味着组织不能再依赖于个体员工所表现出来的一致的、综合性的洞察力。相反，无组织地分散在员工队伍里的知识必须通过杠杆作用提高到组织层次上来，形成组织的“结构化的知识”。所谓“结构化的知识”就是将存在于雇员头脑中的知识以及组织外部的知识挖掘和整理出来，通过相互学习和转化，融入组织中，使知识像“砖瓦”一样，嵌入到组织的过程、手册、编码等知识结构中，这时知识与企业便融为一体。

知识创造是一个自我超越的过程，并且认为隐性知识和显性知识在相互转化中形成了一个不断成长的知识螺旋，从而促进了知识的发展。知识是经过社会化、外在化、结合化以及内隐化的过程，产生了知识类型的转变。

社会化（Socialization）：社会化是个人间分享隐性知识的过程，主要通过观察、模仿和亲身实践等形式使隐性知识得以传递。社会化过程是隐性知识转化为隐性知识的过程。师传徒受就是个人间分享隐性知识的典型形式。由于新知识往往起源于个人，因此社会化是知识创造和传播的起点。

外在化（Externalization）：外在化是对隐性知识的明晰表述，将其转化成别人容易理解的形式，使隐性知识转化为显形知识。这个过程在传统上主要依赖于类比、隐喻和假设、倾听以及深度会谈（Dialogue）等方式，借此推动隐性知识向显性知识的转化。

结合化（Combination）：这是一种知识扩散的过程，通常是一种将零碎的显性知识进一步系统化的过程，即显形知识转化到显性知识的过程。将这些零碎的知识组合起来，并用专业语言表述出来，形成标准化格式化的文件，这就完成了知识结合化的过程。通过结合化，个人知识不断上升成为组织知识，进而能更方便地为组织成员所共享。

内隐化（Internalization）：内隐化是知识螺旋的最后一个阶段，是显性知识转化为组织中其他成员的隐性知识。是由结合化产生的组织的显性知识被成员吸收学习之后，形成的各个成员的隐性知识，组织成员再把形成的隐性知识应用到实际工作之中。

需要指出的是，企业知识创造积累过程是一个知识进化的过程而不仅仅是知识形态的互相转化，这个进化过程是由许多个转化过程交替构成的一个螺旋上升过程，是一个永不停息的过程。企业知识在这个螺旋过程中不断增加，完善，由简单到复杂，由片面到全面，实现从低级到高级的转变。

三、策划公司的知识分类与特点

策划公司的知识可以粗略分为内部管理知识和对外知识。由于策划公司的宗旨是为外部客户提供服务，所以讨论的主要对象是对外知识，即在为客户提供服务时策划公司所运用的知识，又可以分为专业知识、客户知识等。从结构和作用上来说，对外知识是主体和核心，而内部知识是保障。策划公司是知识密集型组织，其知识和隐性知识的重要性是由策划的行业特点、策划公司产品的特点以及从事策划的人的特点决定的。

1. 策划公司属于专业服务组织，主要依靠知识提供服务。从专业社会学（The Sociology of the Professions）的角度看策划业是一个知识含量极高的特殊职业，而策划公司属于知识密集型的专业服务组织，主要依靠知识来为客户提供服务。策划是一个刻意产生变化的活动，卷入的策划人员和客户有意识地建立一个志愿的短期关系以进入一个相互作用的过程。在此过程中，管理问题使用策划知识将管理知识带给客户，通过使得暗蕴的行为明晰而帮助客户解决与管理有关的问题以使双方达成新的现实。策划人员是使用特殊的策划知识和技能如策划程序、数据收集和诊断、策划的技术方法与模型、人际沟通技巧等来为客户提供服务的。

2. 策划公司产品的特殊性。由于其知识的密集性，策划公司产品不具备一般工业品标准化、批量生产和对机器高度依赖等特点。策划人员必须根据不同的具体问题创造性地运用专业知识和技能去解决客户的复杂问题。在策划人员所使用的知识和技能中，只有一小部分是策划人员间共有的知识，而大部分的知识，如个人的经验、灵感、洞察力、预见性、独特的人际技能和策划工作技巧或独享的策划工具等隐性知识，是策划人员与其服务与产品不可能完全分离，从而使产品对生产者个体高度依赖。

3. 策划公司与客户关系的特点。通常情况下，除了产品和服务依赖于个体外，整个客户关系也依赖于个体。在策划界经常能看到这样的情况：当公司的某个策划人员离开公司后，相应的客户也被其带走了。这可能会使客户成为离开的策划人员下一个就业公司的客户，而原公司不得不停止与相应客户之间的业务关系，因为客户以及不能在该策划公司得到原来的重要的策划人员和对离职人员高度依赖的策划服务。表面上看，这是客户关系问题，而实际上是客户对特定知识的依赖。

第2节　策划公司知识管理的导入

一、构建知识管理系统的“操作平台”

所谓知识管理系统，并不仅仅是一套软件或者一个信息管理系统，而是一种管理的思维、方法和体系，是一种企业管理文化。既然它是一种企业管理文化，那么它的建设就可以从两方面下手：知识管理的“硬建设”与知识管理的“软建设”。

（一）知识管理“操作平台”的“硬建设”

知识管理的“硬建设”包括相关政策的出台、相关制度的制定、相关组织结构的设置变更、相关设备的添置。这些建设的特点是，其建设的标的都是一个“实物”，比如说，制度的制定就可能体现为一个对员工有约束力的企业制度文本，相关组织结构的设置就可能体现为策划公司新增设一个知识管理部门，相关设备的添置则可体现为电脑与软件系统的购置。

知识管理的“硬建设”是属于企业知识管理建设中的“基础建设”，它为企业知识管理的应用提供必要的制度依据、组织支持与设置支持。所以，它往往就是企业知识管理系统建设的“第一期工程”。在这一轮建设中，企业有四点是必须做到的：

1. 创造更多的员工间交流的机会

知识管理的第一步，就是要达到知识共享。而要达到知识共享，最好的方法就是创造更多的员工交流机会。员工交流是一种双向的知识共享行为，相比其他的知识共享方式，它具有以下优点：

（1）交流是双向的，它比学习书本与文献等单向的知识共享方式更全面，更容易为人们所接受，也容易向纵深方向发展。

（2）员工间的交流与企业现实最贴近，因此交流所产生的知识对员工的行为最具操作性的指导意义。

（3）员工所处的时空范围相同，面对相近的企业人际关系和外部宏观形势，这就使他们之间很容易产生共鸣，进而理解与学习对方的处理方法、处世哲学、思维模式等一系列的知识成果。

那么，如何去创造这些交流的机会呢？可以尝试以下几种方法：

（1）公司物理环境的改造

这是环境学与管理学相结合而提出的解决方案，主要是通过改变公司的物理环境来影响人的情绪、行为，以创造更多的员工交流机会。比如，采用开放式的办公室，减少独立的办公室的数量，为员工在办公室内的交流创造机会；设立舒适的茶水间，以便员工在小憩的时候有一个更畅快的交流环境；减少公共过道的数量，并在公共过道处设立休息区，提高员工在公共过道见面并交谈的几率。IBM、微软等企业的实施结果证明，这种解决方案在提升员工间的交流量方面的作用非常明显。但这种解决方案在控制交流方向上就显得无能为力，而且物理环境的改造往往面临相当多的制约。

（2）组织结构的平扁化

传统金字塔式的企业组织结构容易在上下层间造成交流的空间与阶层障碍，而且信息在多层的传递过程中被扭曲的可能性相当高。因此有人提出改善交流必须从改革组织结构着手，实现组织结构的平扁化，即从最上面的决策层到最下面的操作层，中间相隔层次极少。这样的体制，能提高上下层之间交流的质与量，下层能直接体会到上层的决策思想和智慧光辉，上层也能亲自了解到下层的动态，汲取第一线的营养。采用了这一方案的有美国通用电器公司，目前它的管理层次已由9层减少为4层。

（3）网络虚拟社区

随着网络科技的发展，人们提出了第三种解决方案——通过网络虚拟社区来为员工创造更多的交流机会。这种以网络技术为依托的解决方案，有明显的优越性：可以突破时间与空间甚至是社会阶层的交流障碍，实现完全平扁化的网状交流；不必对现有的办公地点物理环境和组织结构进行任何的“大手术”，这就使方案的推行障碍大大缩小；显性化的交流，容易进行知识的记录、过滤、积累、分类与搜索，方便进行交流内容的导向。

正是因为这些优越性，这种解决方案备受推崇，成为时下大行其道的最流行的解决方案。但在肯定其优点的同时，我们也必须认识到这种解决方案并不是万能与完全的，比如它对隐性知识交流的促进作用就很不明显，甚至是等于零。

2. 建立知识索引

知识管理的过程目标是“将最恰当的知识在最恰当的时间传递给最恰当的人”。这个目标的提出，是源于知识应用过程中的一个最常见的需求——“员工希望在最恰当的时间找到最恰当的知识”。

那么，如何去实现这个过程目标，或者说如何去满足这种需求呢？现行最佳的办法，就是建立有序的、便于查找的知识索引，然后再通过索引的指向性提示，在庞大纷杂的知识库里找到“恰当的知识”。

由于知识的载体具体可分为三种（知识文本、知识的持有人、知识所在的过程），所以知识索引也分为三种：

（1）知识文本指向的知识索引

当企业运作产生大量的知识文本，而且这些知识文本具有很强的参考性时，建立这种知识文本指向的知识索引是最适合的。员工可以通过强大的搜索引擎、系统的分类导航，在企业内部局域网上找到最佳的参考文本。

另外，值得注意的是，在国际互联网上，已经存在这样的知识索引，比如雅虎、搜狐等网络搜索引擎就属此类。虽然，这类索引不是为企业“量身定做”的，所以难免其适用性会比较差，但其背后庞大的知识库与信息库的支持，以及建设费与应用费都“免付”的这些特性，使它具有相当的应用意义。

（2）知识持有人指向的知识索引

当企业员工清楚自己面临的问题，而企业中又存在能用清晰的、易于使人明白的表达方式来解答这种问题的员工时，建立“知识持有人指向的知识索引”是相当适合的。这种知识索引的主要功能是，根据员工提出的问题关键词，智能判断员工的知识需要，然后根据数据库记录中的员工经历等资料，找到最可能具有这些知识的员工，最后通过各种方式来促使知识供方与知识需方进行交流，以达到知识向需方传递的目标。

（3）知识所在过程指向的知识索引

当员工不明确自己所面临的具体问题，或者员工所面临的问题不能以显性知识很好作答时，建立“知识所在过程指向的知识索引”就成了唯一的选择。这种知识索引的功能是，根据员工提出的对自己所面临的情况的关键词，智能地判断员工所面临的过程，然后根据数据记录中的员工经历等资料，找到面临过最相似情况并能成功突围的员工，然后促进两者进行交流，让知识需方找到“最能帮助他”的员工，并让这个员工以各种的方式，参与到知识需方的分析情况、解决问题的过程中去。

3. 企业高层的参与和支持

企业高层的参与和支持，对于企业知识管理建设来说，是不可缺少的，从下面三个方面的分析，我们就可以清楚地看到这点：

（1）进行知识管理的前提是，企业认同知识的作用，将知识看成是一种重要的企业资源，希望以最佳的方式对这种资源进行配置。既然是资源配置问题，这就使知识管理成为一个企业战略性的问题，所以就要求企业战略管理者（企业高层）的加入。

（2）知识管理的建设需要大量的人力、物力和财力的支持，同时还可能要求对组织结构进行一定程度的改造，这一切都必须在最终决策权与资源调配权的支持下才能顺利实现。因此，要求拥有最终决策权与资源调配权的企业高层管理者参与其中，是知识管理建设的必然要求。

（3）知识管理不但是一个系统或者软件，它更多的是一种管理的观念与思维，就决定了知识管理的建设必然是一种思维变革的过程。凡是这种观念与思维的改变，都必须自上而下去实施，才可能收到预期的效果。这就需要企业高层的参与。

4. 与绩效评估体系的结合

对于企业来说，改变员工行为的“硬手段”有两种：一是行政命令，二是利益驱动。知识管理的建设获得了企业高层的参与和支持，就使它可以应用行政命令手段促进员工参与到知识管理体系中去。

而要求二，就要利用利益驱动的手段，促进员工参与到知识管理的建设与应用中去。这里要注意几个问题：

（1）企业的绩效评估体系必须是有效的，它的评估结果必须是员工薪酬与晋升的依据。只有与这样的绩效评估体系相结合，才能产生真正的利益驱动力。

（2）知识管理部分的评估结果，必然在评估体系里占有一个有相当影响力的权数。只有这样，人们才会重视这一部分的评估结果，这时候产生的利益驱动力才会足够的大。

（3）知识管理是一个软硬兼备的体系，其中还包括大量的隐性知识传递与应用的过程。这就为员工在知识管理方面表现的评估设置了相当大的障碍。完全把员工在知识管理的各方面的表现纳入评估范围，是不太现实的，建议将评估的重点放在知识管理中的知识应用环节。

（二）知识管理“操作平台”的“软建设”

通过知识管理的“第一期建设”，企业就能建立起一个良好的“硬件基础”，但这仅仅代表着知识管理“操作平台”建设的开端，接下来的，就是一个引导员工意识与行为的“软建设”过程。

“软建设”的最终目标，是使员工的行为与意识跟知识管理的“硬件”有效地配合起来，成为知识管理的主体，真正发挥知识管理的作用。具体来说，企业通过“软建设”要让员工的意识行为突破下面这几种障碍：

1. 无知感障碍

无知感对知识管理的障碍主要体现在它抑制员工的求知欲。有些员工认为，发问会使别人认为自己无知，进而会让别人否定自己的价值。为了避免这种难堪，他们宁愿忍受对问题的不解，或者另外找方法去解答。这种意识就限制了知识的交流。

消除这种障碍，可以从三方面下手：

（1）鼓励发问，而且尊重每一个问题及发问的人。

（2）让员工明白，发问不代表无知，相反，它是一种深入思考的表现。

（3）没有什么人会无所不知，所以发问是一种正常的行为。

2. 原创癖好障碍

这种障碍跟“无知感障碍”一样，都是一种来自知识接受方的障碍，但与之不同的是有原创癖好的员工往往不是“知识缺乏者”。他们有能力，或者相信创造出等价的知识，因此他们才会拒绝接收其他等价的知识，而选择在“空无一物的地方进行重新创造”。对于企业来说，等功效的知识只要一套就可以起作用，而另外几套等功效的知识创造所费的人力与物力，只能算是无用功。同时，等功效的知识增多，使单位知识共享的人数减少，这就使单位知识的创造成本提高，这也是相当不经济的。

要解决这个问题，我们首先要明白，原创癖好员工之所以成为知识管理的障碍，只是他们的心理作祟，而不是他们的能力有问题。只要帮助他们跳出心理的误区，他们便会成为组织知识管理最大的贡献者。还有一点需要明白的是，这些人群对精神奖励的“应激性”远远高于对物质奖励的“应激性”。

因此，企业可以采取的措施并不是直接向他们灌输“有效知识的创造成本”之类的观念，而是应该从荣誉感、成就感等方面下手，通过奖励措施，特别是精神方面的奖励措施，去鼓励在现有知识上的创新行为，抑制完全的知识重新创造行为，比如可以设立一个企业的最高荣誉，专门授予那些对现有知识进行二次创造的员工。

3. 独享障碍

知识独享障碍是知识管理中一个比较常见的问题，它主要来自知识被共享者。你也许会认为，知识共享对于被共享者来说，并没有什么损失，因为知识是非物质的，它不会被“消费”掉，所以知识共享是不难实现的。但实际上许多人都不愿意让自己的知识共享，原因大致有三个：

（1）知识是有价值的，可以视做资产。知识共享可以通过无偿使用这种资产受益，而知识被共享者作为资产所有者却不能获得回报，这是不公平的。

（2）知识的获得是要付出代价的，特别是那些长期积累下来的经验就更是如此。但知识共享却使知识共享者从知识被共享者那里无偿获得这种资源，这是对知识被共享者前期劳动的否认。

（3）知识相对价值的降低。独占别人不具备的知识，使员工会在企业里建立起一定的竞争优势。但随着知识所有者的增多，这些知识能为所有者带来的竞争优势就变小，即知识的相对价值就会降低。知识共享在短时间内“制造”出大量的知识所有者，这就使被共享者的知识的相对价值快速降低。

要排除这种障碍，关键就是使知识在共享的过程中也体现其价值，并通过薪酬体系对在这个过程中的贡献者给予一定的回报。按这个方向，结合企业的具体情况，就可以设计出排除“独享障碍”的解决方案来。

其中有一种比较有启发性的解决方案构想，它叫“知识传销”。知识传销是将传统商品传销中的体系引入知识管理，以解决知识共享与传播的一种管理构想，具体的操作是：A 的知识为 B 所共享并应用，产生了成绩，A、B 都会受到褒奖；如果 B 再将 A 的知识传递给 C，而 C 在共享并应用后又产生了成绩，那么 A、B、C 都会受到褒奖；依此类推，知识源 A 可以从下线数层里获得“知识增值利润”。

由于“知识传销”能使知识源所有者与知识过程传递者都从中受惠，这就从根本上解决了知识管理中的“独享障碍”，同时它强调“产生成绩”，这就促使知识管理向应用性方向发展。虽然“知识传销”在理论上是非常强大的知识管理工具，但其操作性的难度还是相当大的，比如，“知识传销”要求每一项成绩要向上多层追寻“贡献者”，这就给绩效评估体系出了大难题。

二、选择知识管理的“应用软件”

正如电脑一样，一个仅仅装好了“操作平台”的知识管理系统，没有多少适用性可言。企业还要去选择与安装各式各样的“应用软件”，以满足企业各类不同的知识管理需求。本文的这部分将针对这些不同的知识管理需求，一一提出解决方案，为企业对“应用性软件”的选择提供参考。

（一）将凌乱的数据变成有用的知识

有一些企业，如零售业企业，出于自身的行业特征要求，很早就开始进行数据收集与积累。在他们的数据库里，存在着大量的数据。知识管理是否能更进一步地利用这些数据，使它对企业产生更大的效益呢？答案是肯定的。而应用在这个方面的知识管理工具就是数据挖掘技术。

数据挖掘，也可以称为数据库中的知识发现（Knowledge Discovery in Database，KDD），是从大量数据中提取出可信、新颖、有效并能被人理解的模式的高级处理过程。数据挖掘运用选定的知识发现算法，从数据中提取出用户所需要的知识，这些知识可以用一种特定的方式表示或使用一些常用的表示方式。

数据挖掘主要实现以下四种功能：

（1）数据总结

其目的是对数据进行浓缩，给出它的紧凑描述。数据挖掘主要关心从数据泛化的角度来讨论数据总结。数据泛化是一种把数据库中的有关数据从低层次抽象到高层次上的过程。

（2）数据分类

其目的是学会一个分类函数或分类模型（也称作分类器），该模型能把数据库的数据项映射到给定类别中的某一个。

（3）数据聚类

是把一组个体按照相似性归成若干类别，即“物以类聚”。它的目的是使属于同一类别的个体之间的距离尽可能地小，而不同类别的个体间的距离尽可能地大。

（4）关联规则

关联规则是形式如下的一种规则，“在购买面包和黄油的顾客中，有90%的人同时也买了牛奶”（面包＋黄油＝牛奶）。关联规则发现的思路还可以用于序列模式发现。用户在购买物品时，除了具有上述关联规律，还有时间或序列上的规律。

（二）促使专业人员实现双环学习

学习分为两种：一是按自己的方式与方法去吸收新的知识，以解决问题；另一种是对自己吸收知识的方法与处理事件的原则进行批判性反思。我们把前者称为单环学习，而把后者称为双环学习。

以前人们一直重视把以解决问题为中心的单环学习，但现在开始认识到如果界定问题和解决问题的方式不当，有可能带来更多的问题。因此，双环学习也逐渐成为组织知识管理的内容之一。

但专家们却发现，在组织里，那些很善于单环学习的专业人员却很不善于双环学习，甚至拒绝进行双环学习。这是因为，许多专业人员在工作中都取得了成功，这些成功的经历使他们对自己界定问题与处理问题的原则充满信心，认为那是无须改进的。所以，一旦他们的单环学习战略出了差错，他们就会将失败归结于外因，产生一种戒备性反应。这就使他们的双环学习无法在单环学习的基础上进行下去。

那么，如何让这些专业人员也学会双环学习呢？下面的原则就能比较有效地解决这个问题：

第一，引导专业人员去认识自己的原则有问题，而不是直接指出。界定问题与处理问题的原则有独到之处，常常是专业人员成功的原因。所以，他们都将自己的原则看成是自己的荣誉所在，当有人去“侵犯”他的荣誉时，他就会毫不犹豫地“反击”。这时候他们会变得神经质，甚至不可理喻，当然也不会达到改变他们的目的。但如果是他们自己发现问题所在，并进行改进，情况就大不一样了，他们只是在为自己争取“更高的荣誉”。

第二，从最高层开始解除“戒备性”。最高层的思维模式对整个组织的思维模式起到示范性与导向性的作用。如果高层在每次讨论上仍把自己的原则与思维定式放在一个“绝对不可侵犯”的位置，那其他专业人员也不会解除自己的“戒备性”。相反，高层来一次对自己行为模式与思维方式的自我批判讨论，则会极大地促进其他专业人员对自己的原则进行反思。

第三，用事实与数据论证自己的观点。专业人员对自己的原则辩护时，常常是主观的。引导他们用事实与数据分析自己的言论，将有利于引导他们去认识自己的原则里存在的问题。

（三）促使“左脑人”与“右脑人”一起工作并取得建设性的成果

一个包含左脑思维与右脑思维的团队进行“知识碰撞”，是可以产生创造性成果的，但这不是必然的，除非管理者使然。管理者必须明白，“左脑人”与“右脑人”不是天生就能互相理解，实际上，他们很容易互相厌恶。在那些包含各种人才的团队中，成功的管理者需要花时间，从一开始就让成员认识到他们之间的差异和尊重他人的思维偏好，并在着手解决问题之前，设计出共同工作的指导原则。要达到这个目的，可以使用以下的方法：

首先，弄清楚团队为什么在一起讨论，每时每刻都把这个共同目标摆在眼前。

其次，使共同工作的指导方针清楚明确。有效的方针总是简单、明了和准确的，例如，“任何人都可以不同意他人的某些想法，但必须给出理由”，“当一个人陈述目标时，其他人必须认真倾听，努力理解；如不同意，必须说明原因”，“没有问题不可以讨论”，“证实你的假设”。这些方针都是简单明确的，而且具有很高的操作性的。

再次，事先制定日程，安排足够的时间，分别用于发散性讨论（激发有想象力的其他观点）和收敛性讨论（做出选择，制订实施计划）。创新需要这两种类型的讨论，没有人同时具备这两种才能，但是不同类型的人可以相互取长补短。明确为两种类型的讨论分配时间，可以减少挫折的发生，因为决策类成员总是从自己的立场出发，希望马上就做出决定；而容忍模糊型成员则希望每一条可能带来创造性的途径都经过探讨。如果明确分配讨论时间，决策类成员会以时间和日程安排紧迫为理由，迫使其他成员哑口无言。他们牢牢抓住第一套可能的方案，而不去寻找更好的方案。相反，如果决策欲不强的成员控制了局面，讨论就会没完没了，永远得不出结论。创新活动同时需要发散性思维和收敛性思维，既需要头脑风暴，也需要行动计划。

（四）让经验成为真正的老师

中国有句俗话，“经验是最好的老师”。但管理专家们对企业进行了长期的调研后却发现，在自然情况下，企业内部平均重复犯错率高达92.4%。很明显，经验在企业里没有成为“老师”。针对这样的情况，专家们开发出一种“让经验成为真正的老师”的知识管理工具，它就是“学习型历史文献”。

学习型历史文献是一套以特殊格式记录企业重要事件的文本，包含了企业成长中的辉煌事件，如企业变革、新创意、重大发明、成功的产品导入，或者是企业的不幸事件，如大规模裁员。文献分为左右两栏：

右栏记录有关人士对事件的描述，他们或者是该事件的当事人，或者受到该事件的影响，或者仔细观察过该事件。文献中还会注明描述者的头衔，但不记录具体的人名。

文献的左栏是学习型历史专家小组所作的分析和评论。学习型历史专家小组由训练有素的外部专家和知识渊博的内部人士组成。通过访谈，专家们提炼出右栏的描述，并在这个过程中完成左栏内容的蓝本。在左栏内容中，专家们会指出文献里反复出现的主题，提出有关其假设和含义的问题，并揭示出隐藏在右栏叙述中的“不可讨论的”问题。

最后这些文献会保留下来，供企业成员去分析和讨论。

这种学习型历史文献之所以被视为有效的经验学习工具，主要是因为它起到三个作用：

第一，学习型历史文献有利于建立共同的理念。当员工在文献中看到自己的观点时，他们都会感觉受到了肯定，不再感到孤单，他们会发现，其他员工也在与他们共同奋斗，共同创造幸福生活和企业的美好未来。

第二，学习型历史文献能挖掘出“人们希望谈论，但以前没有勇气公开谈论”的话题。由于文献右侧栏的观点是匿名的，左侧栏的评论犀利而中肯，所以，学习型历史文献为更公开地讨论复杂问题提供了条件。

第三，学习型历史文献能够有效地促进知识在企业内部的转移，而且不是简单地照搬他人的教训。学习型历史文献的读者会从中发现经验教训背后的逻辑和动力，并将其内在思想应用到自己的创造活动中去。

知识管理的“应用软件”还有很多，限于篇幅，在此无法一一细数，各位可以在众多的资料中找到更多相关的信息。但在选择应用时，必须注意“宜精不宜多”。在知识管理应用的先行者们的经验中，有这么一条——“在适用的前提下，越专一的知识管理工具的效用越是明显”。企业在建立自己的知识管理系统时，应该充分重视这一原则与规律。

到此为止，知识管理在企业中的初步应用性导入就可以告一段落了。但这不代表一个永远的终结，因为知识管理系统是一个需要动态维护的系统。企业必须继续进行知识管理系统价值评估、知识管理系统的应用重组等工作，才能保证知识管理能为企业增加更多更大的价值。

第3节　策划公司（团队）的隐性知识管理

一、策划公司（团队）中的隐性知识

策划公司隐性知识的重要性和特殊性要求对其进行针对性管理。策划公司隐性知识管理的内容和任务主要包括隐性知识的识别、隐性知识的开发利用以及隐性知识的保有和创新这三大方面。

（一）策划公司隐性知识的识别

隐性知识管理是知识管理的关键。而要对策划公司的隐性知识进行管理，必须首先对隐性知识进行识别。识别的最直接方法是对隐性知识进行分类，一般可作以下分类：

1. 按隐性知识的依附对象划分，策划公司的隐性知识可分为个体的隐性知识和集体的隐性知识。个体的隐性知识是依附于个人（如策划人员、管理者）的，很难被其他个体掌握的高度个性化的知识，主要以经验、技能、直觉、灵感等形式存在。集体的隐性知识则依附于组织（如项目小组、策划公司），是某一策划公司区别于其他组织的人格化特征，如某一项目小组或部门的价值体系（观）、团队默契、组织文化和氛围等。

2. 以隐性知识自身的特征划分，可分为技术方面的隐性知识和认识方面的

隐性知识。前者主要包括那些不可或难以编码和表达的策划技能、专长、诀窍等。而后者主要包括策划人员在处理业务过程中的灵感、直觉、心智模式、预见性等。

3. 隐性知识的层次划分，可分为个体拥有的隐性知识、团队拥有的隐性知识、部门拥有的隐性知识和企业拥有的隐性知识。不同层次的隐性知识构成了企业隐性知识体系。在策划公司中，其内部成员共享的部分显性知识和隐性知识因不向外界公开而形成策划公司独有的隐性知识。

(二) 策划公司隐性知识的特点

根据以上论述可以判断出，隐性知识是策划公司知识的核心和主体，无论在重要性还是在量上，隐性知识在策划公司中有着举足轻重的地位，并有如下特点：

1. 策划公司的隐性知识是个性化的知识，是一种与公司客户关系维持者、策划人员等认知者个体无法分离的知识。

2. 策划公司的隐性知识是即时性的、根植于行为的知识，它产生于策划人员当下正在进行的认知活动中，它是一种动态存在，是一种稍纵即逝的现象。

3. 策划公司的隐性知识是经验性的知识，是个体即策划顾问在长期策划实践过程中逐步积累起来的。

4. 策划公司的隐性知识是停留在实践层面的知识，因其难以被编码和显性化而存在于即时的策划实践活动中。

5. 策划公司的隐性知识与特定的环境和背景相关联。一旦脱离特定的环境和背景，隐性知识将失去存在的基础或发生改变。比如适用于某些特定客户的隐性知识可能会因为客户的变化而失效。

6. 策划公司的隐性知识是非批评性的知识，我们很难对这些不能用语言表达而只能心领神会的知识进行形式逻辑分析和批评性思考。

7. 策划公司的隐性知识在被使用时是不自觉的、无意识的，如某种心智模式等，而显性知识则可以自觉地和有意识地被收集、传播和使用。

(三) 策划公司隐性知识的开发与利用

策划公司的隐性知识管理最终是为了通过对隐性知识的开发利用以实现策划公司的目标。对现有隐性知识管理的核心是通过制度设计、激励、文化营造等手段克服障碍以实现隐性知识在策划公司内部的共享。这一问题最终归结到两个方面：

1. 要营造一个人人愿意与他人共享隐性知识的氛围和创造相应条件。在现实中，员工之间的知识垄断、互不信任及利己主义等都不利于隐性知识的交流和共享。因此必须有针对性地进行管理：一是营造良好的组织文化，树立互惠观和整体观，鼓励隐性知识交流，打破个体、团体及部门之间的知识垄断壁垒；二是做好隐性知识交流的激励工作，建立知识共享奖励机制；三是利用策划公司特殊的扁平矩阵式结构和有利于隐性知识交流的临时性项目小组，构建隐性知识交流平台。

2. 必须构建便于隐性知识开发利用的模式。这就要求能找到利用隐性知识的有效途径。不管是咨询顾问个人的还是项目小组、部门的隐性知识，只有被显性化或被传递才能发挥其作用。

（四）策划公司隐性知识的保有和创新

隐性知识是构成策划公司核心竞争力的基础，它的存在和发展必须以其保有一定量的隐性知识为前提。从隐性知识的分类来看，组织、部门等集体拥有的隐性知识一般不随某一个体流失而消失。所以，保有隐性知识最终要求策划公司能够留住人才。另外，策划公司要十分注意对内部隐性知识保密。

总之，隐性知识是策划公司知识的主体和核心。对隐性知识的管理是策划公司管理的核心。策划公司必须认识到自身知识的特点和结构，对现有的知识尤其是隐性知识进行识别、开发利用以及保有和创新。

二、策划公司隐性知识显性化的途径

隐性知识是个人的、由情景限定的，很难交流和表述，其主要存在于人的头脑中，具有主观性。隐性知识只有转化为显性知识后，才能按照显性知识获取方法完成知识获取。将隐性知识转化为显性知识，实际上是将个人的隐性知识转化为集体显性知识的过程。策划公司或团队应该从如下几个方面促使隐性知识显性化：

1. 创造一个宽松的交流环境和交流机制，使人的智慧有自由翱翔的空间。属于个人的主观的隐性知识是创新的原动力，有价值的东西是来源于人的大脑，因此他难以被监控，也很难强迫人们去做，只有在人们愿意合作的环境下才能得以实现。所以想方设法创造一个环境，以利于知识产生。比如，策划公司可以建立午餐会议机制，利用午餐时间交流其策划技术和所拥有的知识，其他员工一边吃饭一边听其演讲，相互即时地提出一些问题，不但方便沟通，更有利于员工献计献策，促使其隐性知识转化为显性知识，进而获取知识。知识宽松交流的方式很多，诸如建立 BBS 论坛、企业内部互联网络等。

2. 建立知识创造激励机制。激励就是通过调整外因来调动内因，从而使被激励者向着激励预期的方向发展。因此，激励实质就是一个通过外因来调动内因，使其充分发挥主观能动性的过程。激励作用增加了知识员工积极性，促使员工努力创造知识，加速头脑中蕴含的隐性知识显性化。物质激励是激励的核心，对员工实行物质激励，内容一般包括奖金、福利、住房、保险、提高工资、晋升职务、发放津贴、任职资格、员工持股等等，从而激发员工个人使命感，加速个体头脑中隐性知识显性化。应该看到，策划公司作为知识密集型企业，知识创新只有经常化，企业才能不断获取新知识，才会占有较强的竞争优势。

3. 建立研发机制，加大研发奖金投入。研发是知识创新并应用新知识的过程，也是将大量的隐性知识转化为显性知识的过程。关于研发机制，世界经合组织将研发划分为三部分：第一部分是以现象和事实为基础所从事的试验工作或理论工作，其主要是为了获取新知识，称为基础研究；第二部分是对原始资料进行调查研究，主要是针对某个特定应用领域或具体的使用目标以获取新知识，称为应用研究；第三部分是指生产新材料、新产品和新设备的科学研究和系统试验，将从经验中获得的知识用于新工艺、新系统和新的服务领域，称为开发研究。其中基础研究和应用研究的目的都在于获得与课题相关的知识，开发研究则是对上述途径获得的知识进行系统应用。

三、策划项目收尾与知识管理

每一个策划项目的策划过程都会产生大量的隐性知识，在一个策划项目收尾时，总结这些隐性知识并使其显性化，是策划公司（团队）一项重要的工作。

项目生命期用来定义一个项目的开始和结束，决定项目收尾阶段中应包含或不应包含的过渡行为，如技术转移和移交等。通常定义如下：

（1）在每个阶段所需要进行的技术工作；

（2）在项目各个阶段所涉及的人员。

项目收尾是项目生命期的最后一个阶段，项目收尾阶段同时也是项目产品投入使用，或者项目交付结果进入运营期的开始，项目没有一个圆满的交接，必将严重影响今后的运营工作，项目的维修保养也无法进行，项目的商业目的不可能实现，因此，必须做好项目的收尾、交接工作。

项目收尾包括合同收尾和管理收尾。

（1）合同收尾：合同终止的原因；核实合同条款；项目移交评审；合同文件归档。

（2）管理收尾：管理收尾包括一系列零碎、烦琐的工作，如收集、整理项目文件；发布项目信息；重新安排项目人员；庆祝项目结束；总结经验教训等。

从知识管理的角度，项目收尾主要做以下一些工作：

(1) 建立项目文档

为了保证文档版本的一致性，在项目执行之前就要对文档的输出格式、描述质量、具体内容以及文档的可用性进行明文规定，并且要求所有的项目管理人员严格按照规定的要求输出、记录、提交文档。策划项目经理应事先在项目小组内部指定专门的文档管理员，对于符合质量要求的文档，统一由文档管理员管理；对于不符合要求的文档，全部退回文档输出责任人重新处理。

在项目执行的每一阶段，必须将所完成的文档提交到项目执行小组，如果发现提交的文档不符合要求，文档输出责任人必须对文档进行修改并在项目实施的下一阶段对其进行完善，必须从文档管理员的文档配置库中将文档登记取出进行完善，而不得进行随意修改，修改完毕后再提交审核和入库管理。

项目结束了，需要将项目全过程形成的文档进行汇总、归类和保存。文档管理员必须建立一个项目文档配置管理目录（按照策划项目实施阶段建立），并对各文档进行编号，对不同阶段输出的文档进行版本控制管理，该目录可给各文档输出责任人读取的权限，但没有写入的权限。

(2) 项目验收

当项目小组完成项目的所有任务后，还应该协助相关方面对项目进行验收，以确保项目事先规定的工作范围都得到圆满完成，同时检查项目完成的任务是否符合客户的要求，确保客户的要求得到满足。

项目完成至少应包括如下内容：项目范围说明书规定的所有任务都已完成；事先商定的可交付结果已实现；文档、资料已提交；员工培训已完成。

(3) 项目总结

项目执行完毕，项目小组的每一个人都应该总结一下项目执行的得与失、成与败。这样做的目的有两个：一是为员工个人的成长积累经验，二是为将来的项目提供借鉴。只有进行总结，这些信息才能指导员工今后的工作，才可以在未来项目的计划和估算中发挥作用。

策划项目组长的项目总结报告则应注重项目进度、成本、范围等目标实现情况，项目交付结果的质量情况、团队工作情况、客户关系、项目合同执行情况以及在项目执行过程中成功的经验和失败的教训。

项目组长在总结中不妨询问如下问题：

这些工作是怎样进行的？

使用了哪些方法和程序？

是如何管理问题和风险的？

是如何平息冲突的？

用到了哪些方法激励队员？

比较正式的项目往往还要召开项目的总结大会，对项目的状态进行一个全面的、严格的审查。

项目总结大会的内容包括：

回顾项目所取得的成果；

检查、核实项目移交的结果；

确认并解释为解决未完成工作所制订的计划措施；

确认并解释为解决仍然存在的问题所制订的计划措施；

商定并确认关于正在进行的工作或提供支持的责任；

确认谁对项目效益的监控负责；

感谢项目小组及其他项目利益相关者的努力和支持；

感谢客户和发起人的支持和承担的义务。

第7章

策划能力管理

商务策划是一项知识密集型和智慧密集型的职业，这个职业，毫无疑问，具有相当高的能力和素质要求。尽管实际上，似乎所有的人都可以进行策划，而且，策划的结果或多或少地能够实现预期。但专业的商务策划人员与商务策划团队，要能够胜任客户的委托，能够受到客户信任和支持，并以此建立起自己的个人品牌和团队品牌，还是需要较长时间持续积累的锻炼和培养的。

从事商务策划的人员和团队，需要投入极大的精力和时间，对自身的能力和素质进行周密的分析、计划、协调和控制，要以更长远的战略眼光来发展自己的能力。为此，必须进行自身的策划能力管理，使自身和自己的团队能够始终保持策划工作所要求的能力和素质。

商务策划的能力和素质，是众多要素综合作用的结果。单一具备某项能力和素质，并不能够保证策划工作的顺利进行。这些素质和能力要求，既包括知识的学习和积累，也包括思维方式的锻炼。为了便于理解和学习，我们特意分开一一阐述。

第1节　策划人员的职业素质

所谓职业素质，就是被人们认为属于专业人士的那一部分品质。这种品质使得他们区别于非专业人士，区别于普通人。当某一种行为表现被认定为专业人士所具有时，那么，这种品质，就应当属于职业素质。

能力和素质，是心理学的术语。为了避免过于学术化，我们简单从事，把“能力”定义为具体操作过程中表现出的效率，而素质，我们则定义为“从事某项工作所应具备的内在的、稳定的和基础的品质”。于是，相对于能力，素质是基础性的，根本性的。而这其中，职业素质和素养，是更为核心的内容。

对于商务策划人员来讲，使自己区别于一般人的，应当在以下的一些方面有较为突出的表现。

一、问题意识

问题意识是一种内在的品质，但更是一种长期有意识地锻炼形成的素养。所谓问题，就是目标状态或者理想状态与现实之间存在的差距。策划人员由于自己的职业，应该时刻保持对问题的敏感，对诸如缺点、缺陷、错误、烦恼、不安、不满和优势、希望点、幻想、理想状态等等，表现出与生俱来般的热情。这种热情和敏感可能并不足以使一个人成为优秀的策划人，但没有这些敏感和热情，就不可能成为一个真正的策划人。

策划，首先表现为对问题的理解和问题的解决。策划之所以有需要，也是因为有相应的问题存在。策划所要面对的问题，不仅仅是委托方交付的任务，也包括甚至更多地，是策划人出于自身创造性和主动性的驱动，不满足于现状而自愿进行思考提出来的各种探索和尝试。策划人，是解决问题的专家。如果不能在问题解决方面有区别于一般人士的创造性和效率，那么，策划人又有何种特长可以使自己将策划作为职业呢。

问题意识是作为策划人的众多条件的基础。良好的问题意识，可以使策划人可以养成一些良好的习惯。在观察周遭事物，理解社会人情，分析问题结构，明确问题关键等方面，有敏锐的观察、透彻的分析、奇特的想象和良好的直觉，而这些都是策划过程中必不可少的基本素质。

龙生九子，各有不同。尽管人人生而平等，也许确实有人天生就可能头脑发达，善于思考，智商可能较之普通人要高出很多，但问题意识却是长期有意识地锻炼养成的。在日常生活中，策划人是带着问题观察的，也是带着问题思考的。同样的事物，平凡而普通，在一般人眼中，平淡无奇，但因为带有问题，策划人就能够——当然也应该能够发现其中的某些不和谐、不满意和可以改善的地方。日积月累，天长日久，策划人就锻炼了一双锐利的火眼金睛，能够在解决问题的过程中信手拈来，化腐朽为神奇。如果不是观察敏锐，圆珠笔芯也不会是现在的这个样子；如果江南春不是善于观察，具有良好的问题意识，就不大可能发现写字楼的电梯口可以是一个有意义的媒体，从而引发了分众传媒的一系列精妙构想，建立起自己庞大的传媒帝国。

问题意识的养成是点滴积累的，用滴水穿石的功夫养成一种习惯，用这种习惯，使之成为自身性格的一部分，这就是策划的职业特征了。凡事都下意识地想到问题和问题的改进，而不是听任自己的情绪进行纯粹的意识流。因为热情和敏感，因为带着问题，所以，总能够作为一个清醒的思考者，勇敢地面对日常生活和工作，面对周边的人和事。

没有目标就没有问题存在，问题意识也就难以养成。从事策划的人，应当是不容易满足的人，积极向上的人。如果随波逐流，随遇而安，或者干脆清心寡欲，“众人昭昭，我独昏昏”，绝圣去智，没有什么愿望要去实现，那也就没有什么问题了。问题意识，就谈不上，那样只是生活中的高人，是不能从事策划的。

为此，策划人在平时的工作和生活中，自然多了一份因为问题而产生的资料收集工作。这些资料收集还并不是策划委托的要求，而是出于积累的需要。我们姑且将其称为问题管理。

二、健康的体魄

健康的体魄是从事任何工作的前提，但作为策划人，要求还要高一些。策划所要求的健康体魄，并不意味着你一定要孔武有力，或者肌肉强健，而是要能够承受长时间的体力和脑力超负荷的劳动。

策划工作不像一个组织内部的日常经营活动，往往是临时发生的，其重要性和紧迫性，要求策划人必须夜以继日，分秒必争。深入的调查研究、繁重的资料收集和整理、反复再三的思考和探索，都需要策划人马不停蹄不知疲倦地工作。没有健康的体魄做保障，工作将无法按期保质保量地完成。

事情往往是这样：你有多个头绪，你有多份委托，而且，在工作之外，你还要分心照顾你的家人和朋友，一月三十日，一年三百六十五天，你几乎没有休息，每天工作到深夜，早晨还不能睡懒觉，就这样，你还必须精神饱满热情洋溢地去迎接每一个朋友和客户。你不能因此而透支你的健康。于是，在健康的体魄作为基本职业素质的基础上，策划人还需要学会健康管理，以保证在需要的任何时间、任何地点都有充沛的精力和良好的精神状态。

有必要说明的是，健康的身体与健康的心理，是相互影响相互促进的。健康的身体状态使人精神饱满信心十足，健康的心理状态能够使你忘我工作，心无杂念，饮食起居节奏正常而有规律，生活宽松，也能促进身体健康。

三、良好的直觉

策划人员所要面对的，策划所解决的问题，都是充满了不确定性的未来。良好的直觉，能够帮助策划人在纷繁复杂的事物及其联系中，发现问题，找到问题的关键，从而有针对性的实现问题的解决。

不论是在任何时候，良好的直觉都是解决问题的利器。直觉和直觉思维是逻辑分析之外的另一种有效的思维工具和思考方法。不要期望，更不要简单依赖用直线的逻辑思维解决所有的问题。

策划工作需要运用有关的理论和方法，用科学的和严密的论证，解决现实中的问题。策划是科学，但策划更是艺术。策划所要面对的，与其说是冰冷的事，不如说更多的是人，有着鲜活面容、情感丰富、相互关联的人，不能依照现存的工具和方法，将所有已知代人公式，就可以得到解决结果的。在策划的过程中，策划人不得不面对细节复杂、过程复杂和动态复杂的种种困境，依靠有限的信息，解决复杂的问题。良好的直觉不但能够帮助策划人在复杂的环境中穿越茫茫黑暗，避开种种陷阱，找到问题的本质，而且能够发挥想象，创造性地组织资源，从而有效地解决问题。

学会运用直觉解决问题，是策划人的基本素质和能力。这一点，应该是毫无疑义的。在平时的生活和工作中，养成良好的思维习惯，运用多种思维工具，有意识地训练自己的直觉，避免简单机械的思维方式，是从事策划工作的日常功课。

直觉思维的训练有多种方法。其中较为有效的，就是静坐和冥想。在相对安静的时候，放松身心，放下心头的杂念，眼观鼻、鼻观心，随着呼吸的节奏，进入冥想的境界里。时间长短，可以自己掌握，长期锻炼，不但能够使自己集中精力，闹中取静，也有益于身体健康，在紧张的工作之中，迅速地消除疲劳。

四、积极向上的情感

从事策划的人，应当具有健康的人生态度，积极向上的情感，它不但是自己的事业可持续发展的基础，也是与人交往，影响到策划人与委托方关系的重要方面。

当我们谈到所谓“积极向上”，我们很明确，指的是策划人应当能够带给他人乐观、热情、愉快的感受，从而使自己和周边的人们更加努力于人生的事业和人际交往，积极面对困难和问题，满怀希望地憧憬未来，相信未来会更加美好，相信现实会得到改善。

“感人心者，莫先乎情”。没有人愿意与冰冷的事实打交道，也没有人乐意与意志消沉缺乏生气的人交往。即使面对严重的困难，面对纯粹技术的问题，人们也总是充满感情地进行观察和理解，更不用说我们策划所针对的问题，主要地和根本地，是人的问题，是人与人关系的问题。

策划所要解决的问题，固然需要相关的知识和技能，更需要积极的态度和健康的情感。对于策划课题（项目）的委托方，策划人积极乐观的态度和坚定的信心，是策划方案被接纳的基础，而对策划人员自身，积极向上的情感，更是使自己精神饱满、意志坚定、创意涌现、勇于接受问题和挑战的根本保障。

积极向上的情感包括以下几个重要的方面：

强烈的责任感。策划人要从更高的角度审视自身所从事的工作所体现的积极意义，应当对自己所从事的事业保持高度的尊重，对委托方的课题（项目）保持高度的尊重。只有具有强烈的责任感，才能够肩负责任，获得委托方的信任，建立起自己和自己所属团队的信誉。从小的方面，策划人所完成的课题和委托，帮助委托方解决了其所面临的问题和困境，使他们能够健康稳定地发展；从大的方面看，策划人通过解决一个又一个的问题，在与人合作的过程中，为社会创造了财富，为人类幸福和社会安定作出了贡献。为此，大胆构想，小心求证，科学周密地计划策划方案的实施，谨慎地对待策划过程中的每一个细节，将方案的实施做深做实做透，使自己的智慧得到完整充分的体现，更使课题（项目）的研究得到实践的验证，经得住专家的挑剔，经得住时间的检验。

强烈的好奇心。保持强烈的好奇心是策划人区别于普通人的一大特点。在一群人中，那些保持了一颗童心的人，是更具有创意的。他们因为积极，所以能够注意到别人不容易注意的细节变化。一个心态苍老，冷静理性，动辄进行深刻的理论分析，对当前发生的事情漠不关心的，可能更像学者，而不像策划人。策划人是保持了好奇心的人，而且甚至比儿童的好奇心还要强烈。再平凡不过的事情，在策划人那里，总是在问为什么和怎么使之产生如何的变化。策划人的脑海里，总是充满了问题，而这些问题，在一般人那里，甚至是可笑的。强烈的好奇心，使得策划人对周遭的事物及其变化发展高度敏感，从而具备了敏锐的观察和良好的直觉。见微知著，在日常的和细微的观察中不断地积累，最终体现在问题的解决过程中，策划人拥有了瑰丽奇特的想象力和层出不穷的创意。不要忘记，相当多复杂的问题，是用十分简单的办法解决的。而这些看似普通和简单的解决办法，来源于我们生活中的点滴积累。

强烈的荣誉感与使命感。强烈的荣誉感来源于策划人自己的人生信仰。只有眼界开阔、志存高远的人，才能忠实于自己所从事的事业，才能像鸟儿爱护自己的羽毛那样爱护自己的荣誉，也因此才具有强烈的成就欲望。商务策划工作，在表面上，似乎只是动动脑子，分析思考，然后动笔写作的事情，其实在背后，涉及大量艰苦的调查研究和知识积累，同时，策划工作中，不断地需要与各个方面、各个层次的人员进行沟通，不免有委屈和挫折。如果没有强烈的荣誉感和使命感，就难以保持对自身从事的事业始终如一的热情和坚韧，为山九仞，功亏一篑。策划人百折不挠的意志，饱满的热情和源源不断的创意，都以策划人的荣誉感和使命感为基础，舍此就缺乏事业可持续发展的动力。

五、常有好运

在这样的一部专著中，本来不应该出现这样不科学和不怎么严肃的话题。但是，在实际的策划工作中，运气这个词，始终是我们绕不开的。不论我们多么富有恻隐之心，多么乐于扶危济困，实际上，我们没有人愿意自己运气不好，也没有人愿意与运气不好的人长期做伴。

能否得到委托方信任，获得充分的合作和理解，是策划得以成功的重要前提条件。在委托方的一系列决策中，策划人的运气如何，总是或多或少地成为了决策者的参考因素。决策者不大可能拥有充分的信息来考察策划人的方案是否完美，通过业界的口碑和策划人在与委托方的多次接触中，决策者逐步地获得信心。以前是否常有好运，日常生活中，是否在不经意间获得了意外的惊喜，都是策划的委托方比较在意的。

近朱者赤，近墨者黑。策划人身边的朋友也常常是策划的委托方衡量策划人能力和素质的参考因素。这些朋友对自己除了道德和能力的评价之外，是否还肯定自己拥有莫名其妙的好运气，在委托方看来，是策划课题（项目）得以成功的重要方面。

运气，是不能强求得到的，但策划人员可以在日常的生活中有意识地锻炼，使自己拥有良好的直觉，同时，尽量避免那些可能招致的不必要的失败和挫折。在生活中，我们可以注意到，那些运气比较好的人，常常是精神状态较好，高度自信，观察力强，情感丰富的人。策划人本来就应当是这样的人。

当然，我们绝对不赞成策划人成为势利小人，遇到问题和困难便绕着走，对社会漠不关心，在需要给以帮助和支持的时候却袖手旁观。那样的人，做一个社会的文明人都算不上，更谈不上做个称职的策划人了。

六、阅历丰富

策划是综合知识的应用，天文地理、三教九流，无所不包。行万里路，读万卷书，是积累策划知识的必需。策划所需要的这些知识，仅仅依靠图书馆和互联网，仅仅依靠二手资料的整理和分析，是远为不够的。

亲身的体验是他人不可替代的。没有体验，就容易脱离具体的问题情境，便只能望文生义，隔靴搔痒，无法有效地解决问题。身在现场，感同身受，如人饮水，冷暖自知，对问题情境的理解，自然要深刻得多，也要细致得多。

嘴上无毛，办事不牢。丰富的阅历，不但使策划人能够对委托方的问题情境有深入的理解，更使得策划人有教养有思想，遇事冷静镇定，态度诚恳，脱离了浮躁和轻佻，勇于负责，勇于任事，能够虚心接纳他人的观点，设身处地地为他人着想，如此，才能获得信任，沟通顺畅，协同合作，有效地完成策划课题（项目）的委托任务。

为此，策划人或者立志从事策划事业的人，应当力戒浮躁的心态，沉下心去，深入到企业的第一线，深入到销售的第一线，深入到社会生活的各个层面，从小事做起，从底层做起，一步一个脚印，扎扎实实，稳步前进。万不可抱有“三十五岁退休”的想法，希望年纪轻轻就平步青云，匆匆忙忙就开始指点江山，激扬文字。“板凳要坐十年冷，文章不写一字空”，这才是从事策划工作的人应当有的态度。

七、交游广泛

策划不是闭门造车，不是书斋里的学问，是各种知识和理论，尤其是社会知识与社会资源的综合运用。与增加阅历相补充的，就是策划人的社会交往。从事策划工作的人，应当注意加强社会交往，广泛地结交各个层次的朋友。一方面，“三人行，则必有我师”。活到老，学到老，广泛的社会交往，是学习新知、丰富阅历的重要手段。在广泛的社会交往中，通过不断地有意识地观察、了解和体会，逐步地掌握乃至更加娴熟地运用策划技巧，知识不断丰富，能力不断增强；另一方面，不分彼此，广泛结交，可以开阔自己的心胸，陶冶自己的情操，坚定自己的信念，加强自己的责任感和使命感，虚心接纳，兼收并蓄，丰富自己的同时，也造就了自己。

更为重要的是，广泛的社会交往，是策划人收集信息、树立形象、建立合作交流平台的基础性工作。没有一个广泛深入的信息渠道，策划人就等于瞎子和聋子，无法进行策划；没有良好的社会形象，策划人就难以得到信任和合作；没有交流，策划人就无法得到思想和智慧的碰撞，策划所需要的创意就受到制约，思维和想象难以展开。社会交往，是建立合作关系的第一步。没有人会因为你是学策划专业的，或者开了一家策划咨询公司，就甘愿将涉及个人或组织重要机密，可能导致个人或组织兴衰存亡的策划委托交给你。

所以，积极参与社会生活，广泛结交各界朋友，是立志从事策划工作的人所必须努力的，也是策划人素质和素养的体现。

八、角色意识

所谓角色意识，就是指策划人在任何场合都能够根据情境定义的需要，迅速找到自己的角色，能够充分理解角色所代表的意义，并倾力表现，使情境表现所要实现的目标能够顺利实现。

很多时候，能够根据需要，在合适的场合、合适的时间针对合适的群体，有合适的表现，知道该说什么该做什么，也知道该怎么说怎么做，举止得体，进退有度，这是一种教养，是较强理解力的表现。但我们这里更多地把它看作是一种素质，是长期的角色意识的结果。

但是，我们也常常看到，有些从事策划的人，因为强烈的成功欲和表现欲，总是不分场合、不合时宜地夸夸其谈，或者不知轻重地褒贬人物，更加过头的是，还要贬低他人抬高自己，这些都是角色意识不强的表现，是策划人基本职业素质不高的表现。

第2节　策划人员的知识结构

策划是一个知识密集的职业，广博而深入的知识储备，是从事策划工作的基础。万丈高楼从地起，没有知识的储备，策划也无从下手。

任何职业或者事业，都需要与之相应的知识和知识结构。策划这个职业所需要的知识结构有其自身区别于其他职业的特点，在正式进入这个职业后，要想在今后的工作中得心应手，就必须具备。

论及某个职业所要求的知识和知识结构，我们通常是指作为基础性的必要的知识储备以及这些知识之间的相互关系。它包括了一些具体的可以分科而学的书本知识，还包括了一些必须在过程中进行领会、理解和提炼的隐含知识：既包括事实知识、原理知识，也包括一定的技能知识和人力知识。策划人要解放思想，放弃简单地仅仅从课堂学习策划知识的思维模式，真正把握策划知识的要义。

一、受教育程度

并不是说，受教育程度越高，学历越高，就越具有策划的能力和素养。毕竟，许多知识和随着知识的学习而锻炼的能力，跟策划尤其是商务策划还不是很相关。但教育是基础性的，没有相应的受教育程度，在对事物、对人生、对社会的态度、审视角度和处理问题的方法等方面，与完成策划工作所需要的水准和熟练程度，还有一定的差距。

作为基础性的教育，尤其是正常学历教育，在学习基本的自然、社会、科学知识，养成符合社会要求的道德和行为习惯，塑造健全的人格，观察和分析日常生活与工作中的问题，领会和理解社会与人生的各种关系等方面是非常重要的，在一个人的成长过程中，是不可或缺的，在目前，也是其他任何形式的教育不可替代的。

商务策划所要求的受教育程度，在我们看来，至少应当具备大学阶段的教育水平。这并不是说，在经过扩招以后教育质量已经严重下降的大学教育，也当然不是指没有经过正规的考核、凭借非正常手段获得的大学文凭。

中学阶段扎实的知识学习，在对世界对社会的了解和理解上，已经具备了相应的基础条件。大学阶段的学习，向更为专业和更为深入的方向延伸，同时，在人格修养、气质锻炼、职业技能培养方面，具有更加明确的方向，为毕业后参与社会生活，进入职场，做了相当的准备。这些，都是从事商务策划所需要的。

在这里，要特别指出的是，我们所强调的受教育程度，是一种平衡的教育。在我国，长期以来，文理分科的教育，使得大学生所应当具备的文化基础是不扎实、不平衡的。学理科的，不懂得人文的知识，欠缺历史、哲学、艺术等方面的熏陶，不能理解社会科学的本质；学文科的，在自然科学、逻辑思维、机械手工等方面，缺乏起码的一些常识，操作能力低下，空有理想，不切实际。要成为合格的商务策划人才，策划人自身，要有意识地平衡自己知识的学习和积累，弥补知识的不足，使自己成为一个知识健全的人。

二、文化基础知识

策划是艺术，更是一门需要系统学习的科学。这门科学的学习，是以文化基础知识为起点的。

策划所需要的文化基础知识，几乎是无所不包，大体上，包括了以下的一些方面：

1. 社会科学知识

与策划直接相关的社会学、心理学、人类学、文化学的知识，是策划工作中所经常应用的，需要在从事策划工作之前进行充分积累。

2. 自然科学常识

虽然与策划不直接相关，但这些常识，在今后的策划工作中，不时会用到，它包括了天文地理、物理化学、生物自然、机械工程、电子技术等基本知识。策划人不一定是某个具体的行业中的专家，但决不可以是一个外行。在参与策划工作之前，充分地、广泛地吸收和学习这些知识，可以使自己在今后的工作中得心应手。

3. 历史政治哲学知识

历史使人冷静，政治使人清明，哲学使人智慧。深入学习和理解这些知识，可以了解过去，洞察人情，理解社会变化，把握未来发展趋势，使自己避免浮躁，深入本质，对问题的观察和分析更加理性也更加透彻。

4. 语言学知识

语言和语言学，是研究人类符号的学问。人类社会之区别与动物世界，就在于人类社会的符号运用。从某种程度上说，策划，就是一个语言表达和运用的过程。善于掌握语言，熟练地运用语言技巧，能够在策划工作中娴熟地表达策划的意图，是策划人的基本能力。

5. 文学艺术知识

文学艺术不但可以培养艺术的气质，陶冶高尚的情操，还给人丰富的想象和奇幻的思维，这些都是策划所需要的。策划人要将枯燥的事实和干瘪的数字变成缤纷多彩的艺术，用高尚的情操和细腻的感情打动人心，就必须广泛地涉猎各门艺术，了解艺术的发展趋势。

6. 法律知识

对法律法规以及相关政策的了解，是商务策划人所必需的。缺乏法律意识和法律知识，就不免缺乏法律的保护，或者违反法律政策，而给自己和自己所服务的组织带来严重的危害。

三、专业基础知识

从策划工作的直接需要看，策划作为职业，需要一些专门性的知识。这些知识可以通过不断的总结提炼得来，但更为直接的方式，则是通过系统的学习。

策划，尤其是商务策划的专业基础知识，包括了以下的方面：

1. 管理学知识

管理学是商务策划最基本的专业基础，管理学是通过协调和协作，以高效地实现预期目标的学问，而这也是策划之所以被各种类型的组织所需要的基础。分析、计划、组织、协调、实施与控制，是管理学的基本内容，也是商务策划解决问题实现预期目标的基本内容。从商务策划的专业设置看，商务策划归入管理学，就是这个道理。

2. 经济学知识

经济学是研究资源条件有限的情况下进行理性选择的学问。策划需要严谨和理性，是在资源有限条件下对现有资源的最大限度的发挥，经济学当然也是商务策划的基础。而且，商务策划必然涉及组织的环境研究，经济学的分析和研究方法，被一再证明是可靠的和有效的方法，是商务策划不可或缺的。

3. 传播学知识

传播学研究是针对特定对象的信息传播和沟通，以促进特定对象的心理和行为的改变。商务策划的核心是价值交换，如何引导商务策划所针对的对象对价值的感知，是策划的重点和难点。没有对传播学知识的深刻理解，就难以制订有效的传播计划，难以有效地整合社会资源，难以实现策划的预期目标。

4. 行为科学知识

消费者行为和组织行为的研究，是商务策划必要的基础知识。消费者行为学、组织行为学、心理学这些知识的运用，是分析目标消费者和特定组织行为乃至社会文化变化发展的有力武器。

5. 金融财务知识

商务策划必然涉及资金的运用，要进行严谨的资金预算，必然要用到财务会计方面的知识；更为重要的是，在商务策划领域里，借助财务杠杆，进行融资策划，甚至进行资本运作，都要用到金融知识。

四、专业知识

商务策划的专业知识，更多地是指直接为商务策划解决问题和为商务策划方案得到接纳的有关技能方面的训练。商务策划就是在扎实的文化基础知识、专业基础知识前提下，通过掌握相应的技术和技巧，在更高层次上，对有关知识的运用。

商务策划的专业知识包括了策略的基本原理、原则、技巧、程序和基本方法。这些知识，无疑需要学习，更需要长期在深入理解的基础上训练。这种知识，正如我们在前面所提到的，是一种过程知识和隐含知识，是要在具体的问题情境下才能有所体悟的，只有在游泳中学习游泳，在驾驶中学习驾驶，才能真正把握这些知识的要领，理解这些知识的真正价值。

罗马非一日建成。商务策划所必须具备的这些知识，当然不是简单地阅读几本书，上几门课就可以完成，也不是在一个学校的策划专业上几年学可以得到的，更不是通过一个短期的培训所能够成就。学问，来不得半点虚假，需要沉下去，深入再深入，寻根究底。酒是陈的香，商务策划的知识也需要相当长时间持续不断的积累，断无速成的道理。

还需要说明的是，商务策划的专业知识，似乎是最为高深的学问，不进入商务策划的专业学习就无法掌握，这事实上是一种误解。商务策划的专业知识，我们再次强调，只是一些原理、原则、技巧和方法，是对商务策划实践的总结，而且是某一个阶段的未必完整的总结，来源于实践，还要在实践中检验。并不是在商务策划专业的课堂上就一定能够学到，还需要在更多的实践中，自己去总结、提炼和升华。有相当多的策划专业人士，并没有经过策划的专业训练，却能够在实际工作中娴熟地运用策划技巧和方法，甚至还总结发展了独到而深刻的策划理论。这些，都是在扎实掌握相关基础知识，并拥有较强的职业素质、策划能力和有效的策划思维的基础上形成的。

综上，策划人的知识结构如图 7-1 所示。

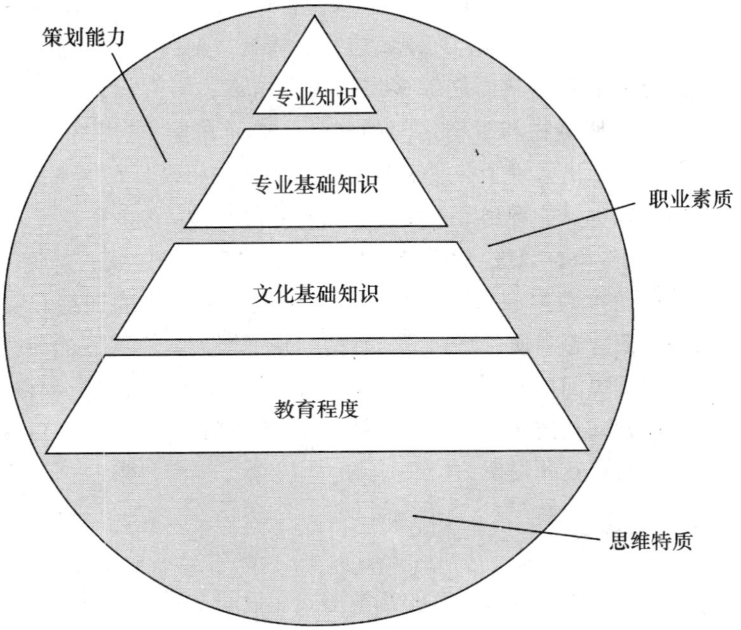

图 7-1　商务策划的知识结构

第 3 节　策划人员的思维特质

商务策划是智慧的运用，是思考的过程和思考的结果。决定一个策划方案能否成功的关键因素是策划方案的核心要素——策略设计，是否具有足够的针对性、有效性和新颖性，或者，就是我们平常所说的是否有创意。

创意来源于思维的流畅性、变通性和独特性。商务策划人员要企图获得精巧的创意，必须有适合策划这一工作所需要的思维特质。

一、独到的视角

策划是对平常事物的独特而有效地运用和组合。这种独特来源于对事物独到的观察和认识，没有超越一般的视角，就断难有独到的见解，也就难以有新颖的运用和组合。

“阵而后战，兵法之常，运用只妙，存乎一心。”就同一个事物或一个问题，策划人常常能够有独特的甚至是精妙的见解，能够另辟蹊径，找到新的解决问题途径，并不是因为策划人天生就是解决问题的高手，也不在于他们在智力上超越平常人，根本地，是因为他们有独特的观察角度。

事物有无限多的属性，“横看成岭侧成峰，远近高低各不同”，策划人员由于自己的职业特点，长期训练，远观、透视、俯视、前瞻、后馈、侧视，能够用不同的视角审视事物，从而能够多层次、多角度、多侧面地看到事物的性质，更为深入地把握事物和事物之间的联系，进而在操作过程中能够运用自如，纵横捭阖，显示出区别于一般人的能力和特长。如果只有平常的、一般的观察和审视角度，也只能看到常人所见的那些平常的和一般的属性。

“无畏浮云遮望眼，只缘身在最高层”。能够突破思维定式，避免简单地直线地用常规性的角度观察和审视事物，是策划人员有意识的训练和锻炼的结果，更是策划人荣誉感、使命感和责任感的体现。因为具有强烈的使命感和责任感，有强烈的解决问题获得成就的动机，能够主动地进行更为积极的思考，凡事能够换一个方式和角度思考，不满足于现成的答案，尝试进行更深入的追寻和探索，就自然有新的发现。

二、丰富的想象

联想和想象，是策划人员思考的基本形式。世间万物，都处于不断运动之中，也存在着直接或间接的联系，没有孤立存在的事物和现象。策划人通过联想与想象，找到事物之间的联系，从而将表面上毫不相干的事物联系起来，获得了新的解决问题途径。

联想与想象分为强制和非强制两类。具有明确的目标，朝着既定的目标进行联系，寻找与目标之间的联系，是强制性的，而天马行空随意的联系，是非强制性的。由此及彼，具有明确的连接点的，属于联想，没有明确联想链的，是想象。策划人员既擅长联想，也擅长想象。

古往今来，凡是有重大成就的人，无不具有丰富的想象力。他们能够运用非凡的想象力，对已有的知识、经验、记忆表象进行改造、重新组合，从而创造新的形象。

丰富的想象力也一样不是天生的，是经过长期的后天锻炼和训练而成的。勤于动脑，不拘泥于现成的答案，不满足于已有的结论，反复思考，寻根究底，就能使自己的大脑处于活跃状态。同时因为脑子里有各式各样的问题存在，一直处于思考状态，思维活跃，处处留意，自然能够随时将看似无关的事物和现象联系起来，发现他们之间存在的内在关联。

丰富的想象，是创造性思维的核心。与逻辑思维不同，想象并不是由 A 至 B 再向 C，作直线性的延伸，而是放射状地向各个方向发展，甚至是跳跃性的。由于拥有丰富的想象和联想，策划人总能够用多种思维形式进行思考，除了正常的逻辑思维，策划人还善于使用类比思维、形象思维、直觉思维等思维工具。

三、分解与组合

策划人不但思维活跃、想象丰富，更为重要的，他们也讲求解决问题的效率。他们认定，世界上没有解决不了的问题，只是还没有找到更好的答案而已，所有的问题，都可以经过不断的思考、探索和尝试，最终得到解决。

而解决问题的重要手段和法则，就是分解和组合。

分解和组合，是策划人解决问题的利器，长于分解与组合，是策划人最重要的思维特质。

通过分解，将无法着手的问题，分解成可以逐步解决的小问题，一步步，得到问题的整体；将现有的元素、现有的要素、现有的资源和手段，进行组合和重新组合，可以得到新的解决问题途径、新的资源组织方式。

分解，是为了解决问题。分解的法则，是分类的法则，是进行类型区别的法则。

市场细分的方法，就是分解法则的运用；定位的方法，是分解法则的运用。策划人运用分解的法则，还进行类比，找到更多的解决问题方法。

策划人思维的一个重要特征，是能够区别重要的、必要的和紧迫的。根据重要程度，寻找重要的信息和资料，解决重要的和关键性的问题，针对重要的和关键性的环节，不是胡子眉毛一把抓，从而为策划工作的顺利开展提高了效率。

“世界上本没有什么新事物，所有的新事物都不过是旧事物的重新组合。”任何看似无法解决的问题，对于策划人员，都可以进行重新的界定，分解组合，逐步得到解决。沿着组合的法则，策划人还发展出联合、合作、移植、还原、融合等多种方式，可以是两个或多个旧事物的组合，可以是新事物与旧事物的组合，可以是全新事物的组合，也可以是新事物与旧事物的部分功能的组合，可以是旧事物的新属性的组合，各种手段，不一而足。

四、流畅与变通

策划人的思维，是高度灵活的思维，是不拘泥于现成的思维。

大路不通走小路，东方不亮西方亮。策划人的思维，虽然也坚韧，不畏困难，执著进取，但决不画地为牢，决不因循守旧，在一棵树上吊死，灵活变通，上善若水，才是真正智慧的体现。

策划，最重要的，是能够根据不同的问题，有针对性地提出有效的解决方案。问题情境，因为具体的主体，具体的对象、具体的参与者和相关的影响因素而有不同。如果不能根据情境定义，迅速地把握问题的本质，策略性地解决问题，就决不是策划。

变通，以流畅为基础。对问题有深入的分析，相关信息资料有深入的了解，对解决目标了解清楚，沟通充分，团队协作，策划人能够对现有的各种解决问题方式了然于胸，如数家珍，在这样的基础上，策划人开展灵活的思维，纵横激荡，能够变通地提出新颖的解决问题方案。

五、行动导向

策划不是思维体操，不是为了思考而思考。其根本任务，还是解决问题。

策划是功利性的思维，或者叫目的性思维。在策划人的头脑中，始终是围绕着一个词“HOW”来进行思考的。“怎么办？什么时候？什么地点？谁去办？谁监督？谁控制？谁组织？第一步是什么？关键操作点是什么？……”不论思维有多么深邃多么奇幻，最终还是要落脚到这些问题的解答上来。

操作，是策划的生命。

策划人和策划人员的团队清楚，只有被真正付诸实施的策划方案，才是真正好的策划方案。为此，严密论证具体的实施环境、组织形式、监控手段、资源支持、制度政策保证等，将工作做细，在头脑中每个环节都不放过，一一地进行推演，是策划人每天都必须的作业。

图 7-2 显示了策划人员的五个思维特质。

图 7-2　策划人员的思维特质

策划人是常有创意的人。但创意并不是凭空得来，它来源于长期的思考，来源于作为策划人独特的思考习惯和思考方法。策划人的思维，有别于普通人，放得开，收得拢，既开放，又收敛，既跳跃灵活，又严谨缜密，沿着解决问题的目标不断地进行操作性的演练。没有这样的思维特质，要从事策划工作，并希望在工作中顺利有效地达到目标，是十分困难的。

第4节　策划能力要素

策划的能力要求不是一般人能够达到的，非经过长期的锻炼和有意识的培育，才能获得。

能力是从事具体工作，完成特定目标的效率。这种效率体现在时间的节约，也体现在投入的资源要素的节省。当然，从更深的意义上，所有的节约，都是时间的节约。

能力是外在的，是以素质和素养为基础的。素质和素养比较难以考核和检验，只能通过观察发现，而能力则可以通过现成的方式考核。

要从事策划工作，要根据以下的方面，去发展自己的策划能力。要物色一个合格的策划人才，也要从以下的方面，去考察其是否适合这样的岗位。

一、信息收集能力

策划不是无中生有，是必须以翔实充分的信息和资料收集为基础，在扎实的资料信息收集整理基础上，策划的构思才可能进行。特异的、有效的思维和较强的策划操作能力，如果没有相应的资料，完全凭空想象，就只能是瞎子摸象，胡言乱语。

现代社会信息畅通，传播更加迅速，环境充满了越来越多的不确定性，信息就显得尤其重要，从事商务策划的人员，如果不能及时敏锐地把握最新的变化发展，就可能落伍、过时，抱残守缺，也因而不能进行有效的策划。

信息收集能力体现在能否主动地建立信息渠道、根据渠道特点收集信息，能否对信息进行有效的加工整理，能否辨别信息的真伪筛选重要的信息，能否及时敏锐地捕捉关键性的信息等方面。

对于一个从事策划工作的人员，必须建立一个完整的有效的信息渠道，不论是政治的、法律的、经济的，还是社会文化的，不论是宏观环境的最新发展，还是产业环境、区域环境的及时变化，都应该能够通过自己的信息渠道及时得到有关信息。

同时，建立一个足够庞大的信息库和资料库，也是顺理成章的事情。IT技术的不断发展，使策划人员在资料信息的收集和储备上，有了更多的便利，内容全面，分类明晰，更新及时，都成为可能，这对于策划人，是最为简单和基础的工作了。

二、创意能力（策略构想能力）

策划的灵魂，在于创意。没有创意的策划，就是衣架饭囊，空具形式，没有吸引他人的能力，没有自我推销的能力，也就没有价值可言。

策划的工作，是围绕创意（策略）来进行的。寻找创意、论证创意、发展创意、实施和执行创意，这是一个完整的过程。创意能力是如此重要，以至于成为考察一个人是否适合从事策划工作的最关键指标。

创意是策划人智慧的集中体现，也是策划人能力的集中体现。一个策划人提出的创意是否足够新颖、独特、巧妙，是否有足够的可操作性，是策划人信息收集能力、理解能力、想象力、逻辑推理能力、资源整合能力、操作能力和语言表达能力的综合反映。可以说，一个创意，几乎反映了策划人全部的素质和能力。

创意是多种思维形式共同作用的结果，经过多个环节的集中—发散—集中的过程，形成具有新颖性、针对性和可操作性的针对问题的解答，就是创意。没有严谨的分析和论证，创意将缺乏现实性、针对性和可操作性，没有相应的发散思考，创意的新颖性将难以保证。为此，策划人必须是既能严谨求实，又能够开放灵活，缺了哪一个方面，都会影响到创意的质量。

三、操作能力

策划必须在现有的资源能力条件下可以执行，如果不能实施，看起来不论多么精巧的创意构想，都是没有价值的。策划的价值，只有通过具体的实施，才能体现。

策划人应该是行动的人，不能仅仅停留于想象和抽象的思维。坐而论道，不是策划人的风格。

操作是组织资源和发挥资源效力的过程。策划吸引人的地方固然是创意，但策划最有价值的部分，却是实施方案。在策划方案中，必须设计切实可行地操作流程和执行控制方式。而且，策划人，尤其是作为基层的策划人员，必要的时候，还要亲自参与方案的实施、指导、监督，甚至亲自动手。

对于一个策划方案的实施，最关键的是要获得策划方案的执行者的理解、信任和支持。如果没有操作能力，没有相应的经验和体验，将很难取信于人，再好的策划方案，也会阻力重重，或者在执行的过程中偏离方向。

策划是一项系统的工程，环环相扣，联系紧密，中间的每个环节，都是不可简单从事的。许多如实地调研、资料收集、信息处理、人员培训等具体工作，策划人虽然不一定凡事亲力亲为，但如果没有经历过相应的这些环节，就必然不能察知其中的错误和遗漏——而这些可能存在的错误和遗漏，可能对策划造成方向性的根本性的失误。拥有较强的操作能力，就能够少犯错误，避免大的失误。

正如我们前面提到的那样，策划人员必须沉下心来，从基层做起，从小事做起，历练自己，“纸上得来终觉浅，绝知此事要躬行”，只有在具体的工作中，才能锻炼自己的策划能力，也只有经历过相应的工作，才能具备针对该类工作的策划能力。

四、洞察能力

《孙子兵法》说“知己知彼，百战不殆”，“知天知地，胜乃不穷”。信息是否全面和充分，对于事业的成败，是十分重要的。

但是，在实际的工作中，要做到“知己知彼”是十分困难的。信息难以全面，信息远不充分，信息成本很高，信息真伪难辨，如果完全依靠信息和资料，任何工作都无法展开。

索尼的创始人盛田昭夫讲，“如果一件事情只有20%的人赞成，80%的人反对，你应该赶快行动，如果有40%的人赞成，60%的人反对，你应该立即行动，如果有80%的人赞成，20%的人反对，就已经太晚了。”当信息已经暴露充分，机会已经失去，就没有什么价值了。机不可失，失不再来。必须走在前面，在机会刚刚闪现的时候，付诸行动。

然而，如何保证自己的行动不是盲目和冒失的？这就有赖于高度的战略洞察能力。策划人，不可以没有洞察力。

洞察能力是立足全局和整体，预见未来，透过现象看到本质的能力。

策划人员应该学会以战略的眼光分析问题，细心观察，深入分析，不被表面现象所迷惑，不为暂时的烟云所阻挠和蒙蔽，时刻保持清醒，冷静、理智、客观地审视周边事物，用科学的方法武装自己的头脑，在不断的工作中锻炼和发展自己的洞察能力。

五、组织能力

策划是对资源的运用。在资源有限的条件下，尽可能广泛地利用外部资源，发挥现有资源的效力，以较小的投入实现尽可能大的产出，是策划的精髓。

策划的效益性要求优化资源的组织和利用方式。人、财、物、时间、信息、技术、网络资源都应当以最有利的方式进行组织。对资源的组织能力是策划人的能力最集中的反映。

资源的组织，是根据目标对现有资源进行的分配。在资源的分配过程中，是否具有明确的目标方向的一致性，是否体现和照顾到不同资源的性质和特点，是否具有资源的协同效应，根据目标分解任务，是否分工明确、责权清晰，都体现了组织者的组织能力。

"善战者，求之于势，而不择于人。"一个优秀的策划人员，是一个良好的组织者，无无用之兵，无废弃之财，人能尽其能，财能尽其用，计划周详，措施严密，能顺利地实现预期的目标。没有哗众取宠的噱头，不需喧嚣一时的炒作，也没有智慧非凡的名声，一切都顺乎自然，波澜不起，这样的策划，才是策划的高境界。

外行谈创意，内行谈资源。策划，实际上就是资源的组织和利用方式。没有较强的组织能力，再精妙的创意，也仍然落不到实处，只开花不结果，没有实际价值。

六、控制能力

策划是包含策略设计、策略实施、策略控制的一个完整的过程。没有策略控制，策划的成功是没有保障的。

策划人员因此必须具备较强的控制能力。

策划人员的控制力在于两个方面：一是自控能力，二是控制局面的能力。前者主要对内，包括自己的团队；后者对外，包括针对与委托方的沟通和策划任务的正常进行。

自控，表现在对策划人自身的行为表现和自己所属团队的工作的控制。策划人应该能够根据情境定义，恰当地扮演角色，控制自己的情绪，使自己的行为表现符合自己所代表的身份和职业，体现较高的职业素养；对于自己的团队，要能够维护团队的整体形象，保护团队的荣誉，保证策划的团队能够充满激情、积极向上，能够随时以较高的效率完成各种分配的工作。这看起来是一个管理问题，但我们更多地把它看做是策划人的控制能力，把握全局的能力，是一种统驭能力。

控制局面是指策划人从整体上把握策划工作的方向，保证策划工作中的项目（课题）委托、项目调研、策略设计、策略实施按照既定的任务，在规定的时间、以约定的预算投入，组织资源，实现规定的目标。

缺乏控制能力，要么表现为工作的拖拉，不能按期完成规定任务，要么工作中漏洞百出，顾此失彼，或者反复在简单的环节纠缠不清，逻辑混乱，甚至是发生重大的方向性的错误。总之，对策划工作的顺利开展都带来相当严重的影响，以至不能达成预期的目标。

七、语言表达能力

策划人需要有较强的语言表达能力，这是不言而喻的。

策划工作从接受项目（课题）委托，到进行策略设计，再到方案的提案与实施，都要必须经常与委托方进行沟通。没有较强的语言表达能力，顺利的沟通就无法实现。

事实上，策划工作在本质上，就是一个语言表达、沟通交流的过程。

策划人的语言表达能力，在多方面得以体现。在策划的过程中，需要与委托方谈判磋商，口头表达是否流畅、准确，影响到沟通的效果；策略设计时，需要与团队成员进行交流讨论，书面的、口头的、符号的、身体语言的表达都很重要；提案时，口头的、书面的、符号的、身体语言的、图画形式的、实物的、场景的等多种语言表现形式都会用到；而策划书，作为商务策划解决问题过程和方案的表象形式，更是需要良好的语言表达能力。

策划人的语言表达要求流畅、准确，具有说服力和感染力，要能够根据情境需要，运用多种语言表现形式，恰当地、生动地表达策划的意图，获得对方的信任和理解。

要特别说明的是，策划人的语言表达，决不是简单的口头表达，也绝不是用雄辩的口才去说服对方。语言表达的目的，是沟通和交流。只有能够使对方理解、认同，唤起对方共鸣的表达，才是有效的。要知道，人不是被道理说服的，而是被感染的。感情，永远是第一位的。

策划能力，是一种综合能力。要完成策划工作，需要从信息收集和整理、策略设计（创意）、实施与操作、组织协调与控制到方案提交，根据各个环节的不同性质和特点，需要不同的能力，如图 7-3 所示。要完全由一个人完成这样的工作，这个人无疑是通才了。但现实中，各个方面平衡发展又表现优异的通才却是不多，为此，策划更多的是团队的工作。根据策划工作的要求，形成和发展自己的核心能力和专长，团队协作，取长补短，更为切实可行。在这个意义上，对于策划人，还需要具有团队协作的精神，积极健康，乐观向上，虚心倾听他人的意见和建议，多合作，多交流，多沟通，少一些画地为牢，少一些故步自封，少一些咄咄逼人，发展自己的协作和协调能力，否则，事业的发展就不免阻碍重重，理想难以实现。

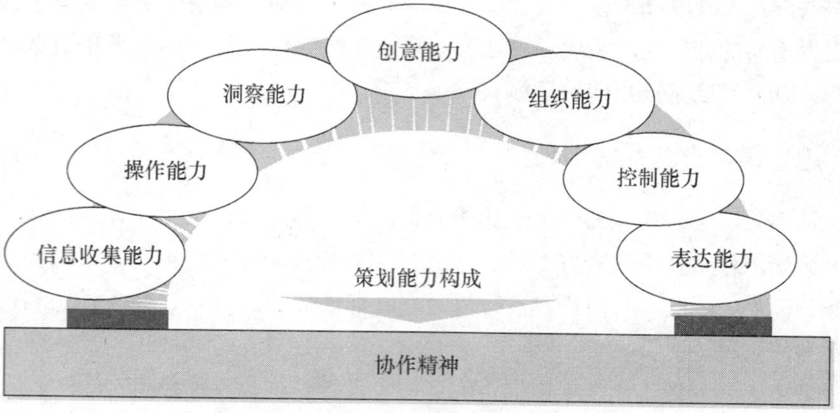

图 7-3　商务策划能力构成

第 5 节　策划能力的培育与激发

商务策划有很高的能力要求，没有人天生就具有这些策划能力。能力是在长期的学习、生活和工作中逐步培育和激发的。尽管经过一定手段和时间的培训，可以使一个人具备某些特殊的能力，但真正切实地培育和激发策划能力的手段和方法，还是参与策划过程，在工作中不断总结，吸收经验，反思失败，弥补差距。这样的进步才是最稳妥最可靠的。

从教育的角度讲，有一些知识和能力，是必须“有教无类”的。但就商务策划的能力而言，则必须“因材施教”。从根本上，策划能力的培育和激发，需要从一个人的基本素质和生活环境中去寻找。脱离环境，脱离基础条件的培育和培训，是徒劳无功的。

一、自信心

自信心，是事业成功的基础条件。没有自信，就没有自觉，就不能积极主动地参与生活，不能发现问题并主动地寻找解决途径，不能战胜苦难和挫折，不能接受挑战，甚至都无法主动地进行交流和沟通，不能承担责任和使命。这样的人，是不能从事策划工作的。

日本创造学家未央一名在研究了人类历史上著名成功人士的人生经历后，

总结说："所谓能力，就是一种精神状态。能做多少，取决于你想做多少。你是你认为的那一种人。"自信培育和激发了能力，推动了成功，成就了事业。人生苦短，韶华易逝。短暂的人生中，我们都是肩负使命而来的，为成就大事而生。我们本来就是大自然最伟大的奇迹，也当然地能够成就伟大的事业。为此，我们不怕任何艰难困苦，敢于接受任何威胁和挑战，我们也有能力和智慧避免错误和失败，推动我们的事业稳步地走向成功。

因为自信，策划人就能够积极观察生活，点滴积累，养成了良好的生活和工作习惯，塑造乐观开放的个性；就能够主动收集资料和信息，发现问题，展开积极的思考，放开思路，灵感涌现；就能够目光长远，不为表面现象和暂时的困难蒙蔽视听，有清晰冷静的判断，拥有深邃的洞察能力；就能够虚心接纳他人的意见和建议，甚至恶意的批评和攻击，化解矛盾和冲突，主动配合和沟通，具有良好的合作精神，拥有良好的语言表达能力和控制协调能力；就能够坚信自己是解决问题的专家，坚信没有解决不了的问题，能够分解任务，周密计划，逐步地增强操作能力。可以说，自信是策划能力的土壤和根基，而策划工作中所需要的种种能力是枝叶，植根越深，策划的能力才能越强。

二、兴趣

"知之者不如好之者，好之者不如乐之者。"策划工作跟其他职业一样，没有对这个职业强烈的兴趣，就难以有真正伟大的成就。尽管我们费尽唇舌，反复强调从事这个职业需要的素质、知识和能力，但其实，最要紧的还是兴趣。

策划工作是甚为艰苦的工作，资料收集可能十分枯燥，实地调查可能非常劳累，策略设计可能冥思苦想绞尽脑汁而仍然无果，与委托方的沟通可能反复多次，策划方案的实施和执行还需要不厌其烦地亲临指导。而且，更为难过的是，在组织里，因为你是策划人，被人认为是很有智慧的人，甚至也是很有谋略的人，于是，总有很多高于你实际能力的任务在等着你，总有很多人以你为假想敌，跟你展开竞争，总有很多计谋巧算与你如影随形，让你不胜其苦。

如果没有对这个工作的兴趣，将很快发现这个职业真的走不了多远，真的很令人沮丧，后悔上错了船、入错了行，纵然能力很强，素质很高，意志坚强，你绷紧的那根弦也持续不了多久。

相反，要是对这个职业有强烈的兴趣，情况可能就完全不同了。在工作中，处处都能够找到乐趣，乐在其中，不知疲倦，对于问题、苦难、挫折和因为这个职业带来的种种烦恼，就会抱有乐观的心态，从另外的视角来审视，以积极的态度迎接它们。"让暴风雨来得更猛烈些吧！"每经历一次挑战，克服一个难题，就会有强烈的成就感。纵使知识不够，也能够很快学习，多看多思考，勤能补拙，在能力和素质上提高很快。所以，在讨论策划人的能力管理时，我们其实更主张对兴趣的管理。培育和激发对策划的兴趣，是从事策划塑造成功策划人的第一步。

三、勤奋

懒惰是任何事业的大敌。对于策划这个汗水加智慧的职业，懒惰是根本不能成就事业的。

策划这个职业，“行万里路，读万卷书”，知识唯恐不足，资料唯恐不全，信息唯恐不真，在没有任务的时候，策划人也不会更不该有空闲的时候。即使休闲娱乐，对于一个真正的策划人，也是为了转换思维，与人沟通，融洽感情。任务来临，策划人则聚精会神，动员了全部的精力和体力，心无旁骛，不会甚至也不敢有半点的松懈。这是策划这个职业的准确描写。

一个策划，一旦实施，必定动用了相当的资源。对于任何个人和组织来说，资源都是有限的，而风险又无处不在。当今时代，变化迅速，环境动荡，不确定性增加，策划的风险更是有增无减。没有哪个方案是可以担保成功无虞的，没有哪个策划是可以“放之四海而皆准”的。每一个策划项目（课题）委托都是全新的挑战，都需要重新的有针对性的研究。以前成功策划的那些积累，象征意义大于实际意义，对下一次的策划任务，仅仅具有启发意义，一切工作，都还要从头开始，按部就班，不敢怠慢。

如果是一个有高度敬业精神的策划人，富有强烈的责任感和使命感，就决不会轻率地提出方案，更不会提出方案后撒手不管。于是，他还要关注具体的实施过程，参与方案的执行，对过程进行监控，更不会有丝毫马虎了。

四、磨炼

“宝剑锋从磨砺出，梅花香自苦寒来”。宝剑之所以锋利，是因为千百次的煅打与锤炼。“不经历风雨，怎能见彩虹?”一个从事策划的人，是要承受不少的失败和挫折的。某种程度上，一个人的成就是与他承受的失败和苦难成正比的。

我们说过，没有人天生就懂得策划的，没有人天生就具有策划能力。策划人的能力是从不断的磨炼中培育的，策划人的头脑也是在不断的策划实践中磨炼出来的。

“书到用时方恨少，事非经过不知难。”只有亲身参与，只有经历了策划每一个环节，并且对每个环节的要领有深刻的体悟，你才能真正理解策划工作的逻辑，掌握策划工作关键，并有针对性地根据工作的需要发展自己的能力。许多想当然的事情，在实际的工作中却完全不是那么回事，而另外的一些事情，本以为根本不会发生，却偏偏发生了而且还造成了重大的影响。如果没有经历和磨炼，就与现实完全脱节，是不可能做好策划的。

最重要的磨炼，是失败和挫折！经过尝试，发现问题，总结反思，更能够提高。经历了失败的痛苦和折磨，对错误认识更深刻。而且，只有不断地尝试，不断地犯错误，才有可能了解更多，体会更丰富。事情往往是这样，你努力越多，做事越多，错误也就越多，失败也越多。错误多了，失败多了，你也就成熟了。

如果一个人从大学一毕业就从事策划，事事顺心，处处如意，要风得风要雨得雨，听起来倒不错，但事实上，这是一个人职业生涯的重大灾难。一旦困难和挫折降临，就不知所措，精神受到重大打击而因此一蹶不振。所以，策划人要有很强的“抗打击能力”。

五、团队

策划不是体操，而是足球运动，是团队作业。尽管创意活动中，个人的灵感和智慧十分重要，但不能取代团队的力量。团队成员相互鼓励、帮助、指导、交流和沟通，对策划人员组织和能力的锻炼，是没有任何培训和教育可以比拟的。

策划需要综合能力，不管一个人有多么高的才识，有多么勤奋，个人能力有多强，都不可能将策划的所有工作面面俱到地完成好。策划工作要求是如此之高，内容是如此之多，个人的知识和精力都是有限的，不可能事无巨细地全都能够做好。即使一个人的知识和能力真的完全均衡地发展，都十分优异，以其个人的能力，也无法获得委托方的信任，毕竟我们现在已经告别了“点子时代”。更何况，如果你什么都知道，什么都能做，只能证明你是一个平庸的“通才”，不是什么专家。

一个具有良好文化氛围的团队，是专家的集合，成员都各有所长，也因为各有所长，才激发了团队成员之间合作和交流的愿望。在这样的团队里，目标一致，信息共享，交流顺畅，作风民主，权威只来自于知识和能力，而这些知识和能力又表现出极强的专业性，为了长期合作，所以权威都是相对的，暂时的。大家既有合作和交流的愿望，又天然地存在着合作和交流的机制，既竞争又合作，“比学赶帮”，对各自能力的培育和激发是最为有效的。这样的团队，是金钱难买的。

但这样的团队，不是现成的组织，也未必存在于现成的组织之中。团队成员，相互信任相互依赖，有如知己。知己难求，然而，“十步之类，必有芳草”，在自己的同事、同学、朋友以及朋友的朋友之间，你可以发现这样的“知己”，发展出这样的团队。所以，在这个意义上，能力的培育和激发，是一个自觉的主动的过程。

第8章

策划人员精力管理

随着现代人生活和工作的节奏越来越快，策划人员行色匆匆，风风火火。面对着日益繁重的工作负荷，策划人员努力把每一天都安排得满满当当，上紧了发条。面对与日俱增的工作和生活压力，传统的时间管理已经显得不够。因为一天中有多少个小时是固定的，员工的时间尤其是高效工作时间是有限的，企业不可能也不应该无限压榨员工的时间，但是我们所能调动的能量（精力）却不是这样。企业可以通过给自己的员工创造提升能量系统的环境来大大提升员工的工作效率。

第1节　策划人员时间管理

一、时间的特性及时间管理的概念

（一）时间的特性

世界几乎全面地在进步，但我们一天还是只有24小时。最成功和最不成功的人一样，一天都只有24小时，但区别就在于他们如何利用这所拥有的24小时。那么时间究竟是什么呢？

哲学家是这样定义时间的：“时间是物质运动的顺序性和持续性，其特点是一维性，是一种特殊的资源。”

要想能够真正地了解时间并且管理“时间”，我们有必要对时间的本质有深刻的认识。时间有四项独特性：

（1）供给毫无弹性：时间的供给量是固定不变的，在任何情况下不会增加、也不会减少，每天都是24小时，所以我们无法开源。

（2）无法蓄积：时间不像人力、财力、物力和技术那样被积蓄储藏。不论愿不愿意，我们都必须消费时间，所以我们无法节流。

（3）无法取代：任何一项活动都有赖于时间的堆砌，这就是说，时间是任何活动所不可缺少的基本资源。因此，时间是无法取代的。

（4）无法失而复得：时间无法像失物一样失而复得。它一旦丧失，则会永远丧失。花费了金钱，尚可赚回，但倘若挥霍了时间，任何人都无力挽回。

（二）时间管理的概念

“时间管理”所探索的是如何减少时间浪费，以便有效地完成既定目标。由于时间所具备的四个独特性，所以时间管理的对象不是“时间”，它是指面对时间而进行的“自管理者的管理”。所谓“时间的浪费”，是指对目标毫无贡献的时间消耗。所谓“自管理者的管理”是指策划人员必须抛弃陋习，引进新的工作方式和生活习惯，包括要订立目标、妥善计划、分配时间、权衡轻重和权力下放，加上自我约束、持之以恒才可提高效率，事半功倍。

大凡能够在事业上做出卓越成绩的人都是时间管理的专家，格里在威格利南方联营公司当了二十多年的总经理，该公司是美国最成功的超级市场之一，他获得了许多值得引证的荣誉。第一，他的工作历程记录几乎为所有的总经理所羡慕，这个记录中包括连年不断的销售记录和利润记录。第二，他毫不松懈地连续应用计划、组织、授权、激励、评价和控制等项目基本原则，显示了他专业管理的精神。第三，他献身时间管理原则的事迹已经得到大量文章的赞扬。在格里看来，正确管理的基础是良好的时间管理。

在信息爆炸的今天，咨讯的空间在无限地扩展，面临竞争的压力、客户高品质的需求，策划人员面临着前所未有的压力。在这些压力面前，策划人员想要寻求事业、家庭与社会生活平衡尤为艰难。工作与私人生活难以两全的问题，一直困扰着策划人员。很多策划人员都得照顾小孩或父母，也想发展个人兴趣或参与社会活动，而这些都需要时间。遗憾的是，大多数策划公司都将员工的工作与私人生活视为零和游戏中对立的两方，认为工作与家庭生活难以兼顾。策划人员往往承受着来自策划项目、客户和公司等的各方面压力，因此，策划人员也往往都是工作狂。对工作的投入和高标准要求当然无可厚非，但是因为痴迷工作而忽视了家庭生活则不可取。

二、时间管理的误区

克服浪费时间的途径便是“培养克服时间管理误区的技能”。所谓时间管理的误区，是指导致时间浪费的各种因素。对于策划人员来讲，主要存在以下4个时间管理的误区：

（一）工作缺乏计划

查尔斯·史瓦在半个世纪前担任伯利恒钢铁公司总裁期间，曾经向管理顾问李爱菲提出这样一个不寻常的挑战：“请告诉我如何能在办公时间内做妥更多的事，我将支付给你任意的顾问费。”李爱菲于是递了一张纸给他，并建议：“写下你明天必须做的最重要的各项工作，先从最重要的那一项工作做起，并持续地做下去，直到完成该项工作为止。重新检查你的办事次序，然后着手进行第二项重要的工作。倘若任何一项着手进行的工作花掉你整天的时间，也不用担心。只要手中的工作是最重要的，就坚持做下去。假如按这种方法你无法完成全部的重要工作，那么即使运用任何其他方法，你也同样无法完成它们，而且倘若不借助某一件事的优先次序，你可能甚至连哪一种工作最为重要都不清楚。将上述的一切变成你每一个工作日里的习惯。当这个建议对你生效时，把它提供给你的部属采用。”数星期后，史瓦寄了一张面额25 000美元的支票给李爱非，并附言她确实已为他上了十分珍贵的一课，伯利恒后来之所以能够跃升为世界最大的独立钢铁制造者，据说可能是导因于李爱非的那数句真言。

尽管计划的拟定能给我们带来诸多的好处，但很多策划人从来不做或是不重视做计划，原因不外乎如下几条：

（1）因过分强调“知难行易”而认为没有必要在行动之前多做思考；

（2）认为不做计划也能获得实效；

（3）不了解做计划的好处；

（4）计划与事实之间极难趋于一致，故对计划丧失信心；

（5）不知如何做计划。

作为策划公司的员工，要步上职业化的道路，成为一个强调实效性的职业人士，不应该把以上原因当作工作中的借口，而应该养成拟定工作计划的习惯，因为如果我们的工作缺乏计划，将导致如下问题：

（1）目标不明确；

（2）没有进行工作归类的习惯；

（3）缺乏做事轻重缓急的顺序；

（4）没有时间分配的原则。

（二）时间控制不够

策划人员在时间管理上还有一个恶习就是拖延时间，以致到头来一事无成。我们提供了一个拖延商数的测验，以供策划人员自我评核①：

请据实选择以下每一个陈述最切合你的答案：

（1）为了避免对棘手的难题采取行动，于是我寻找理由和借口。

A. 非常同意　　B. 略表同意　　C. 略表不同意　　D. 极不同意

（2）为使困难的工作能被执行，对执行者下压力是必要的。

A. 非常同意　　B. 略表同意　　C. 略表不同意　　D. 极不同意

（3）我经常采取折中办法以避免或延缓不愉快的事或困难的工作。

A. 非常同意　　B. 略表同意　　C. 略表不同意　　D. 极不同意

（4）我遭遇了太多足以妨碍完成重大任务的干扰与危机。

A. 非常同意　　B. 略表同意　　C. 略表不同意　　D. 极不同意

（5）当被迫从事一项不愉快的决策时，我避免直截了当地答复。

A. 非常同意　　B. 略表同意　　C. 略表不同意　　D. 极不同意

① 摘自中国管理传播网，http://manage.org.cn/Article/200308/4328.html。

（6）我对重要的行动计划的追踪工作一般不予理会。

A. 非常同意　B. 略表同意　C. 略表不同意　D. 极不同意

（7）试图令他人为管理者执行不愉快的工作。

A. 非常同意　B. 略表同意　C. 略表不同意　D. 极不同意

（8）我经常将重要工作安排在下午处理，或者携回家里，以便在夜晚或周末处理它。

A. 非常同意　B. 略表同意　C. 略表不同意　D. 极不同意

（9）我在过分疲劳（或过分紧张/过分泄气/太受抑制）时，无法处理所面对的困难任务。

A. 非常同意　B. 略表同意　C. 略表不同意　D. 极不同意

（10）在着手处理一件艰难的任务之前，我喜欢清除桌上的每一个物件。

A. 非常同意　B. 略表同意　C. 略表不同意　D. 极不同意

评分标准：

每一个“非常同意”评4分，“略表同意”评3分，“略表不同意”评2分，“极不同意”评1分。总分小于20分，表示你不是拖延者，你也许偶尔有拖延的习惯。总分在21至30分之间，表示你有拖延的毛病，但不太严重。总分多于30分，表示你或许已患上严重的拖延毛病。

我们通常在时间控制上容易陷入下面的陷阱：

（1）习惯拖延时间；

（2）不擅处理不速之客的打扰；

（3）不擅处理无端电话的打扰；

（4）泛滥的“会议病”困扰。不少中、上层管理者曾经指出，会议竟占去他们日常工作时间的四分之一，甚至三分之一。然而更令他们感慨莫名的是，在这么多的会议时间之中，几乎有一半是徒劳无功的浪费。

（三）整理整顿不足

办公桌的杂乱无章与办公桌的大小无关，因为杂乱是人为的。“杂乱的办公桌显示杂乱的心思”是有道理的。让一个不富条理的人使用一个小型的办公桌，这个办公桌会变得杂乱无章，即使给他换一个大型的办公桌，不出几日，这个办公桌又会遭遇同样的命运。套用“帕金森定律”——工作将被扩展，以便填满可供完成工作的时间，我们也可以导出“文件堆积定律”——文件的堆积将被扩展，以便填满可供堆积的空间。

（四）进取意识不强

我们经常说人类最大的敌人就是自己。有些人之所以能够让时间白白流逝而毫无悔痛之意，最根本的原因就是他个人缺乏进取意识，缺乏对工作和生活的责任感和认真态度。主要表现在以下几个方面：个人的消极态度；做事拖拉，找借口不干工作；唏嘘不已，做白日梦；工作中闲聊。

如果我们一直处于迟钝的时间感觉中，换句话说，当你觉得时间可有可无，不愿面对工作中的具体事务，沉溺于“天上随时掉下大馅饼”的美梦，那就需要好好反省自己了，因为你随时在丧失宝贵的机会，随时可能被社会所淘汰。

三、策划人员时间管理的原则

策划人员的时间管理有5项基本原则，分别是：明确目标；有计划、有组织地进行工作；分清工作的轻重缓急；合理地分配时间；与别人的时间取得协作；制定规则、遵守纪律。下面我们就时间管理的5项基本原则分别进行阐述。

（一）明确目标

在人生的旅途上，没有目标就好像走在黑漆漆的路上，不知往何处去。美国的一份统计结果显示，一个人退休后，特别是那些独居老人，假若生活没有任何目标，每天只是刻板地吃饭和睡觉，虽然生活无忧，但他们后来的寿命一般不会超过七年。

虽说目标能够刺激我们奋勇向上，但是，对许多人来说，拟定目标实在不是一件容易的事，原因是我们每天单是忙在日常工作就已透不过气，还哪来时间好好想想自己的将来。但这正是问题的症结，就是因为没有目标，每天才弄得没头没脑、焦头烂额。

另外有些人没有目标，则是因为他们不敢接受改变，与其说安于现状，不如坦白一点，那便是没有勇气面对新环境可能带来的挫折与挑战。

事实上，随波逐流，缺乏目标的人，永远没有淋漓尽致发挥自己的潜能。因此，策划人员一定要做一个目标明确的人，生活才有意义。然而不幸的是，多数人对自己的愿望，仅有一点模糊的概念，而只有少数人会贯彻这模糊的概念。许多人在公司五年，却没有五年的经验，只能说有五年一次的经验。

有目标才有结果，目标能够激发我们的潜能。那么我们究竟如何选择或是制定正确的目标呢？我们认为在选择或制定目标时应考虑两个方面：一是目标要符合自己的价值观，二是要了解自己目前的状况。

（二）有计划、有组织地进行工作

所谓有计划、有组织地进行工作，就是把目标正确地分解成工作计划，通过采取适当的步骤和方法，最终达成有效的结果。通常会体现在以下 5 个方面：

(1) 将有联系的工作进行分类整理；

(2) 将整理好的各类事务按流程或轻重缓急加以排列；

(3) 按排列顺序进行处理；

(4) 为制订上述方案需要安排一个考虑的时间；

(5) 由于工作能够有计划地进行，自然也就能够看到这些工作应该按什么次序进行和哪些是可以同时进行的工作。

那么究竟该怎样做计划呢？大致的步骤如下：

(1) 确立目标；

(2) 探寻达到目标的各种途径；

(3) 选定最佳的完成方式；

(4) 将最佳途径转化成月/周/日的工作事项；

(5) 编排月/周/日的工作次序并加以执行；

(6) 定期检查目标的现实性以及达到目标的最佳途径的可行性。

有了计划，就必须有行动。行动是一件了不起的事，策划人员要记住：

(1) 切实实现你的计划和创意，以便发挥它的价值。不管主意有多好，除非真正身体力行，否则永远没有收获。

(2) 实行时心理要平静，估计困难，做好准备，及时调整。

(三) 分清工作的轻重缓急

请看下面的行事次序，看看你自己平时喜好用哪种方式？

(1) 先做喜欢做的事，然后再做不喜欢做的事。

(2) 先做熟悉的事，然后再做不熟悉的事。

(3) 先做容易的做，然后再做难做的事。

(4) 先做只需花费少量时间即可做好的事，然后再做需要花费大量时间才能做好的事。

(5) 先处理资料齐全的事，然后再处理资料不全的事。

(6) 先做已排定时间的事，然后再做未经排定时间的事。

(7) 先做经过筹划的事，然后再做未经筹划的事。

(8) 先做别人的事，然后再做自己的事。

(9) 先做紧迫的事，然后再做不紧要的事。

(10) 先做有趣的事，再做枯燥的事。

(11) 先做易于完成的整件事或易于告一段落的事，然后再做难以完成的整件事或难以告一段落的事。

(12) 先做自己所尊敬的人或与自己关系密切的人所拜托的事，然后再做其他人所拜托的事。

(13) 先做已发生的事，后做未发生的事。

以上的各种行事准则，从一定程度上说大致上都不符合有效的时间管理的要求。我们既然是以目标的实现为导向，那么在一系列以实现目标为依据的待办事项中，到底哪些应该先着手处理，哪些可以拖后处理，哪些甚至不予处理？一般认为是按照事情的紧急程度来判断。假如愈是紧迫的事，其重要性愈高，愈不紧迫的事，其重要性愈低，则依循上面的判断规则。可是在多数情况下，愈是重要的事偏偏不紧迫。例如参加管理技能培训、向上级提出改进营运方式的建议、培养接班人等。如果我们按事情的“缓急程度”办事的话，不但使重要事情的履行遥遥无期，而且经常使自己处于危机或紧急状态之下，最大的恶果是原本重要不紧急的事必然会转化为重要又紧急的事。举个例子来说，所有的主管都承认，策划报告是一件极其重要的事，但若现在距离上交策划报告的时间尚有一个月的话，则一般人大概不会把它视为“今天应该做的事”，更不会把它视为“今天必须做的事”，既然今天可以不做这件事，那么就可以不断地拖延下去。直到截止日期的前几天，他们才如临大敌般地处理“紧急事件”，结果不是迟交了报告，就是草率应付了事。经过一番挣扎之后，他们可能会信誓旦旦地下决心：下次一定要将策划报告提前准备好！但是除非能够彻底地改变按“缓急程度”办事的习惯，否则到了下一次还极有可能重蹈覆辙。

因此，我们认为，处理事情优先次序的判断依据是事情的“重要程度”。所谓“重要程度”是指对实现目标的贡献大小。提请注意：虽然有以上的理由，我们也不应全面否定按事情“缓急程度”办事的习惯，只是需要强调的是，在考虑行事的先后顺序时，应先考虑事情的“轻重”，再考虑事情的“缓急”。

(四) 与别人的时间取得协作

任何人类的组织，不论大小，都有其周而复始的节奏性、周期性；而我们作为社会或是团体组织中的一员，毫无疑问地要与周边部门或人发生必然的联系。在这种情况下，我们需要互相尊重对方的时间安排，也就是说要与别人的时间取得协作。

认清并适应组织的节奏性与周期性是成功的要素。你也许拥有全世界最伟大的广告构想，但是如果你在各公司都已经做完广告预算后才提出你的构想，你可能就不会有太好的运气，可能要等到几个月后，你的构想才会被慎重考虑，甚至可能会一不小心被扔到垃圾桶里去！

同样地，当我们需要到某一部门去参观学习，也需要提前与该部门人员进行预约，双方共同达成一个有关时间、地点、人员安排等的约定。否则，突如其来的打扰会令对方措手不及，甚至有可能将你拒之门外！

大家想想，我们是不是也在经常抱怨外部的打扰（电话、来访等）、突发事件等。既然如此，我们是不是也应该站在对方的角度考虑问题，严格要求自己，提前做好计划与安排，与他人的时间取得协作，少一份慌乱，多一份从容。

（五）制定规则、遵守纪律

我们在成长的过程中，常被各种纪律所束缚，“没有规矩，不成方圆”，因为有纪律，我们才有秩序。在时间管理中，我们同样强调纪律与规则。

世界著名的音乐家莫扎特通常被描述成轻率而任性的天才，然而他从15岁到过世为止，终其一生的作曲数量都是非常有规律的，甚至可以用代数程式来计算。

历史学家梅尔·克朗兹勃呆在办公室里的每个早上都写10封信；杰出的演说学家乔·查伯纳教授要求手下的电话行销人员每个星期一、二都要打13个电话，星期三、四则是12个，星期五则是用来打电话给这个礼拜没有联络上的人。

很多作家固定在每天某个时段工作，而且在停笔前必须完成一定的字数。这个方法很有效，假如你养成每天写1 000字的习惯，连续一个月后，写1 000字便易如反掌。接着你可以增加字数到大概1 200字，过十几天后，或许可再增加几百字。

因此，我们说，制定规则、遵守纪律的核心主要体现在以下三个方面：

(1) 在进行工作的时候，一定要念念不忘这个工作应于何时截止。

(2) 即使外部没有规定截止的日期，自己也要树立一个何时完成的目标。

(3) 由于不得已原因而不能按期完成时，一定要提前和相关部门取得联系，将影响缩小在最小范围内。

第2节　精力管理是策划人员高效能的基础

一、精力，而非时间，是高效能的基础

策划人员所做的每一件事（从和同事的交流、做出重要决定到花时间和家人在一起）都需要精力。显而易见，我们常常没有考虑到工作中和个人生活中

精力的重要性。如果没有充分、全面的精力储备，我们所做的任何事情都会大打折扣。

我们的思维、情感和行为都对精力有影响，不论好坏。我们生活的最终衡量标准不是我们在这个星球上待了多长时间，而是我们在属于自己的时间上投入了多大的精力。

对精力的适度把握是效能、健康和快乐的基础。不可否认，在生活中有糟糕的老板、不良的工作环境、难以处理的关系和实实在在的生活危机。尽管如此，我们对精力的控制能力远远超过我们一般所能认识到的。每天有多少个小时是固定的，但是我们能支配的精力数量和质量却是可变的。精力是我们最宝贵的资源。我们对投入的精力越是认真负责，就越能控制局面，工作也就越有成效；我们越是指责他人、抱怨外部环境，我们的精力就可能变得越发消极，越发受到损害。

如果你能够集中精力，更加积极地面对工作和家人，这将在多大程度上改善你的生活呢？作为一名领导，对工作投入更积极的精力和热情有多宝贵呢？如果你的下属有更积极的精力，这会如何影响他们相互之间的关系，以及他们对顾客的服务质量呢？

领导者是一个组织（公司、团体甚至家庭）中精力的管理者。他们首先通过有效支配自己的精力，然后通过有效调动、集中、投入以及恢复团队的集体精力来激发士气。个人和团体善于支配精力，这使我们所说的全方位投入成为可能。

要想全方位投入，我们必须在体能上精力充沛，在感情上相互联系，在思想上集中，在精神上和超越我们眼前私利的目的保持一致。全方位投入从早上盼望工作开始，晚上回家时还是同样高兴，并且能清楚地分清工作和生活二者之间的界限。这意味着能全身心地投入到某种使命中，无论是设法对付工作中有创造性的挑战，还是管理为一个策划项目而工作的一群人，或者是花时间和心爱的人在一起，或者只是想玩得开心。全方位投入意味着我们生活方式的根本转变。

根据盖洛普机构在2001年初采集的数据，有不到30%的美国工人在工作中能全方位投入，大约55%的人“不投入”，另外19%是“积极地退出”（Disengaged）——这不是说他们工作不开心，而是他们定期和同事分享那些感受。员工无事可做会带来数十亿美元的损失，然而更糟糕的是，员工在一个机构供职时间越长，他们就越不投入。盖洛普调查发现，工作6个月后，只有38%的员工仍然保持投入，3年后，这个数字下降到22%。考虑一下你自己的生活。

你在工作中是否做到了全方位投入？你的同事或那些为你打工的人又怎么样呢？

策划人员浪费精力以及不当使用他们精力的种种方式让人感到忧虑。这些方式包括不良的饮食习惯，没有定期恢复精力、补充活力，以及消极、精力不集中。策划人员按照精力的管理原则去做时，就会发现无论是在个人还是在职业生活方面，在自己的行动和同他人的关系上都变得更有效。

二、精力管理的四个原则

（一）第一个原则：全方位投入需要利用4种独立但又相互联系的精力资源——身体的、情感的、思想的和精神的

人是复杂的能量系统，全方位投入不是单方面的。在我们身体中积蓄的能量包括身体的、情感的、思想的和精神的。这4种动力都至关重要，任何一种都不能单独存在，却又可以有力地影响其他的动力。为了表现出最佳状态，我们必须巧妙管理这些相互联系的精力资源。无论减少这个组合的哪个方面，充分激发我们天赋和技巧的能力都会降低，就像一个气缸发动不起来发动机就会熄火一样。

精力是我们生活各个方面的共同特性。体能承受力（即身体上的精力储量）按数量来衡量（从低到高），情感承受力（即情感上的精力储量）按质量来衡量（从消极到积极）。这些是我们最基本的精力资源，因为没有充足的、高性能的"燃料"，任何任务都无法完成。精力越是消极、让人不快，就越不能让我们有好的表现；精力越是积极、令人愉快，它的效率也就越高。全方位投入和最大限度的效能只有在"高而积极"的象限中才有可能。

在退出的后果影响重大的时候，全方位投入的重要性最为明显。想象一下你正在面临开胸手术这种情况。你希望你的医生处在哪个精力象限？如果他进入手术室的时候，愤怒生气、灰心丧气、焦虑不安（在"高而消极"的象限），你会怎么想？要是他过度操劳、疲惫不堪、心情压抑（在"低而消极"的象限）呢？要是他漫不经心、松懈懒散（在"低而积极"的象限）呢？显然，你想要你的手术医生精力充沛、自信、乐观（在"高而积极"的象限）。

同样，当你沮丧地对人大喊大叫的时候，当你在项目中应付了事的时候，当你没有把注意力集中在手头任务上的时候，你也可以把这些行为想象成是在危及某个人的生命。很快，你在管理精力方面就会变得不那么消极、轻率、马虎。我们要对支配时间的方式负责，因为这影响到我们的收入。我们也必须学会对管理身体、情感、思想和精神上的精力负至少同等的责任。

（二）第二个原则：因为精力的储量会随着过度使用和不充分使用而下降，我们必须周期性地补充精力，来平衡精力消耗

我们极少考虑正在支出多少精力，因为我们想当然地认为我们能得到的精力是无限的。事实上，不断增加的要求不断地消耗我们的精力储备——特别是当我们没有做出任何努力改变随着年龄的增长精力不断损耗的状况时。通过全方位的培训我们可以大大减缓体能和智能的下降，实际上我们还可以不断深化情感和精神方面的承受力，直到我们生命的尽头。

相反，当我们过着非直线式的生活——支出的精力远远超过恢复的精力，最终的结果是，我们精神崩溃、精疲力竭、体能下降、失去热情、生病甚至过早地离开这个世界。让人感到悲哀的是，对恢复精力的需求往往被看做是虚弱的表现，而不是保持效能所必需的一个方面。结果，我们几乎从不注意补充和扩大我们的精力储备，无论是个人还是团体。

我们在生活中要保持精力旺盛，就必须学会如何按照一定的周期消耗补充精力。

最丰富、最开心和最有成效的生活的特点是有能力在迎接挑战的时候全方位投入，而且还要定期让自己适时退出以补充精力。相反，我们中的许多人把生活看成是没有终点的马拉松赛跑，逼迫自己透支健康。在思想和情感上，我们在没有充分恢复的情况下一味地支出精力；在身体和精神上，我们的精力恢复有余而支出不足。无论是哪种方式，我们都会慢慢而无情地耗干精力。

想象一下很多长距离赛跑者的样子：憔悴，面有菜色，身体有点塌下去，感情漠然。再想象一位像琼斯或者约翰逊这样的短跑选手。短跑选手一般看上去强劲有力、有爆发力并且渴望将自己推到极限。对此的解释很简单：无论他们所面临的要求有多高，跑道尽头 100 米或 200 米处的终点线却是清晰可见的。我们也一样，必须学会把我们的生活看成是一段段的短跑——在各个时段中全方位投入，然后全身心地退出，在重新面对任何挑战之前寻找机会补充精力。

（三）第三个原则：要增强承受力，我们必须让自己超越通常的限度，按照杰出运动员的方式进行系统的培训

压力不是我们生活中的敌人，相反，它是我们成长的关键。为了增强肌肉的力量，我们必须系统地对它施加压力，消耗超出一般水平的能量。这样做实际上会导致肌肉纤维出现极小的撕裂。一次训练结束后，会累得什么都干不了。但是给肌肉 24 至 48 小时的恢复时间，它会变得更强壮并能更好地经受下一次训练。这种训练主要是用于增强身体能量，但和锻炼我们生活中方方面面的“肌肉”也有一定的相关性——从移情和耐心到专注和创作，再到诚信和承

诺。适用于身体的同样适用于我们生活的其他方面。这种认识简化并革新了我们接近挡在我们路上的障碍的方法。

我们用和增强身体承受力完全一样的方式增强情感、思想和精神上的承受力。

我们通过支出超过正常水平的能量然后恢复，从而在各个层次上增强自己的能力。让肌肉接受一般的训练，肌肉是不会增强的。随着年龄的增长，肌肉实际上会变得越来越没有力气。锻炼任何“肌肉”的制约因素是很多人在稍感不适时就退缩了。为了适应我们生活中不断增长的要求，我们必须学会系统地锻炼承受力还不够的肌肉。让人感到不适的任何形式的压力都有可能增强我们的承受力——身体上、情感上、思想上或精神上，只要接下来进行适度的恢复。就像尼采说的那样：“那些不会置我们于死地的东西会让我们变得更强壮。”因为对公司型运动员的要求比对职业运动员的要求更高更持久，他们学会系统地进行训练也就更加重要。

（四）第四个原则：积极的精力仪式——用于管理精力的非常具体的惯例，是全方位投入和持续的高效能的关键

转变并非易事。我们是习惯型的动物。我们所做的大多数事情都是习惯性的、无意识的。我们昨天做过的事也是我们今天可能做的事。我们为了进行转变所做的大多数努力的问题在于，这种有意识的努力不能维持很久。同我们大多数人的认识相比，意志和纪律的作用要有限得多。如果每次你做什么事都不得不考虑它，你很可能不会坚持做很长时间。现状就像磁石一样抓住我们。

积极的仪式是这样一种行为，它在一些根深蒂固的价值观的推动下，日久天长，习惯成为自然。

我们有意用“仪式”（Ritual）这个词来强调一种仔细界定的、非常有条理的行为。意志和纪律需要你迫使自己行事，与此不同的是，仪式吸引你行事。想一想就像刷牙那么简单的事情，这不是你一般要提醒自己去做的事情，在明确的健康价值的推动下，刷牙是你觉得吸引你去做的事情，你刷牙很大程度上是自觉的，没有太多的有意识的努力或意图。仪式的力量在于，它确保我们在不是绝对必要的地方，耗费尽可能少的有意识的精力，从而能以创造的、充实的方式战略性地集中现有的精力。

看看你生活中任何一个效率一直很高的部分，你会发现是某些习惯使之成为可能。如果你吃得很健康，可能是因为你已经对你买的食物和你在饭店愿意点什么形成了习惯；如果你身体健康，可能是因为你定期定时锻炼；如果你做销售工作很成功，可能是因为你习惯了对打电话有思想准备，以及在遭到回绝

的时候自我激励以保持积极的心态；如果你能很好地管理其他人，你也许形成了一种对别人的意见进行反馈的风格，这种风格让别人觉得受到鼓舞而不是威胁；如果你和自己的配偶及子女关系密切，你可能有和他们共度时光的习惯；如果你在应对要求非常高的工作时还能保持充沛而积极的精力，差不多可以肯定你有保证能不断恢复精力的方法。创造积极的仪式是我们已经发现的为全方位投入管理精力的最有效的方式。

第3节　策划人员管理精力的途径

延长工作时间之所以不可取，是因为时间是一种有限的资源。相比之下，能量则不同。物理学将能量（Energy）定义为工作时可资使用的潜在能力，对于人类来说，能量主要来自4个源泉——身体、情绪、思想和精神，通过形成特定的习惯，以上每个源泉都能为人类系统增加并定时补充能量。所谓特定的习惯，就是有意识地按照严格的时间表进行日常活动，并尽快使它们转变为无意识的、自动自觉的行为。为了有效地给员工补充能量，组织的着眼点必须从“向员工索取更多”转移到“为员工付出更多”，这样，他们才会鼓足干劲，才能为每天的工作投入更多。

一、身体能量

（一）身体能量的含义

身体能量的重要性对运动员、建筑工人和农民似乎比较明显。而对其他人的评价，则主要是看脑力而非体力。我们往往不重视身体能量对效能所起的作用。在大多数工作中，身体能量被完全从效能公式中删除了。实际上，身体能量是燃料的基本来源，即使我们的工作几乎是坐着完成的。它不仅是机敏性和生命力的核心，还会影响我们处理感情、保持精力集中、进行创造性思考的能力，甚至会影响我们对所从事的任何工作全力以赴的能力。领导者和管理者们认为他们可以忽视精力中身体这一面而仍然希望他们的手下有最佳的表现，他们这样做，犯了一个根本性的错误。

从最基本的意义上说，身体能量源自氧和葡萄糖的相互作用。按照实际情况讲，我们精力储备的多少取决于我们呼吸的模式、我们吃的食物以及何时进食、睡眠的时间和质量、我们在一天当中能周期性恢复的程度和我们的健康水平。在体力消耗和恢复之间建立有节奏的平衡，确保我们的精力储备保持相对固定的水平。迫使自己超过舒适区，然后恢复，是一种提高身体承受力的方式，可以改善因身体能量不足而无法满足要求的情况。

我们生命中最重要的节奏是那些我们往往认为是理所当然的——最明显的是呼吸和饮食。极少有人考虑过呼吸，只有在极少数我们缺氧的情况下氧才变得宝贵——吃东西噎着了，被水淹了，或者受肺气肿这样的病痛折磨。即使呼吸方式发生了重大变化也往往得不到重视。比如，焦虑和生气会明显地使呼吸变得急促，这对于处理眼前的威胁非常宝贵。但是，这种呼吸方式很快会减少我们得到的能量，削弱我们恢复思想上和感情上平衡的能力。结果可能是一个恶性循环，这说明了为什么对付生气和焦虑的一个最简单的方法是做深呼吸。

呼吸是非常有力的自我调节工具——一种打起精神和彻底放松的方式。比如，长呼一口气会促进恢复。吸气数到三、呼气数到六会减少外界的干扰，不仅能使身体静下来还能让思想和情绪平静下来。平稳的和有节奏的深呼吸同时是精力、机敏性、专注以及放松、安静和平静的源泉。

（二）吃的讲究

我们生命中身体能量的重要来源是我们的食物。我们中大多数人并没有经历过太多长时间的饥饿，但是我们都知道挨饿时肚子里的感觉，以及这种感觉对我们有效发挥各方面的能力的影响。饥肠辘辘时很难过多考虑食物以外的问题。另一方面，长期吃得过多，意味着太多的“恢复”，会导致肥胖和精力受损，对效能和健康都会造成影响。富含脂肪、糖和简单碳水化合物的食物可以使人恢复精力，但是同低脂肪、高蛋白的食物（像蔬菜和谷物这样的复杂碳水化合物）相比，它们的能效要低。

吃得好些显然有它自己的好处，包括减轻体重、看上去气色更好、改善健康状况，所有这些都可能带来积极的精力。同样重要的是吃血糖指数低的食物。血糖指数衡量的是糖从具体的食物中释放到血液中的速度。缓释可以提供更稳定的能量来源。隔多久进餐一次也会影响我们全方位投入和保持高效能的能力。每天吃五六顿低热量高营养的饭能确保精力的稳定再供给。

为了使身体的承受力达到最强，我们必须和真正的身体满足感更合拍：既不觉得饿也不觉得撑着了。我们两餐之间间隔太长然后马上又吃很多食物来补充。因为我们的能量需求往往随着夜晚的来临、新陈代谢的减缓而降低，早上吃得多些晚上少些是有道理的。

喝水也许是补充体力的来源中最没有得到应有评价的。越来越多的研究表明，一天中定期喝至少 1.8 升的水可以通过多种重要的途径提高我们的效能。比如，肌肉脱水仅 3%，就会丧失 10% 的力气和 8% 的速度。不够充足的水合作用也会影响精力的集中和协调。

（三）生理周期和睡眠

除了吃饭和呼吸，睡眠是我们生活中恢复精力最重要的来源。睡眠也是包括体温、荷尔蒙水平和心率在内的日夜节奏中作用最大的。策划人员大多严重地睡眠不足，但是极少有人承认睡眠不足如何极大地影响他们的效能和他们工作以及在家里的投入程度。

睡眠不足对我们的力量、心血管的承受度、情绪和总体精力水平也有重要的影响。研究表明，思想的效能（反应时间、精力集中、记忆力和逻辑/分析推理）会随着睡眠不足的加剧而稳步下降。睡眠需要因年龄、性别和遗传倾向性而变化，但是科学上比较一致的看法是，普通人一个晚上需要7~8小时睡眠以便让身体处于最佳状态。

我们具体的睡眠时间还会影响我们的精力水平、健康和效能。无数的研究证明，实行倒班的工人——那些上夜班的人，出交通事故的几率是上白班的人的两倍，而且还容易出相当多的工伤事故。夜班工人比白班工人患冠状动脉疾病和心脏病的可能性要高得多。说得再广些，过去20年里每一场大的工业灾难——切尔诺贝利核电站核泄漏事故、埃克森·瓦尔迪兹号油轮泄漏事故、博帕尔工业化学环境污染灾难、三英里岛核能电厂事故都发生在半夜，很大程度上就是因为那些当班的人已经工作了很长时间，造成了相当严重的睡眠不足。

你工作的时间越长，越是连续工作，工作到越晚，你的效率就越低，就越容易出错。

除了补充精力的功能外，睡眠还是一个长身体和恢复的时间——这些活动大多数都发生在深层睡眠阶段，这时主要是慢速脑波起主导作用。在这个阶段，细胞分裂最活跃，释放出最多的生长激素和恢复酶，白天一直很紧张的肌肉也有机会得到恢复。简而言之，我们在睡眠最深阶段得到最大程度的复原和生长。

二、情感能量

（一）情感能量的含义

身体能量是激发我们情感上的技能和天赋的原动力。为了做出最佳的表现，我们必须尽量拥有愉快、积极的情感：高兴、挑战、冒险和机会。由威胁或者不足而产生的情感——担心、挫折、生气、伤心，毫无疑问有毒害作用，这些情感与特定的压力激素（最明显的是皮质醇）的释放有关。按照我们的观点，情商就是这样一种能力：熟练地管理情感，从而促进非常积极的精力和全方位投入。实际上，为积极的情感提供动力的关键“肌肉”或能力是：自信，自制（自我调整），社交技巧（有效处理人际关系）和理解别人的感情。更小的、支持性的“肌肉”包括耐心、坦诚、信任和欢乐。

能否得到最能促进效能的“情感肌肉”，取决于在定期锻炼和周期恢复之间创建一种平衡。就像我们消耗心血管的承受能力或者让二头肌承受压力导致衰竭一样，如果我们不断支出情感能量而不进行恢复，我们也在逐渐耗干自己的情感。当我们的“情感肌肉”很虚弱或不足以满足要求时，比如，如果我们缺乏信心或者特别没有耐性，我们必须通过设计出训练仪式，迫使自己超越能力极限，然后进行恢复，从而系统增强自己的情感承受力。

（二）享受和情感补充

简单地变个方式就是一种在情感上重新得到动力的有效方法。对多数人来说，仅仅是因为能够使他们开心并丰富他们的情感养分而参加活动的情形十分罕见。想一下你自己的生活。每个星期有多少个小时你纯粹是为了愉悦和精力上的补充而参加活动？你觉得彻底放松的时间能有百分之多少？你最近一次真正抛开工作觉得完全和工作没有关系是什么时候？

任何愉快的、有成就感的、肯定的活动都会促进积极的情感。参加什么样的活动取决于你的兴趣，这样的活动可能是唱歌、园艺、跳舞、练瑜伽、读一本吸引人的书、体育运动、参观博物馆、听音乐会，或者就是在和他人度过忙忙碌碌的一天之后独自一人度过一段安静的、思索的时光。我们发现，关键是把这些活动当成是优先考虑的事，把你投入到这些活动上的时间看成是最神圣的。关键是，参加活动的回报不仅仅就是愉悦，实际上，它还是持续效能的重要组成部分。

情感补充的深度和质量是另外一回事。这取决于活动有多吸引人，在多大程度上让人在情感上更丰富、更充满活力。比如，电视是大多数人放松和恢复的基本方式之一。可是，在很大程度上，看电视相当于在思想和情感上吃垃圾食品。看电视可能会提供一种临时的恢复形式，但是基本上没什么营养，而且很容易吃得太多。研究人员发现，长期看电视实际和焦虑加剧、低程度的抑郁有关。反之，情感恢复的来源越丰富越有深度，我们就能积蓄越多的精力，我们就能越有精神。有效的情感补充让我们能更好地表现，特别是在有压力的情况下。

即使我们定期找机会补充精力，也有对我们的要求超过我们情感承受力的时候。就像如果你不冲击自己的极限，你能举起的重量就这么多一样，在没有转化成消极情绪前，你就只能承受这么多情感要求。锻炼情感承受力最好的方法，就像锻炼身体的承受力一样，是逼迫自己突破目前的舒适区，然后进行恢复。

三、思想能量

（一）思想能量的含义

没有什么比不能把精力集中在手头的任务上更影响效能和投入的了。为了以最佳的状态工作，我们必须能保持精力集中，在由宽到窄、从外到内的专注范围间灵活地移动。我们还需要尽可能地拥有现实主义的乐观精神。这是一个看似矛盾、实则正确的概念，指的是按照世界本来面目认识世界，但是总是朝着期望的结果或解决方案而努力。任何促进适当的集中和现实的乐观主义的事儿都可以为效能服务。为最优的思想能量提供动力的主要“肌肉”包括：思想准备，心灵演练，自我积极对话，有效的时间管理以及创造力。

就像身体和情感那样，思想上的承受力也来自精力消耗和恢复之间的平衡。为了休息和恢复活力而周期性地改变思维方式，决定了保持适当的集中和现实的乐观主义的能力。当我们缺乏要达到效能的最佳状态所需的“思想肌肉”时——如果我们的注意力持续时间太短，观念太悲观，或者观点太僵化，视野太狭隘，我们必须通过系统的训练来增强承受力。

身体、情感和思想方面的精力储备之间相互依存。在身体方面，因为睡眠太少或健康状况不佳而导致的疲劳感会进一步导致精力分散。在情感方面，像焦虑、挫折和生气这样的感觉会妨碍精力的集中，破坏乐观的精神，特别是在面对较高的要求时。

（二）集中思想可以加强能量

如果有一大堆任务摆在面前，就必须同时着手处理，但实际上，这种做法会降低工作效率。一心多用的代价是昂贵的，如果将注意力从一项任务暂时转移到另一项会延长完成主要任务所需要的时间，差不多要延长25%。

而有效的方法是：如果能在90~120分钟内集中全部精力去做一件事，然后好好休息一下，接着投入下一场活动，那么你的效率就会高得多。

某人工作积极、干劲十足，过去，他总是一听到邮件到达的提示音就赶紧回复，结果一天下来他不断被电子邮件打扰。后来，他为自己制定了一项习惯，每天只查看两次邮件。以前他总是被这些邮件弄得手忙脚乱，却仍然无法一一及时回复，而现在，每次打开邮箱后，花上45分钟时间集中精力进行处理，结果发现一次就可以把所有的邮件全部搞定。

如果你发现自己难以做到专心致志，那么你可以通过制定习惯来减少科技生活带来的无情干扰。有三套习惯可以借鉴：第一套是，每当需要专注于某项任务时，离开办公室进入会议室，躲开电话和电子邮件的打扰。第二套是，开会时不接电话，会后回电话。第三套是，系统地专注于能够带来最长远优势的活动。人们对于极具挑战性的工作往往不是干脆退而避之，就是到了最后关头才匆忙上阵，除非事先特意为它安排好时间。有种比较有效的习惯是每天晚上确定出第二天最重要的挑战，把它作为次日早晨上班后的首要任务。这样的结果是，常常到了上午10点钟自己这一天好像就已经硕果累累了。

四、精神能量

（一）精神能量的含义

我们在某一时刻可以消耗的精力的数量是我们身体承受力的反映。我们消耗自身能量的动力主要是精神层面的问题。从根本上说，精神能量是我们生活中各方面行动的独一无二的动力，它是我们的动力、毅力和行动方向的最有力的源泉。我们没有按照宗教意义来界定“精神”的意思，而是采用更简单、更基本的措辞：一套最不易改变的价值观、超越自身利益目的的联系。从实际的角度看，无论我们肩负什么样的使命，任何能点燃人类精神火炬的事物，都可以为驱动全方位投入服务、为我们的最佳效能服务。为精神能量提供动力的关键“肌肉”是性格——按照自己的价值观生活的勇气和信念，即使这样做需要个人牺牲、历经艰辛。支持性“精神肌肉”包括热情、承诺、诚信和诚实。

通过恰当地关爱自己来平衡对他人的责任可以保持精神能量。换句话说，按照我们自己最坚定的价值观生活的能力，依赖定期补充我们的精神能量——找办法休息、重新焕发精神并重新和我们认为最鼓舞人心、最有意义的价值观相联系。当我们缺乏足够的精神能量时，我们必须通过系统的方法再进一步挑战我们的自满和私利。

比起精力的其他层面，精神能量的消耗和补充更加深深地交织在一起，而且往往是同时发生的。几乎全部思考活动都会说到精神“工作”和精神“实践”。这些活动的目的可能是为别人服务，深化我们的同情心或者帮助我们体验人与人之间的相互联系性。另一方面，精神能量的补充来自我们的目的感以及最不易改变的价值观，并和它们相联系。

有些活动不需要大量的能量消耗就能产生相当大的精神恢复。这些活动包括在自然环境中散步，看一本鼓舞人心的书，听音乐或者听一位伟大的演说家的演讲。相反，精神实践可能同时既补充精力又需要精力。比如，冥想需要调动高度集中的注意力让大脑静下来，但是也可能有助于重新获得豁然开朗、相互联系甚至喜悦的感觉。像瑜伽一样，冥想是一种能涉及所有方面、既可以增强精神承受力还可以让思想和情感得以恢复的做法。

定期想想我们最坚定的价值观并对它们负责是件既困难又费力的事，但是它也可以鼓舞我们的士气，让我们变得精力充沛。从更基本的层面上说，拿出时间和精力给我们的孩子们，既是一种精神“实践”——为了满足他们的需要而牺牲我们自己的迫切的需要，也是在情感上和精神上补充精力的丰富源泉。同理，为他人提供的所有服务，其中也包括相当多的努力甚至不便，但是也许还会带来深远的意义和深深的满足感。

（二）精神追求可以激发能量

当人们的日常工作和活动与他们最珍视的能够赋予他们意义感和目的感的东西相一致时，他们的精神能量就会发挥作用。如果他们正在做的工作对他们真的很重要，他们通常就会感到精力充沛，注意力集中，并能够持之以恒地坚持下去。遗憾的是，高要求、快节奏的职场生活让人们很少有时间去关注这些问题，许多人甚至没有意识到，生活意义的追求也是能量潜在源泉。

某会计师就是从向自己提出一连串问题中受到启发和鼓舞的，他从中找到了哪些事情对他是有意义的。他告诉我们：“我认为，我们应该做些反省，问问自己希望别人想起你这个人时脑子里是怎样一种印象。”

为了从精神中获取能量，人们需要理清优先事项。并以此为准在三个方面制定习惯：

1. 做自己最擅长和最喜欢做的工作。如何找到自己的强项？

（1）回顾过去几个月中的工作经历，至少找出两个让你觉得多产高效、愿意全身心投入、充满灵感和成就感的“得意之处”。

（2）然后对这些经历进行解析，具体找出哪些因素给予如此的激励，从事这项工作时又发挥了哪些才能。

（3）制定一种习惯，以鼓励在工作中多去做那些自己既喜欢又擅长的事。

2. 有意识地为生活中最重要的领域分配时间和精力，认真工作，关心家庭、健康和他人。把时间和精力投入到对你至关重要的事项中。在这一点上，我们常常表现矛盾性——说的是一回事，做的又是另一回事。

3. 此外还要在日常行为中奉行自己的核心价值观。这对于许多人来说是个挑战，大多数人每天奔波忙碌，行色匆匆，很少能静下来问自己：我的立场是什么？我想成为怎样的人？结果是我们总是听人外界的要求来支配自己的行动。

第9章

策划组织与流程

第1节　商务策划组织

企业的策划职能可以外包也可以由企业自身的策划部门来承担。随着经济的发展和竞争的日益激烈，策划作为中国企业正常职能的趋势越来越明显。在日本和台湾地区，策划是非常重要的企业职能。

企业具有优良的策划组织，将有益于公司的策划工作与运作管理的过程。然而没有一种标准的策划组织结构适用于各企业体，各企业内部影响策划组织的因素包含：公司规模的大小、公司集权程度、产品的性质、高层主管个性、公司策划经验以及公司财务情况等。就公司策划组织类型而论，有学者认为策划组织类型可分为五大类，从简单至复杂依序为：第一类为公司内并无策划组织单位与人员；第二类为公司内无正式的策划工作组织，策划只为主管者工作的一部分；第三类为企业的功能部门内设有正式化策划单位，策划人员隶属该单位中；第四类为公司各功能单位内皆设有策划人员，此情形属分权式性质，责任为各单位首长负责；第五类则为策划部门设于总公司内，而一般功能单位并无策划人员，此形态多属集权公司采取的典型。

一、策划部门

策划部门是企业的最高智囊单位，最主要的工作是协调各部门建立共识，拟定各种类型的策划案，发挥企业整体作战力，达成各阶段的目标。一般而言，策划部门的功能可区分为属较长期战略性工作的企业策略规划与属较短期战术性策划工作的一般性策划两大类。从理论与实务角度来看，公司的策划报告与内容层级可区分为两个层次：(1)“策略性（战略性）”策划报告：为长远发展性报告，属公司高层主管对公司整体营运策略性的发展所提出的策划报告；(2)“战术性（部门）”策划报告：为日常营运报告，不是属于全公司、全集团层面，而是就一般个别部门日常营运所需求的部门策划报告。

就策划部门名称方面，因公司的性质、组织分类、开发产品等不同，各个公司都有其专属策划单位的名称。梅泽庄亮与星野匡（2001）提到各企业体中虽同是策划部门，但其实其性质有所差异，因此策划单位名称也有不同，有的是拟定该企业本身的经营计划的部门，称为“经营策划部门”；有的是为有关新产品、新服务而设立的策划部门，称为“开发部”或“策划部”等，这些部门的工作人员就是策划人员，且策划人员大致可分为技术体系的策划人员与事务体系的策划人员。Hamper & Baugh 针对策划团队（见图9-1），提出成功的策划团队须拥有：监督策划流程的经营主管、技术与专业知识的成员、专属策划团队的设备三大要素，而团队成员包含：（1）策划经理：工作是要建立团队，并能激励成员、协助组织整建工作、鼓励成员间沟通与互信，为达成企业任务的目标而努力；（2）协调人：由策划经理选出，主导旗下成员工作并向经理报告，其有助于强化公司内不同部门或分支的横向沟通联系，使策划流程更顺畅；（3）策划成员：通常在公司各阶层人力中网罗，以专长挑选人才，有时会需要外界顾问或合作公司来组成完整的策划阵容；（4）策划案开发专业人士：有些企业会运用由专业顾问、专家组成的团队，全职规划、开发不同领域的客户。

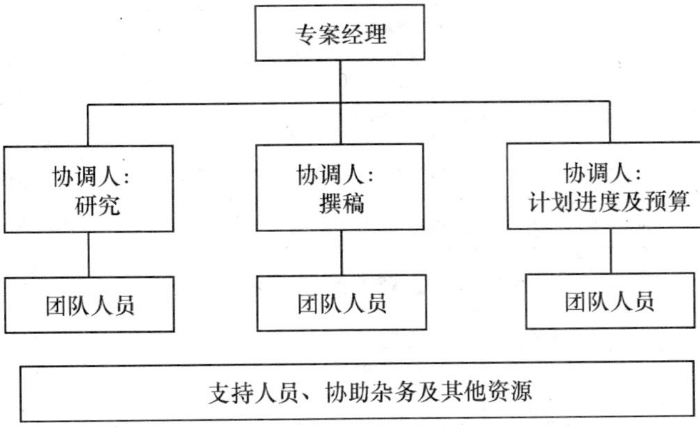

图 9-1　团队组织架构

资料来源：Hamper，J. R. & Bangh，L. S.，*Handbook for Writing Proposals*，McGraw-Hill，1996。

公司策划部门和其他与策划有关系人员的工作范围，会因公司策划组织主要形式的不同而有所差异，其所影响的因素为：（1）集权与分权的公司：因权力的集中程度影响公司全面的策划制度，集权式公司的策划部只设于总公司，所以总公司策划部门必须把其他企业内功能部门所发展的计划统合起来，而分权式公司则将策划工作分授下去。（2）公司的规模：策划部门的组成形态与作业内容因公司规模大小而不同，在小公司总经理就是策划幕僚，若公司扩大则策划部门就是最高主管的策划幕僚。（3）策划幕僚的指导者：目前经营公司越加趋向团体作业，执行首长需要个人与团队努力互相配合以解决各种问题，设置高阶层的策划委员会是达成此境界的有力工具。（4）策划部门的分工：策划部门扮演着协调者的角色，其主要业务即为多角化，良好的分工也是帮助策划案成功的关键。（5）董事会的角色：大多数公司董事会是其策划制度的发动者和控制者，但不积极参与策划制度的执行。（6）策划部门的职责范围：公司设立策划部门，必然对主管人员的决策发挥影响，但因公司制度的不同在职责范围上也多有所差异。

二、传统的金字塔形策划组织结构设计

日本和台湾地区的大中型公司都会设置策划部门负责全公司或集团的策划事宜与任务，大致分为三种类型。

第一种类型为专责策划幕僚单位，这种类型又可以分为三种结构：（1）设策划人员，直接隶属于董事长；（2）设策划部门，直属总经理；（3）直属总经理，但策划部门列入职能型与一般部门平行（如图 9-2、图 9-3、图 9-4 所示）。

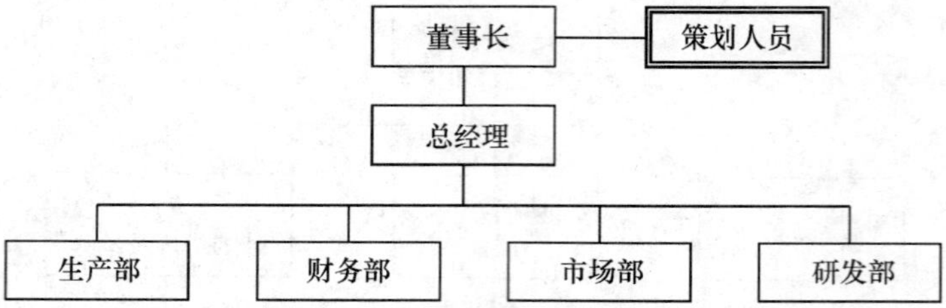

图 9-2　策划人员直属董事长

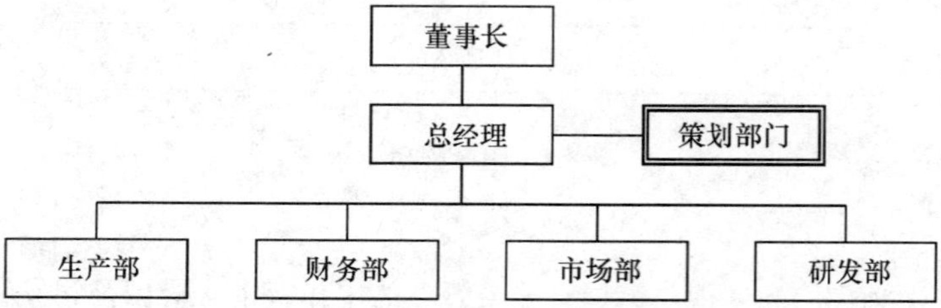

图 9-3　策划部门直属总经理

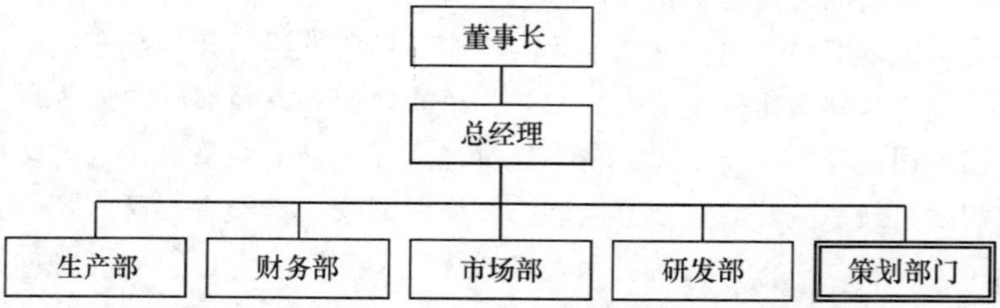

图 9-4　策划部门直属总经理，但与其他功能部门阶层平行

第二种类型为策划职能从属于一般职能部门，目前较经常附属于生产部门、营销部门、业务部门及财务部门等，其层级较专责策划部门低，主要协助

该隶属部门，在权责统一下由该部门主管负责（如图9-5所示）。

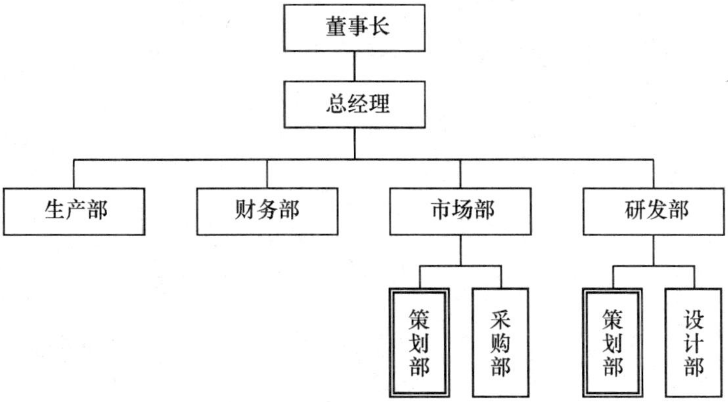

图 9-5 策划部附属一般部门内

第三种类型为成立专责策划项目小组或策划项目委员会，这种组织结构通常是因为公司有某重大事项或跨部门或跨公司的作业需求而成立，并常由公司董事长、总经理来担当领导，属最高层级策划单位（见图9-6）。

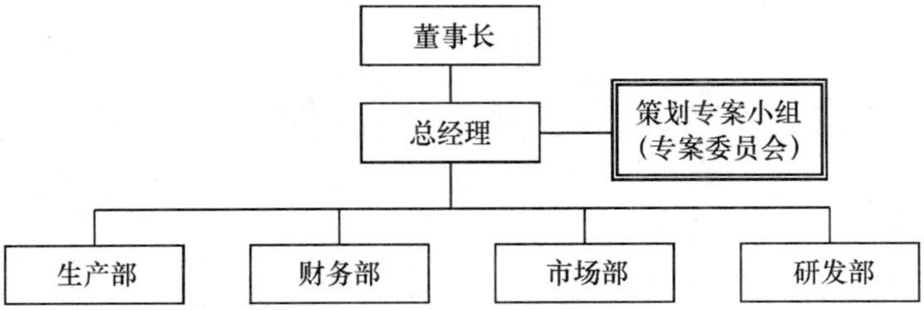

图 9-6 专责策划项目小组或策划项目委员会

上述的三种类型组织模式，也可能同时并存于公司中，彼此专业分工，各司其职并无重叠与冲突。企业的策划体系至少应包括三个层次的组织单位：第一由各重要一级主管组成的“策划决策委员会”，最高主管或执行副主管担任主席；第二为充当最高主管的幕僚参谋的“策划处”，由兼具实务与学理知识的专家充任参谋人员；第三为属于各重要部门与分支机构主管的“策划幕僚”，若机构规模较大，在第三种组织阶层下可依序设第四、第五阶层的策划幕僚，协助各级主管实践计划职能。

三、梳子型策划组织结构设计

对于策划组织的组成方式，梅泽庄亮与星野匡认为策划职能的“梳子型组织”较传统的“金字塔形组织”更加适当。传统金字塔形策划组织（见图

9-7)的组织成员包括组长、组员，较为固定，因此彼此非常了解，很容易产生某种习惯，从而使工作方法趋于守旧；梳子型策划组织（见图9-8）是针对每项策划组成新的小组，不但能发挥巧妙功能，同时也可得到创新性的成果，属于能激发出极大效果的策划组织。

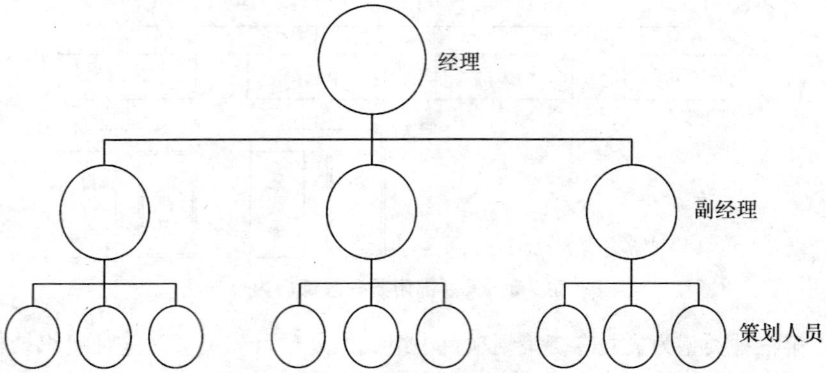

图9-7　金字塔形组织

资料来源：梅泽庄亮、星野匡，《策划书》，新潮社（2001），台北，p.76。

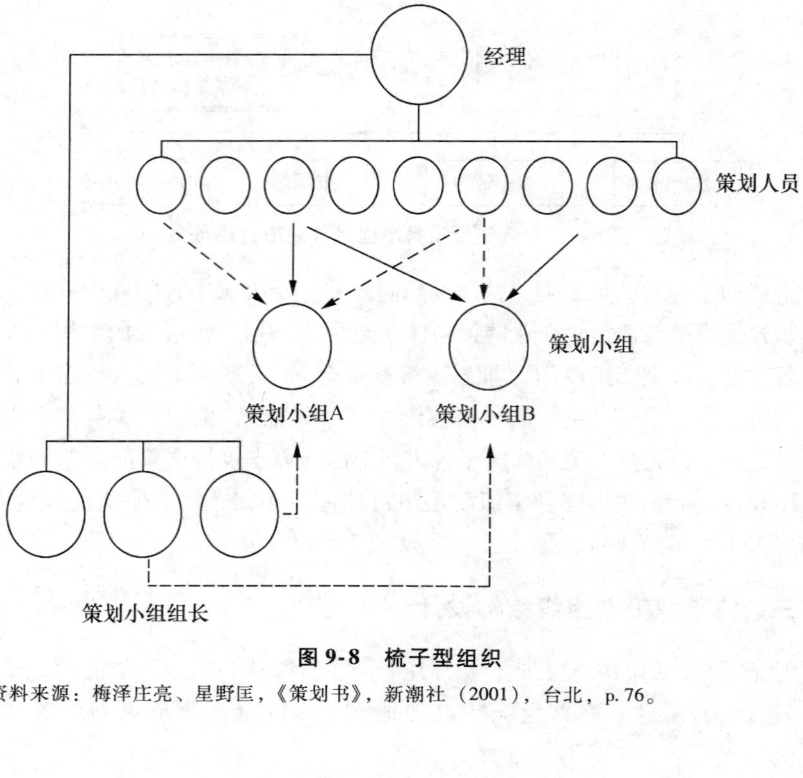

图9-8　梳子型组织

资料来源：梅泽庄亮、星野匡，《策划书》，新潮社（2001），台北，p.76。

第2节 策划流程

所谓“流程”是指一系列的步骤，好的策划不仅仅是一思即得或者灵光一现的简单构想，更是一系列思考步骤的结晶体。策划过程可说是策划制定的流程与步骤，也是策划合理进行的途径，必须经过许多的阶段和程序，是一个思维过程，这个程序也是科学、逻辑的思维程序。

一、一般性商业实务型策划流程

策划至少应包括四种连贯的脑力行为：第一为设定组织使命、业务种类、目标、战略与政策等计划的“策划活动”；第二为设定实际行动方案计划的“规划活动”；第三为设定财务汇编计划的“预算活动”；第四为安排资源分配与使用的“排程活动”。换言之，完整的策划活动应包含计划、规划、预算、及日程安排等，才能产生指导执行活动的效用。

策划程序可以分为四阶段十五步骤：

第一阶段为明确策划主题，包含：(1) 寻出策划对象；(2) 选择策划对象；(3) 明确策划对象；(4) 调查并把握策划对象。

第二阶段则是建立整体方案架构，包括：(5) 构思策划方案；(6) 制定策划目标；(7) 寻找策划的线索；(8) 整理繁复的思绪以产生构想等步骤。

第三阶段则将构想拟定成系统性的策划书，步骤为：(9) 整理策划；(10) 臆测策划；(11) 选择、取舍策划案的内容。

第四阶段是在组织内提出策划案争取实行机会，并注重后续检讨结果，包括：(12) 提出策划案的准备；(13) 提出草案；(14) 设法争取实行的机会；(15) 参考其他策划。

这些策划步骤大致可分为前作业、主作业、后作业，前作业包括主题设定、背景分析、现状分析等三步骤；主作业则是形成新理念或观念，为构成策划案的核心；而在后作业方面，为进行成案的评估与检讨可行性，并实际做成策划书或提案书。

梅泽庄亮与星野匡依目前企业现状提出实务型策划步骤，程序为：(1) 了解拟定策划步骤；(2) 掌握、发现课题；(3) 整理相关各项条件；(4) 制订与准备作业计划；(5) 搜集与阅读信息；(6) 凝思与选择构想；(7) 推敲策划构想；(8) 制作策划书；(9) 提出方案与下决定；(10) 付诸实施；(11) 反馈；(12) 获得新的展望。

图 9-9 为归纳的一般且广泛性的实务型商业策划流程：

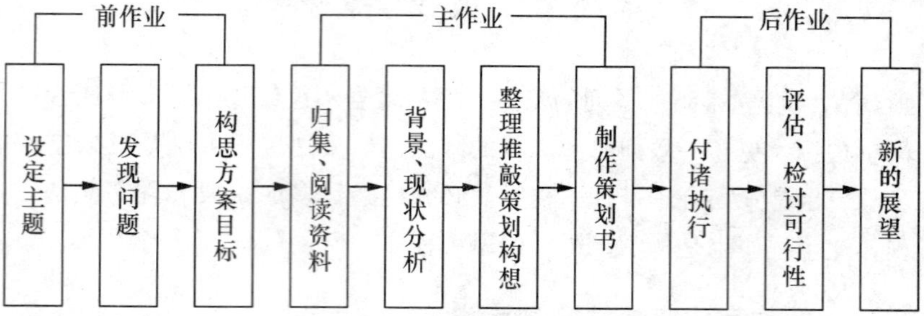

图 9-9　一般商业实务型策划流程

二、问题型策划流程

策划是为组织解决各种问题的学问，从这个意义上来讲，强调问题解决方式的策划流程与一般的策划流程有一定的差别，问题型策划流程有两种类型，第一种类型的主要步骤为：(1) 认清机会的存在：这是策划工作的起点，通常宜先了解市场状况、竞争态势、消费者需求与公司优劣势等，这些信息的收集有助于策划工作实行的有效性；(2) 建立适当目标：策划以建立恰当的目标为重要步骤，并提出欲达成何种目标、欲达成何种境界、欲何时达成等三个问题，以寻求切合实际的目标体系；(3) 考虑策划前提：设想各种假定条件，设想策划执行时的内、外组织的预期环境；(4) 拟订各种行动方案：以找寻最有希望达到目标的行动方案；(5) 评估各种行动方案：根据策划前提与内容考虑何种方案能以最少成本达成公司目标；(6) 选择理想行动方案：选取最有利且可行的方案执行；(7) 建立一部衍生的辅助计划：订立辅助计划有助于行动方案的实施；(8) 编列策划预算：其考虑项目有销售价格、销售量、营业费用、资本支出等。

第二种问题型策划流程主要的过程包含：(1) 认识问题与完成计划准备：主要是能彻底了解策划目的并将资料搜集齐全；(2) 建立目标：先由高层级单位指示中心理念，再由单位主管或幕僚人员设定具体目标；(3) 考虑策划前提：分为外在与内在状况研究分析；(4) 拟订交替方案：发想各种交替方案产生；(5) 评估交替方案：采取成本效益分析或各种方案比较评价等方式；(6) 选择一最佳方案：其由高阶主管决定；(7) 订定细节计划：策定与核定细节计划；(8) 策划督导执行：此已是策划执行的阶段，需建立预算控制、督导计划执行、执行成果考核评估与再策划等活动。经比较此两种问题型策划流程，可整理为图 9-10 的流程模式，并发现此类型程序都具有方案拟订、方案评估、方案选择至最后执行实施的流程形式。

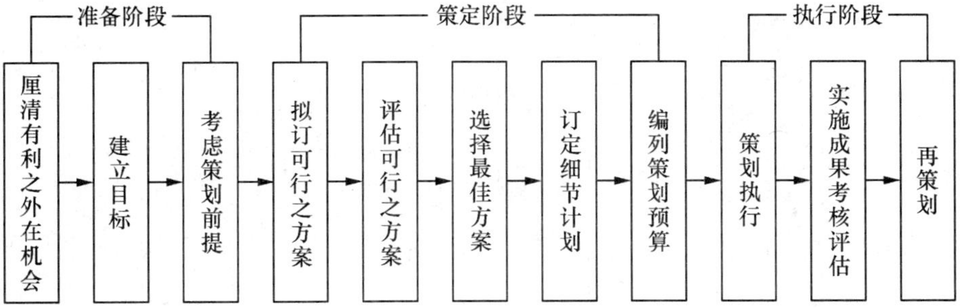

图 9-10　问题型策划流程

三、创意型策划流程

如果我们注重策划流程的创意层面，其过程为：(1) 决定策划的方向：是策划开始执行的起跑线，明确方向将有利于执行；(2) 建立假想提案：须结合企业现况与业界动向等因素；(3) 搜集信息，调查现状：此是策划方向的理论基础，且更能拓展策划案的创意与构想；(4) 分析情报，界定任务：事实与信息能反映现状，也可预测未来；(5) 概念、创意构想：创意阶段是策划制胜关键，且创意需与情报分析相符合，才具说服力；(6) 构想、实施计划：归纳策划概要，并确认策划出发点与目的；(7) 制作策划书：策划书是一种双向流通的手段，为商场上沟通的方法；(8) 说服工作：目的在于让对方认同，对策划产生兴趣。

很多策划人都强调说服的重要性并将说服流程列入策划作业，其包含三个流程：(1) 策划流程；(2) 说服流程；(3) 策划书流程。

大川耕平提到策划是从准备、创造至具体化的过程，大体可分为主题、情报的输入与策划、计划的输出，而其细项另分为：(1) 主题；(2) 策划；(3) 灵感；(4) 点子；(5) 新的意见；(6) 计划；(7) 细节规划等，并特别着重中间创意具体化的部分。由上述各项创意型策划流程项目分析后，归纳创意型策划流程如图 9-11 所示。

四、创意问题型策划流程

将创意点子汇整成策划书的形式，此过程称为“策划化”，策划化是让创意以一种可以说明、实现的形态与可进行的组织架构予以呈现，其主要过程如下：(1) 发想：抓住问题重点，引导出解决问题的创意；(2) 联想：使创意产生连锁反应、相互激荡；(3) 定出策划原点：寻找成为策划根基的创意；(4) 设定策划主干：让策划原点与目的更清楚；(5) 思考策划骨架，验证策划可行性；(6) 制作策划架构：完成策划组织结构。

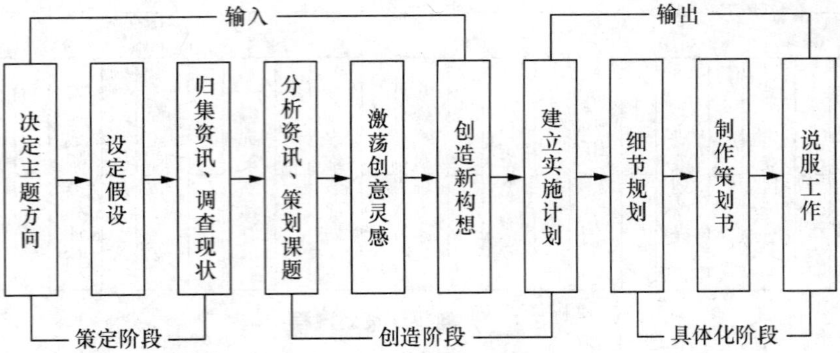

图 9-11　创意型策划流程

从企业实务来看策划的撰写过程大致为10点：(1) 策划案的来源：由来自于董事长、总经理、部门主管或专责策划部门提出；(2) 界定、明确存在问题：唯有厘清问题所在，才能有效寻求解决方案与撰写好的策划案；(3) 架构纲要项目：其有助于撰写方案时预防缺失或不足产生；(4) 搜集资料：分为公司内、外部资料与原始、次级的区分；(5) 资料的整理、过滤与应用；(6) 提出可行解决方案及创意好点子：此为策划方案核心所在，以解决问题为出发点激发创意；(7) 展开跨部门、跨小组讨论：经调整、修正，最后达成共识；(8) 向最高决策者提报、讨论、修正及定案：最高决策者具有权威式、民主式以及混合式三种决策风格；(9) 展开执行：执行是跨部门的行动，不同专长的人才分工负责，全面落实执行；(10) 执行后，随即检讨、分析，并再修正策略与方案：策划案要能面对市场、产业与竞争者的激烈变化，能立即修正调整，即能提高方案的成功率。

郭泰强调创意想法并提出以问题解决为中心的策划流程，其进行的步骤为：(1) 界定问题，简单且明确地抓住中心点；(2) 搜集现成资料，各方收集积累资源；(3) 市场调查，直接向消费者或同业进行调查；(4) 将资料整理成情报，使信息能活用；(5) 产生创意，激荡出新想法；(6) 选择可行的方案，使高阶主管认可，并令其他部门配合；(7) 实施与检讨，进行检讨评估。以上的策划程序都强调以创意、新颖的构想来解决目标问题，经整理如图 9-12 所示。

五、商品营销型策划流程

着重商品营销的角度进行策划流程，其程序为：(1) 订定组织使命：为了解组织目标和长期承诺、使命等，可用过去所提供的服务、产品，或曾经执行过的活动技术来表达；(2) 产品介绍与分析：包括产品质量、设计、卷标、包

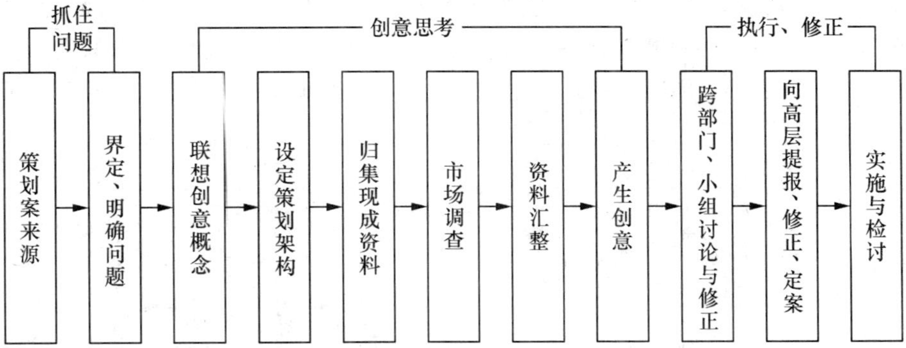

图 9-12　创意问题型策划流程

装、品牌、产品生命周期、产品销售预测以及产品获利情况等；(3) 进行市场情势分析：为探讨公司的优势、劣势、机会、威胁（SWOT）；(4) 外部环境分析：指组织通常无法控制的外部因素，如竞争、经济、法律、社会、文化等；(5) 竞争者分析：了解各家竞争者情况，才能知己知彼百战百胜；(6) 消费者行为分析：清楚消费者的社会因素与心理因素，方可做出良好的营销策略；(7) 区隔市场定位与目标市场：确定主要目标，并定位出切合大众需要与具吸引力的产品；(8) 营销组合：此影响市场价格、通路等变数，若能加以控制便可精准执行策划营销步骤；(9) 营销预算的控制：有效地控制预算达到绩效，才是好的营销策划，其流程如图 9-13 所示。

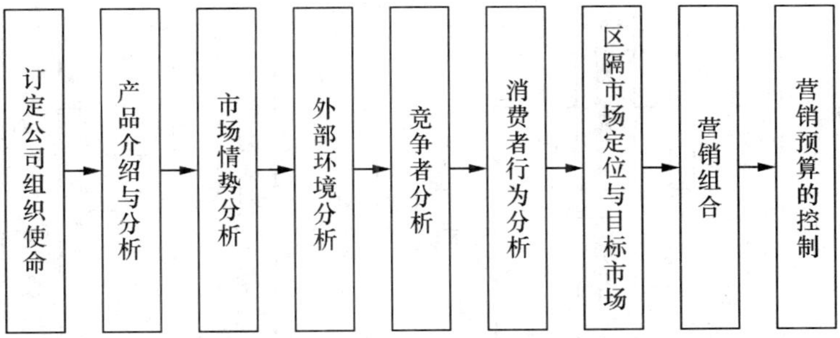

图 9-13　商品营销型策划流程

六、产品市场型策划流程

为个案、商品与服务下定义，是策划案的基本步骤，一份策划案能明确表达出产品的独特创意，并具体阐明方针与作战计划，将可提高策划案的价值，此以商品为策划重点的策划程序，步骤为：(1) 明确订出策划目标；(2) 说明策划案的背景；(3) 定义商品并进行分类；(4) 收集顾客相关资讯；(5) 针对顾客进行分析；(6) 提出策划案的内容；(7) 提出策划案的利益；(8) 提出市场评估情况；(9) 售后服务等相关事宜。图 9-14 为此型流程模式。

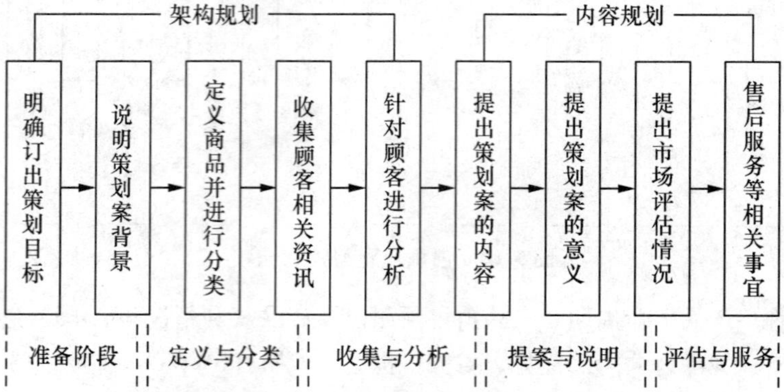

图 9-14　产品市场型策划流程

七、设计型策划流程

以设计导向为目标的商品策划流程，其发展的流程形式为：(1) 环境分析，包括产品分析、市场分析、消费者分析及竞争对手分析；(2) 寻求问题点与机会点；(3) 产品定位；(4) 设定目标市场；(5) 进行设计策略；(6) 着手商品造型设计与品牌的开发。上述见图 9-15 所示。

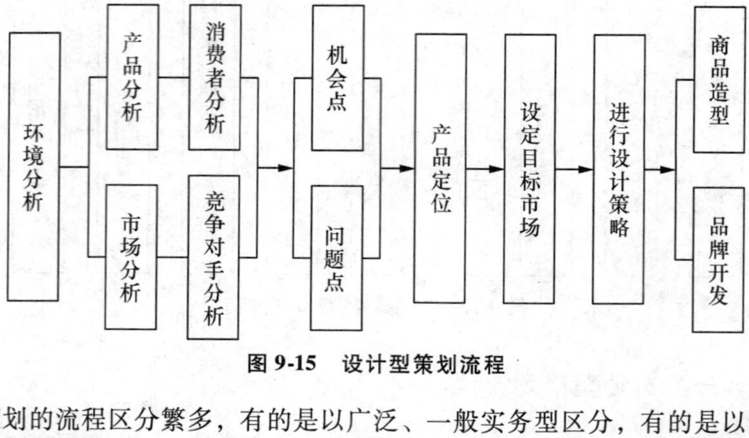

图 9-15　设计型策划流程

策划的流程区分繁多，有的是以广泛、一般实务型区分，有的是以解决问题型区分，有的着重创意，有的是以营销、产品市场、设计等观点区别。但无论是哪一种形式，其关键还是在于明确目标、充分收集资料、良好的机动反应，并能站在对方立场上思考解决方案。

第10章

商务策划服务的营销管理

商务策划公司和商务策划人是典型的专业性服务的提供者。对策划专业公司或者策划人员来说，营销管理是传递服务给顾客的过程。在此过程中，商务策划服务的营销也应如同其他营销一样，包含对市场的了解、公司定位的确立、目标市场的选定、营销组合的建立以及营销效果的审核等。这样才能涵括全面性的营销理念，进而针对商务策划服务的特性加以修正，才能将服务业营销的理念应用于其中。

第1节　专业性服务

一、服务

在早期或传统的营销活动中，“服务”是一种“减价、额外赠送或是销售者免费提供好处”的活动。然而随着服务业的快速发展，许多无须配合有形产品的无形活动及服务行业相继出现，许多营销学者也因此为“服务”一词做了更明确的解释。例如：Stanton（1978）认为服务是那些可以分别辨认、提供满足需要的无形活动或行为，而这些活动或行为并不一定与出售货品或其他服务联结在一起。换言之，服务的产生是可以使用，也可无须使用有形产品。不过，纵使在服务产生的过程中使用有形产品，也不会发生产品所有权转移的情况。另外，营销大师科特勒曾提到，服务是指一方提供给他方的任何活动或利益，本属无形，也无须将任何东西的所有权加以转让，而且不一定要附属于实质的产品。

美国营销学会（AMA）在1960年曾对“服务”下了这样一个定义：“纯为销售或配合货品销售而被提供的各种活动、利益或满意。”若依此定义，服务便可广义地包含以下3项活动：与其他有形产品无关而可单独销售的无形活动；需要配合有形产品使用的无形活动；与产品或其他无形活动配合购买的无形活动。

总而言之，“服务”是一项无形“产出”，其与一般实体产品的不同之处在于：一般的实体产品是被生产出来的，而服务则是经由人们执行活动或行为的一种程序与过程。由此，我们认为：服务是一项或一连串的活动，基本上是无形的，在此活动的过程中，必须通过人员或机器来完成，并且在服务完成之后，接受服务群体的问题将获得解决，可拥有或不会拥有任何实体的所有权。除此之外，它不仅是产品的供给，还包括价格、形象及评价等其他要素在内，把所有因素整合才能算是完整的服务提供。

二、服务的特性

（一）无形性

服务的无形性是其与实体产品最大不同之处，也是首要差异所在。一般而言，消费者在购买有形产品时可以看到、听到、嗅到或触摸到产品本身，然而服务却是无形的，是一种执行的活动或行为，因此消费者在接受服务前很难、甚至完全无法看到服务的产出或结果。

基于此特性，消费者在接受服务之前仅能依据本身对于服务的经验、感觉或信赖感来决定消费与否，因而在营销“服务”时便产生了向顾客沟通、展示的困难。除此之外，服务成本也会因“无形性”而难以计算，这样的现象在以人为主的服务业中更为显著。再者，有形产品可利用专利权来保护其产品与技术，而服务则不然，于是在许多情况下容易造成竞争者的仿效，服务本身也因此容易丧失原先的竞争优势。

（二）异质性

一般有形产品在制造时往往可以以标准化的流程来维持产品一定的质量，然而服务却是一种由人来执行的活动或行为，于是在服务提供的过程中必然会涉及人性因素，使得服务质量产生某种程度的差异，并且不易维持一定的水平。换言之，服务质量可能因不同的服务提供者而略有差异，而且即使是同一服务人员所提供的服务，也可能因不同的时间、地点、服务对象、心情或态度而产生服务质量不一的现象。尤其当服务作业需要大量人力时，服务品质的管理与控制便成为管理者所面临的重大隐忧及挑战。

（三）不可分割性

一般有形产品大多事先进行生产、销售继而供应，以消费或使用；然而服务却不是，它必须先出售之后再进行生产及消费，而且往往生产与消费是同时进行的。正因为这个特性，在大多数的情况下消费者必须介入服务提供的过程，这也促进了服务提供者与消费者之间的互动，而这样的互动关系却是影响服务质量水平的重要因素，也会影响消费者对服务过程质量的认知。此外，当消费者介入服务提供的过程时，在某些状况下也介入了服务提供者对其他消费者提供服务的过程，于是便成为影响服务质量的潜在因素。

再者，所谓不可分割性也意味着服务提供者与销售者常是同一个体，因此就营销通路的观点而言，服务业者除了直接销售是唯一可完全适用的通路外，很难运用其他形式的通路来营销服务。另外，就整体性运营管理的观点而言，由于生产与营销之间具有高度的互动性，也造成了服务业在规模化生产上的困难。

（四）不可储藏性（或易消逝性）

一般有形产品可以事先生产相当的数量予以储存以待备用，或是消费者在考虑本身的使用情况后，于采购过程中购买较多的产品以备不时之需；然而服务却无法如有形产品般，可因应高需求而事先生产、储存，原因在于服务是无法储存的。尽管服务业者可在需求产生前备妥各项服务设备或服务提供人员，但其产出的服务具有时效性，若无法及时使用便形成浪费。因为这个特性，服务业者发现当需求增大时，使服务的供给与需求平衡并非易事。从营销的角度来说，此种特性造成服务需求的管理及规划方面的诸多困难。例如：在服务需求升高期间，服务业者的产能很难随需求提高而立即增加，结果导致了顾客的丧失或顾客的满意程度降低；反之，在需求低落时期，服务的作业设备和人力资源则呈闲置状态，造成资源的浪费。

三、专业性服务

所谓的“专业”（Profession），1971 年版牛津英文辞典的定义为“一群和尚、尼姑或其他宣誓入教者的特定纪律”。后来才修改为“一种行业采用学术上或科学上一部分的专业知识，应用于某项艺术的实践”。“专业性服务”（Professional Service）是指一种学术性或技巧性专业者所提供的服务。营销大师 Aubrey Wilson 将专业性服务定义为“专业性服务是由产业或机构向个人或组织购买，用以增进购买组织的绩效或福利，并通过一种正式或被承认的知识所导出的技巧的应用来降低不确定性，该知识可能存在于各学科之间，并提供应用服务结果的评估标准”。

可见，专业性服务是一种由专门职业者提供的服务，即专业者以其高度的专业知识、判断与创造能力，在为社会大众及委托人谋福利的理想与道德规范、并能获取适当利润支持的前提下，提供其职业行为与标准。其与一般性服务最大不同之处在于：只要是顾客经由人员或机器来接受任何服务的行为或活动即可称为一般性服务，而专业性服务则是必须由具有专门知识、判断力与创造力的专业人士来为顾客提供服务的行为或活动。

四、专业性服务的特性

专业性服务是服务业的分支之一，同样都以提供无形的“服务”产品为主，无法如一般实体产品可事先生产、储存，且在提供设计服务的过程中客户的参与程度高，互动关系也相对地提升，而不同的服务者所提供的服务质量也具有某种程度上的差异。故而专业性服务与一般性服务的性质相同，同样都具有无形性、异质性、不可分割性、不可储存性4个主要特性。

除此而外，专业性服务尚有无法量产、互动性高、信心质量、服务顾客化程度高、劳动力密集度高及自律性等多项特性。其中，所谓的“信心质量”就是指“消费者即使在购买、消费后，也无法评估出的特征”，也就是说专业性服务具有专业性质，除专家外，消费者难以鉴定、评估其实质的优缺点。因此，消费者仅能在其对专业者产生信心，并认为专业者能有效提供服务的情况下，才有可能向专业者购买、消费专业性服务。而“服务顾客化程度高”的特性则是基于专业性服务的提供，常常是个别不同且具有高互动性，专业服务者必须针对客户不同的需求，提供不同的服务以满足个人或组织、特别或全面性的偏好。因此专业性服务更是难以以标准化的流程来规范，也就无法如一般实体产品可量产消费。另外，专业性服务的提供主要是凭借专业者的想象力、判断力、专业知识、天赋与技能等来完成，因此对于人员的依赖程度相当高，硬设备的配合仅是辅助专业者完成服务的工具而已，故而专业性服务具有“劳动力密集度高”的特性。再者，专业性服务“自律性”的表现，在于专业者是否遵守职业道德规范。专业性服务的道德规范比法律强制性的规范更为严格，道德性规范是一种精神号召，一般专业者均抱有服务社会、增进人类福祉的崇高理想，讲求的是自我的精神奉献而非法律义务的遵守，这也就是专业性服务与一般性服务最大不同之处。

第2节　商务策划服务的营销策略

一、专业性服务的营销

商务策划公司是典型的专业性服务的提供者。专业性服务营销的含义是：由专业性服务机构设计组织活动与计划，借着察觉、供应及满足顾客的需求，在付费的基础及合乎可信任的专业标准与规范下，传递适当的服务，以保有现存的顾客并且吸引新顾客。然而，对专业人员来说，营销是传递服务给接受服务的顾客的过程。在此过程中，专业性服务的营销也应如同其他营销那样，包含对市场的了解、公司定位的确立、目标市场的选定、营销组合的建立（服务范围、价格水平、顾客沟通与公共关系等）以及营销效果的审核等。这样才能涵括全面性的营销理念，进而针对专业性服务的特性加以修正，才能将服务业营销的理念应用于其中。

相较于服务业营销理念的完整发展，专业性服务业营销发展的历史却显得较为简短且缺乏专业性。服务业营销的演进过程如下：

（一）传统方式（无营销管理）

传统上，专业人员认为业务的发展、成长和赚钱是自私的行为，且是与专业业务相对立的，他们强调服务的质量、忽视营销的效果，认为只要质量好就能够保留既有的客户，并经由客户的口碑相传而拥有新客户。因此传统的专业性服务公司有行政及技术方面的管理，却忽略营销管理的功能。

虽然大多数专业人员认为此乃促使业务发展的唯一真实且道德途径，但却建立在3项错误的前提之上：① 顾客没有偏好，且所有专业者将提供具有最高质量标准的服务；② 顾客完全不会注意到质量的异常；③ 若其他竞争专业者采用更进步且适切的营销方式，则对传统公司将不利。

（二）硬销方式

硬销方式（Hard-sell Approach）是种积极的营销方式，包含各种手法及诱导，为达营销的目的运用各种手法，如调整价格、给予佣金或设宴款待等，更甚者以毁谤竞争对手为手段，但这违背了专业道德规范，因而较不适用，若是长期在专业领域里运用此营销方式，对于专业形象及顾客长期的利益也会有极大的损害。

另外，硬销方式不适用于专业性服务业，除前述的原因外，越来越复杂的顾客特性，也排斥硬销的方式。顾客及企业顾问都认为高品质的专业服务必然门庭若市，若尚需使用硬销的手法来营销，则代表其专业性的服务质量欠佳。

（三）平衡营销

平衡营销是介于无营销及硬销方式中间的营销方法，它不偏向于只强调质量的“无营销”或只强调推广的“硬营销”，而是一种平衡的、进步的，且具管理指导理念的营销观念。它强调整体的营销组合，并以慎重且专业的态度行销，不但符合专业道德规范的精神，也能达到专业者所欲建立并维持的形象，同时满足顾客高程度的需求。

进步而具管理理念的专业服务公司多以此观点进行营销，且通常明确地在其组织图中强调营销功能、管理者营销研究、顾客沟通及公共关系等活动。经由“无营销管理”、“硬销”至“平衡营销”，专业性服务的营销明显地以服务业的营销观念为中心，并依据专业性服务的特性加以修正，以求适用于专业性服务营销。另外，由于专业服务的特性，其发展营销时或许会产生以下的困难或问题，这也是专业服务营销者所应考虑的。

1. 第三人责任。专业性服务营销者必须考虑顾客以外的第三者对其营销计划的反应，无法如传统营销者那样完全满足其客户。因为专业人员在服务顾客的同时，也服务了“第三人”，如投资者、保险公司、政府单位或同业等。故若只是单纯为满足其直接顾客的需求，将可能失去这些最初使其成为专业人员的第三团体的信任。

2. 顾客不确定性。专业性服务的购买者所面临的不确定性要比其他的购买情况高出许多，不但在购买前及使用前无法有效地评估服务的绩效，甚至在购买使用后仍难以判断其专业性。因此，较其他营销领域，顾客教育在专业营销中扮演更重要的角色，也即顾客应通过被教育的渠道以熟悉评估专业的标准，且了解如何雇用专业生产力或真正需要专业服务的时机。

3. 经验是必须的。在购买专业服务的高度不确定性之下，购买者通常以具有相似经验的专业者为优先考虑，因此无经验的专业者往往难以接到业务。所以事先做营销计划以确定其所需提供不同的特别服务的市场潜能是相当重要的。

4. 难以差异化。差异化往往是营销的竞争武器，营销者以制造独具特性的产品或通过广告强调其与众不同之处来说服消费者购买，以取得竞争利益。然而专业性服务彼此间先天上的差异较少，即使创造出与竞争者不同的差异，也难使顾客认知并承认其差异性；再者，服务的易仿效性也是难以差异化的原因之一。

5. 维持质量控制。一般来说，维持高质量控制水平对服务营销者而言是件困难的挑战，对专业服务营销者尤其如此。原因在于服务无法经由生产线的统计抽样以测定质量，且顾客的参与和与顾客间的互动也会影响服务质量。

6. 使服务提供者成为销售者。在购买专业性服务前顾客多会希望先认识并熟悉专业服务提供者，因此若如一般服务业通过推销员或专职介绍者来销售无形的专业服务效果可能不好，反而需要将专业服务提供者转变专业服务的销售者才会有所帮助。但要使专业人员主动加入销售专业服务的行列却极端困难，而使其改善销售技巧则更为困难。

7. 分配专业者的时间来营销。专业人员以提供服务的时间来要求顾客付款，但营销服务的时间却不能得到金钱的回馈，因此大部分专业者不愿将时间分配至营销上。而有时专业者花费过多的时间于营销上，也会导致没有足够的时间来提供服务或维持服务质量。

8. 实时反应的压力。专业人员常会面临顾客临时通知的要求，且客户往往要求尽速完成，如此也会影响预定的营销计划。另外，对于专业人员实时反应的好坏，也将影响顾客对专业人员的信任与服务质量的信心。

9. 广告效果未明。在专业领域中广告效果不明，对于应用何种诉求、媒体或发言人来推广专业服务，或是何种广告会有反效果等仍尚未被研究具体指出。另外，基于顾客的不确定性，广告的实质帮助与效果仍被有所质疑。

10. 营销知识基础。相对于其他产业营销，专业性服务营销理论与实务尚属一新领域，有待进一步的发掘。

二、商务策划服务的营销策略

（一）定位策略

在营销策略发展的过程中，定位是营销策略的核心，因而在制定适当的营销组合前，首先要确立的是目标市场与市场定位。一般而言，策划服务公司的业务多由老顾客再次委托所获得，较少主动寻求新客户。因此，对于目标市场的选定缺乏认知，以为只要顾客再次委托，在时间、能力及价格考虑的允许下，便承接业务，却不知毫无目标的营销及承接业务会降低其效率。所谓的“目标市场”，就是公司欲服务的顾客所组成的一个市场。而目标营销则是指服务提供者将市场区分为若干不同群体或区隔体，从中选定某一个或数个区隔体为主要对象，发展出不同的服务及营销组合，以应对各市场区隔不同的需要，并集中营销力量于具有最大购买兴趣的顾客，有效地达成营销目标。至于市场区隔的划分，可以以地理变量、人口变量、心理变量及行为变量来区隔。也可依市场大小、获利度、成长性、竞争态势及所需资源将其分为若干区隔，营销者再依其对市场环境的分析选定合适的目标市场。但为使市场区隔化达到最大的效用，市场区隔必须具备以下特性：

可衡量性：区隔的市场需能衡量其市场大小和购买力大小。

可接近性：区隔后的各次级市场可分别经由不同的通路或媒体，以接受适合的服务或信息。

足量性：区隔市场应有足够的需求量且获利度须够高，方值得针对此区隔发展特定策略。

可行动性：应能具体地形成有效规划方案。

策划服务业由于无形、劳动力密集、互动程度高及无法大量生产，使得各专业服务普遍存在许多供给者，且规模均不大，是极度分散的产业，因此无法享有高度的市场占有率。但基于目标营销观念的引导，所谓的“利基策略”便应运而生。在分散的产业中，有以下几种“利基策略”可用以对抗分散的压力：

- 地理区域利基策略：若能集中营销努力与活动于某一地理区域，且在此区域内彻底推广服务，以创造知名度，将产生极大的经济效益。
- 顾客形式利基策略：公司可以精于服务某一个或某一类顾客而获利，其原因可能因为他们对服务价格不敏感，或是他们需要卖方给予另外附加服务的价值，因此公司可采用“市场去脂法”定价而获利。

- 服务市场专业化利基策略：公司可将现有资源投入某一产品线或服务某一市场，以塑造服务专业化的形象，并因而获利。

在区隔若干市场与选定目标市场后，确立“市场定位”则是营销人员的下一步。目标市场中，顾客对产品或服务的看法或认知即为“市场定位”。确立市场定位的变量主要包含特质、价格与质量、功效或用途、使用者、产品等级及竞争者等。营销人员除考虑这6组变量外，要制定合适的市场定位，还要对市场状况、区隔市场、竞争局势及组织资源等大环境有深入的了解，因为市场定位还需与目标市场和市场区隔紧密相系。

确立市场定位后，则需决定如何在此市场中竞争，也就是选定“竞争定位”。而所谓的竞争定位，就是在相同的目标市场中，发展并沟通有意义的差异，以区别自己和他人服务的一种方式。竞争定位策略必须先选定顾客选择策划公司的主要影响因素或者主要标准，然后参考竞争者及公司本身在此类标准上的优缺点，选择适当的知觉位置，使公司于顾客心中有异于竞争者的独特形象或风格。而对于策划服务业的定位而言，主要有下列三种方式来自我定位：

一是智力优势：强调人员的专业才能，强调专业团队具有高度的想象力及创造力，为新观念、新方法及新技术的先锋，并能对新问题提供新方法，诉求点为“因为我们睿智，所以选择我们”。

二是经验优势：强调对特殊问题的经验，销售的是知识、经验及判断力，诉求为“找我们，因为我们曾解决过这类问题”。

三是效率优势：处理的是一般常见而熟悉的问题，强调销售专业的程序、效率及便利性，为顾客节省时间及金钱，诉求在于“找我们，因为我们知道怎么做并能有效地达成”。

基本上，上述三种定位方式都有其价值，但是策划服务公司能否依此方式来为公司定位，则需视此目标市场中的顾客是否重视这些属性。

（二）产品策略

产品有三个不同层次：核心产品、有形产品与扩大产品。核心产品是产品最基本的层次，即顾客购买产品所真正需求的核心，其本质是产品主要功效为顾客带来的利益，而非本身的功能或特色。但核心产品需要转化成有形之物以便售予顾客，且有形产品应具有质量、功能、样式、品牌及包装五种特征。而扩大产品指的是顾客持有此一产品所能获得的全部利益，即除有形产品外，顾客还能由此产品获得何种有形或无形的利益。广义的产品包括有形产品或无形服务的质量、功能、产品设计及包装的特征及好处和售后服务范围等。

基于以上说明，专业性服务可分为下列三个层次：

1. 核心服务。核心服务是顾客真正追寻的利益。策划公司在此层次所提供的是“安全”或“心安的感受”。因此营销人员应尽力找出顾客真正的基本需求，而不仅仅是策划服务表面上的特征。

2. 知觉服务。它是核心服务提供给顾客的形式。知觉服务可以下面的6项特性加以描述：

(1) 人员：服务提供者。

(2) 质量水平：策划服务的质量一向难以衡量，且具有主观性，顾客仅能凭直觉与经验法则来评估专业人员的可靠度、查看其时间计划、看其相关的委托或判断其人格，但却无法预知策划服务的结果，因此顾客购买的是“信心”。而专业人员要使其服务质量切合顾客的期望，也较为困难，因为顾客期望的服务与其认知的服务质量间常有段差距，如管理者对顾客期望的认知、服务概念的转换、服务的提供、沟通与使用等都可能有质量的损失。因此，提高策划服务质量有以下的做法：① 慎选专业人员并认真训练；② 教育顾客使其知道并遵循专业意见的利益；③ 通过顾客沟通渠道，调查其对质量的认知，并加以改进。

(3) 服务时间：服务所需的时间常影响顾客对服务的评估，付费基础不同，顾客对服务时间的期望也不同。若是计时收费，顾客常希望服务时间越短越好，而若为固定费率时则反之。因此，策划公司应负起教育顾客“适当服务时间”的责任，以避免顾客对服务的误解。

(4) 等候时间：顾客在接受服务前所需等候的时间越短，而且能顺心地接受服务，其满足感越大。虽然许多顾客偏好选择较繁忙的专业者——认为这是专业能力的指标，但他们更希望专业者能为其腾出时间，因此策划服务公司必须有足够的人员以迅速应对顾客的需求。

(5) 支持设备：顾客对专业组织的印象，部分仍建立于其装置、器材或电脑等硬设备，完善的设备能增进顾客的信心，获得顾客的青睐，并可节省作业时间，增加产能。

(6) 包装及命名：指服务的名称或其相关的描述。许多策划服务公司引用有形产品的包装、品名及品牌的观念，为其服务包装并给予品牌，如管理顾问公司将环境调查、目标设定及策略制定等服务组合并称为“策略规划”。因此策划公司可通过对服务适当的命名与包装，使其与竞争者提供的服务具差异化，且帮助顾客记忆其服务。

3. 扩大服务。策划公司对目标市场所提供超过知觉服务的附加服务或利益。例如除了完成高水平的策划方案外，策划公司还额外承担相应的培训工作，以使策划方案能够顺利实施。

另外，针对服务的特性，策划公司产品策略的设定可考虑以下几点：

• 设法使服务有形化，将过去服务成功的结果或案例，以及目前进行中的知名度高的个案展现给顾客。

• 引进生产线观念，设定服务标准程序，以提高服务的提供效率，但不影响专业服务所需的创新与顾客化的原则。

• 展现服务品牌，强调服务利益，建立品牌形象，并做好服务提供前的质量保证工作，因为服务不当不能重来，声誉受损难以复建。

• 可通过声誉好的名人或公司，从推广上赋予形象价值，增进顾客的信赖。

• 设计并改善服务环境，以建立服务印象，提高服务认知价值。

• 新服务的展开需要创新与突破，速度要快，因为服务业的核心知识易被仿效与抄袭，创新效果难维持，故应使公司品牌与行业或某种服务相联结。

（三）价格策略

价格是营销组合中唯一能为组织与团体产生收入的因素，其他因素只会制造成本的支出，因而将价格置于营销组合中并视为一种营销手段，在整体利益的考虑下，与其他营销手段配合运用以达成企业的目标。另外，价格的制定需考虑到不同市场形态与不同的产品定价目标。所谓市场形态包含完全竞争、独占性竞争、寡头垄断与完全垄断4种，而产品定价目标则可分为求生存、本期利润最大、领先市场占有率与领先产品质量等。在考虑产品定价时，以上的因素应同时列入考虑，因此价格订定的方式大致可归纳如下：

成本加成定价：根据产品成本加某一标准比例或系数；

目标利润定价：根据所预定的目标利润来定价；

感受价格定价：根据购买者感受价值而非产品的成本定价；

现行价格定价：根据竞争者的价格来定价，不考虑成本或市场需要状况；

差别取价：依顾客、地点、时间的不同而采取不同的定价策略。

综上所述，产品的定价因素包含市面上的建议售价、配销商的交易价格、现金折扣、大量购买折扣及信用条件等多项评估变量。

策划服务是为一种“劳心”的服务，价格敏感性较低，并不如在一般企业中那样重要，因为顾客选择专业性服务的标准在于服务质量或公司声誉，而非价格因素。企业的一般性定价方式并不全然适用于策划服务业，策划服务的

“定价策略”分为下列4种：

1. 利润最大化：评估在各种收费标准下的需求情况与成本支出，而后选定某一适当利润、现金流量与投资报酬率的收费标准，强调的是短期绩效。

2. 市场渗透：为占有较大市场或新公司初进市场打造知名度而设定较竞争者低的收费标准，甚至不考虑成本。

3. 市场撇脂：从少数付得起高价的顾客，赚取大量的利润，并借此宣传自己高质量服务提供者的形象。

4. 满足型：不强调短期或长期获利性，只要求收入能平衡支出即可。

策划服务业在定价方法上，也可以参考下列各项准则：

1. 策划服务业的成本较难衡量，因此适于依据市场需求取向与顾客认知价值来定价。

2. 可考虑心理因素，在策划服务质量难以确认与评价的特性下，采用声誉定价，配合高质量的诉求，提高价格及长期地位。

3. 可辅以有形产品来提高服务价格。

4. 在价格竞争的环境下，低价竞争虽不能明显地增加需求，却能提高市场占有率，但前提是必须具有有效的沟通以使顾客了解其具竞争品质，否则获利性将降低，业务量也会因顾客担心质量而减少。

策划服务业也可以参考以下定价战术，以使其定价策略更为有效：

1. 折扣：对购买大量服务、在淡季购买的顾客提供收费的折扣。

2. 额外费用的要求：对要求赶工、有特殊困难或完成该服务对专业公司声誉有损害风险的顾客，收取额外的费用。

3. 高估法：先将服务成本及所需时间高估，而后在要求付款时以实际的低价报给顾客，使其觉得物超所值。

4. 保证：在价格中包含某种服务成果的保证，对较低质量水平的服务具有很大的竞争力。

5. 价格直线化：将服务按其内容的项目、复杂度等依简而繁，由少至多地排列，而给出从低到高的直线价格。如此可使顾客对服务内容的多样性及质量等有清楚的了解，也可使公司在成本分析或收入预测上更为精确。

（四）通路策略

所谓通路策略，即如何适时、适地提供适当的服务，以满足目标顾客的需要。且通路的本质是将产品由生产者转移给消费者，主要为消除生产者与消费者之间在时间、地点、所有权等方面的各种障碍。通路的观念并不局限于实体产品，服务或理念的提供者也会面临如何将其产出适时适地地提供给目标市场，符合所谓的通路策略。除此而外，顾客在何时、何地购买和消费产品或服务，有时还与营销通路、实体配销、后勤运送或地点有关，这也扩大了通路策略的考虑因素。

由于策划服务的无形性，因此并不会同一般实体产品面临实体分配的问题，如包装、运送、储存等困扰，而且策划服务的销售者即为生产提供者，也有生产与消费同时的特性，因此分配通路极为短捷而直接。就地点来说，高度专业性服务的工作大多在买方所在地完成，其工作中有关问题的界定与解决、创造力等重点部分均需经由购买者所引导，只有某些细微的工作是在销售者所在地完成的。因此，营销策划服务大多基于口碑宣传、推介及公司良好的声誉，由买方委托卖方。另一方面，策划服务业在整体服务业而言，可算是一种“选购品”，因此地点的选择在营销组合中是较不重要的。然而随着经济社会的迅速发展，为求迅速且直接地提供有效的服务，专业组织设立的地点必须位于交通便利或接近目标市场，且由于通路短捷，经营范围受到地理区域的限制，单位规模也不可能太大。另外，为追求规模的成长，唯有在各目标市场内设立分支机构，方能适用于策划服务业。而且顾客多倾向于偏好邻近的、易于接触的及方便寻找的专业者，也就是在同一目标区域中，若其他竞争条件相同，但是如果不是当地专业者，则缺乏竞争力。另外，策划服务业的供给具有实时的效用，不能够储存，也常导致供需失衡，因此，可引进预约制度以储存并平衡供需，并可以此预留某些产能以供高需求的产生，收取较大的边际贡献，提高顾客满意度。

（五）促销策略

促销本质上是沟通，是当公司为宣传其产品优点及说服目标顾客所采用的各种活动。促销工具包括广告、销售促进、宣传报道及人员推销等，而在进行促销活动时则必须考虑到沟通媒体的使用与信息内容两部分。其中，沟通媒体可分为两种形式：人员与非人员。当产品昂贵、风险性大、不经常购买时采用人员沟通其效果较好。至于非人员媒体则包括大众或选择性媒体，大众媒体是针对广大且无差异的听众或观众，而选择性媒体则是针对特殊的听众或观众。

简而言之，促销是指促销组合或传播组合。此类组合包括广告、促销、公共报道、直接邮寄、展览、展示、包装、推销及口头推荐等，而一个良好的信息设计应设法引起顾客注意、维持兴趣、激起欲望与促成购买。

由于策划服务的市场供需双方经常存在严重的沟通缺口，一方面供给者不了解市场需求；另一方面，顾客不知道策划者能提供给他们何种服务。而促销策略含有沟通的功能，因此对于此缺口的沟通有积极的贡献。

基于以上企业促销策略的探讨，对于策划服务业的促销组合而言，大致可分为人员接触、广告及公共关系3类，说明如下：

1. 人员接触。如前所述，策划服务非一般人所能熟悉与了解，且费用高、时间长、不确定性高，因此在与顾客沟通时，需由专业知识对其问题了解与解释及直接的回馈，才能抵消顾客在选择专业服务时认知的风险，因此人员接触是策划服务业最重要的沟通方式。人员接触的主要步骤如下：

(1) 找线索与筛选：营销人员应积极地发掘机会，寻找线索。在找到线索后应该检视潜在顾客成为真正顾客的几率，和其所带来的价值及接触成本，以确定是否值得进一步追求，避免在不良的线索上浪费时间。

(2) 招揽：一般而言，在优良线索决定购买决策前，需要经过一段时间的招揽，主要有两种方式：一是外部的。当营销人员对顾客的问题不甚清楚时，以一般解决问题的方法、自己的能力和经验描述及为其他顾客解决问题的成功实例等来说服顾客。二是内部的。针对顾客感兴趣且觉得重要的问题，深入了解并指出症结，以建立顾客的信心，进而接受服务。

(3) 准备计划书：若顾客为政府机构或大企业，则往往需要准备计划书。至于计划书的制作常花费大量的时间与经费，也就成为许多专业者的主要开销。

(4) 介绍：做介绍时应对参与人员、可能的问题及答案、发表的态度、辅助的工具、双方的互动程度与沟通等有充分的准备。

(5) 协商与结束：此阶段是确定顾客意愿的关键，顾客对计划内容多少会有意见，营销人员可试图向顾客澄清并定义其异议，并把异议转换为购买的理由。

(6) 关系管理：专业服务需要的是长期互动，因此关系管理对它来说特别重要，不但有助于顺利提供服务，对往后业务的发展更是意义深远，专业者必须随时告知顾客工作的进度与发展，并常与之联系接触。

2. 广告。策划服务的广告，基本目的在于使大众更认识专业且能充分利用专业服务，缩短其购买行为的学习过程，并作出最佳的选择决策。另外，可增进顾客对公司的了解，塑造正面形象。广告除具有“说服性”外，也包含有“告知性”与“提醒性”。而策划服务业广告策略的拟定重点可如下：

(1) 应有一个战略性的明确主题（标志、音乐或人物）从头至尾贯穿，方式或可不同，但表达的意念则须一致。

(2) 策划服务是无形的产品，因此应重视机构本身或专业者的推广，且重点在于整体的诉求，而非强调个别的服务。但若是新发展的服务或在目标市场内具有优势的服务，则不在此限之内。

(3) 良好的口碑可增加雇主的信心，因为策划服务复杂不易被了解，缺乏评估标准，且无法在购买前确认服务质量，所以良好口碑的建立对于专业服务而言非常重要。另外，也要建立顾客的回馈、抱怨系统及沟通管道，以了解顾客的需求，来提高口碑。

(4) 服务产品较不具沟通性、不能分割、复杂又易与现有行为不相容，因此创新扩散的过程缓慢，故应使用一些诱因来吸引顾客去尝试，一旦试用之后，或可因服务品牌忠诚度高，而成为长期顾客。

(5) 运用拉式策略，激起顾客的需求而主动委托。

策划服务广告应该注意避免以下问题：

- 不够大气的广告无法吸引人们的眼光，也不易记忆。
- 间断的广告计划不具成效，也不易说服他人。
- 企图详细告知顾客所有的事。
- 应以顾客的问题或需求为主，而非企图告诉顾客其“伟大”之处。
- 用过多的专业术语。

3. 公共关系。公共关系是企业为使外界人士对其产生良好态度的一般活动。其具体目的有：一是获得对公司有利的公共报道。二是为公司建立一个良好“团体公民”的印象。三是处理一些不利的谣言或危机事件。因此，公共关系是企业所主动采取的一种沟通途径，专业者可通过演说、社会服务活动、文章或新闻等方式来达成。常见的公关工具有：

(1) 书面资料：如简介小册子、定期通信；

(2) 公司识别媒体：如文具、标志、环境气氛；

(3) 公共服务活动：如捐款、参加各种会员团体、提供奖学金等；

(4) 出版物：文章或书籍写作；

(5) 演说或教学；

(6) 事件：如研讨会、举办或参加展览竞赛、赞助或参加社会活动、会议；

(7) 新闻：公共报道。

良好公共关系的运作将增进公司形象与知名度，而形象良好对公司有很大的帮助，因为顾客在购买服务时，常因不了解而以形象好坏作为取舍的标准，而且因为专业服务结果的不确定性，购买者多选择有名的公司以避免这种风险。另外，良好的公共关系也将为专业服务者带来更多的询问与购买，并提升员工的荣誉感。

(六) 人员策略

此处所谓的“人员”包含公司所有从业员工及顾客本身，因为他们都直接影响公司服务质量与顾客满意程度。也就是说，服务人员本身的专业知识、服务态度以及外表形象等各因素都会影响客户的满意程度；相对的，顾客对于服务的参与、反应也会影响服务的质量与进程，因此服务人员的训练则必须由这些方面来进行。

策划性服务业的人员管理策略因下列原因而显得特别重要：① 策划服务是高度顾客化及互动程度极高的服务业，此时服务人员的态度直接影响顾客的购买意愿与对服务品质的满意程度。② 顾客在做购买决策时，不是选择服务或机构，而是选择专业者。③ 服务业人力成本占总成本的比率相当高，而专业性服务业更高达70%～80%。

因此，如何有效地选择、训练与管理服务人员，便成为策划服务业成功与失败的关键之一。

传统上，专业组织的人员可分为高级主管，负责招揽业务及顾客关系；管理者，负责项目的管理与协调；作业者，负责实际的专业服务作业。所以这三者又被称为寻找者（Finder）、看守者（Minder）及推磨者（Grinder）。专业组织的人力分配相当困难，以顾客的立场而言，他们期望能由最有经验并且和善的专业者来提供服务，但是若每一顾客都由负责人或合伙人来提供专业服务，则是不可能也不恰当的。原因是：① 成本较为昂贵并导致收费提高，因而失去竞争力，获利率也降低。② 资历浅的人员将无法获得应有的经验，会妨碍公司成长。③ 高级主管将因此而无暇顾及公司的营销与顾客关系的工作。因此，为应对此状况，策划服务公司可发展出“强人特质”策略，其步骤如下：

- 加强招募有能力的人员，包括征召资历浅的人员、短缺部门的有经验人员以及能在短期间学到经验的“快速学习者”。
- 加强训练新进专业人员，以加速其学习过程。
- 奖赏表现良好且快速学习的专业人员。

另一个人员管理的问题是“由谁来做营销推广及销售服务的工作”。传统上总是由高层主管或专门营销人员来做，但逐渐地，专业公司察觉有扩大销售参与的必要，因为顾客倾向于接受实际执行服务的专业人员的招揽，以获得安全感及信任感。

另外，专业人员必须要销售服务又要提供服务，常给予公司很大的压力，因为专业人员认为此做法太商业化，会贬低身份，并具有高难度。公司若强调销售，常使专业人员觉得沮丧而寻求有不同做法的公司；而公司若企图训练对销售感兴趣者，也常因其缺乏适当的背景或个性而成效不佳。面对如此的状况，策划服务公司可执行下列步骤来克服：

- 在招募及甄选新进人员时，考虑其潜在的销售能力；
- 将销售训练计划纳入人员发展计划中；
- 高层主管可全心地鼓励销售，提供金钱或其他奖赏，并使其专业化。

但是需要注意的是，使更多专业者转入营销的行列，改善其销售技巧，也可能为策划服务公司带来风险：① 有些人将离开公司并带走某些未完成的个案或者顾客关系；② 为争取顾客，专业者彼此心怀他意，降低合作关系；③ 花费过多时间于营销上。

（七）流程策略

流程指的是服务的产出及递送。由于服务是无形的产品，其生产效率受到程序上的影响很大，因此有了良好的程序管理，才能确保服务的质量与产出的速度。而服务程序的设计除需考虑服务提供者在资源上的运用，也应以流程的标准化来实行。一方面可维持一致的质量水平，另一方面也可减少因程序不良而导致的浪费，对一般企业体或策划服务业而言，不啻为一项帮助。换言之，在各个服务阶段中所需要的资源及所应遵行的步骤，或过程中产出的产品都应该加以规范，只有在服务程序加以规范之后，才能易于复制而获得类似制造业大量生产相同产品的经济规模效益。

服务的产出与消费是同时进行的，因此顾客都能参与服务，并且顾客之间互相参与程度也会影响服务的进行，所以服务具有高度互动性与顾客化的特性。至于顾客参与服务流程的程度则会依服务类型、技术水准、时间和接触量而有所不同。基于专业服务的特性，对策划服务业来说，是高接触量活动的产业，因此与顾客接触的每一环节都是其展现专业、提升顾客信心、树立形象，并借此维持顾客关系及获取业务的重要环节。因此专业者可以依据下列条件来订定流程策略：

1. 服务政策：服务形象的展现。

2. 程序：阶段性的服务；顾客需求的并不一定是完整的流程，或许是某些阶段性的服务。

3. 自动化程度：顾客所能参与及所需配合的事物与阶段。

4. 员工判断程度：评估并确认专业人员的专业判断，以确定策划服务的提供满足顾客的需求，进而缩短服务时间，维持高服务质量，并建立公司良好的形象。

5. 对顾客的引导：引导顾客参与、评估及提供建议，以确立服务提供的正确性与满意度，来降低服务的不确定性。

6. 服务流程：建立类似生产线方法的标准流程，来规范服务的质量与产能，借此达到大量生产的规模效益。另外，管理服务流程的关键技术包含在固定服务的供给上，应妥善管理高需求服务时段，而对于低需求服务时段也须妥善管理一切资源。例如，利用弹性上班或雇用兼职员工，提供奖励及员工训练，与其他企业共享服务或策略联盟等，这些也都能减轻专业性服务业所面临的服务供给问题。

（八）实体例证策略

实体例证即所谓的企业内部和外部形象，包括服务地点的内外观、给人的感觉、环境内的气味等，这些因素都能影响顾客是否想进入提供服务的场所。另外，设备也能提高服务的速度与效果，当顾客在享受服务时，他的经验一方面从实体的装备而来，另一方面则由隐含在服务背后的设备而来。因此，适当地运用各种设备对于服务传送的质量与成本也有相当的影响。顾客在购买无形服务时，常会以有形的实体例证作为服务质量的指针。服务的产出和执行实体环境，会对顾客产生一定的影响，即使顾客先前早已去过该服务场所，但顾客仍是在场所外就先决定进去消费与否。至于顾客决定是否进入服务场所消费，完全取决于该场所的外观视觉形象，但他们却是在场所内才决定消费与否，心理学家称此现象为“线索模式”。顾客一旦进入服务场所后，便会开始寻找有关服务品质的任何线索，包括场所的舒适度、颜色、图像、音乐、气味、设计和布置，甚至于员工的态度、外表、礼仪和举止等，这些都是传递服务质量的各种线索。

虽然策划服务的提供多以顾客的所在地为主，但当顾客有需要进入策划服务的营业地点时，服务公司的外部及内部的各种线索均会影响顾客对他们的观感。因此专业者在进行服务营销时，除考虑营业场所整体的外观形象外，内部的工作气氛、人员的态度或成功案例的展现等也都是影响顾客对其专业的信任与服务质量展现的因素。

至于实体例证中的设备策略而言，设备是能提高服务的速度与效果，并利用现代科技来增强竞争力的方法之一。要提供高质量的服务，最大的投资是基础设备，包括人员网络、硬设备以及支持顾客服务的资源系统。而要建构这些基础设备则具有以下3个原则：

- 要有长远的规划：对基础设备的投资很大，但回收期会很长。
- 要基础设备与顾客需求相配合：如果基础设备能符合顾客的需求及期望，顾客会愿意因此多付出些代价。

- 服务量与基础设备相配合：若服务量高于基础设备的产能，则服务质量会降低；若基础设备高过服务量太多，则服务的收入将会无法平衡。

另外，各项营销策略也会因时间与空间的变化而改变，例如在全球市场中，某些广告手法在某些国家奏效，但在他国效果却不佳等。因此，企业尚须依据下列各项因素，设计出最佳的营销组合：① 企业长远的发展战略；② 定位策略；③ 目标市场选定；④ 企业资源；⑤ 竞争态势；⑥ 企业为符合特定市场需求，修正营销组合的意愿。

而策划服务业也是如此。当其事业规模扩大至某一规模，或有机会迈入国际竞争市场时，基于此考虑，策划服务业也应如一般企业，将大环境的因素与本身的竞争优势等各方面思量清楚，并订定出最佳的营销组合与策略，才能因而获得利润并享有长久生存之优势。

参考文献

［1］强海涛：《商务策划原理》，北京：首都经贸大学出版社 2009 年版。

［2］杨德慧：《商务策划文案写作》，北京：首都经贸大学出版社 2009 年版。

［3］杨德慧：《策略思维》，北京：北京大学出版社 2005 年版。

［4］强海涛：《企业策划》，重庆：西南师范大学出版社 2010 年版。

［5］程宇宁：《广告创意》，北京：中国传媒大学出版社 2009 年版。

［6］黄惇胜：《创造性问题解决实务》，中国台湾：中兴管理顾问出版社 1995 年版。

［7］艾森·拉塞尔：《麦肯锡意识》，北京：华夏出版社 2003 年版。

［8］艾森·拉塞尔：《麦肯锡方法》，北京：华夏出版社 2001 年版。

［9］刘志广：《咨询顾问思维技能提升》，北京：机械工业出版社 2005 年版。

［10］孙继伟：《问题管理：简单而有效的管理经典》，北京：机械工业出版社 2004 年版。

［11］高德拉特：《目标——简单而有效的常识管理》，台北：天下远见 2004 年版。

［12］靳俊喜：《促销管理与策划》，沈阳：东北财经大学出版社 2001 年版。

［13］纪良纲：《商业伦理学》，北京：中国人民大学出版社 2005 年版。

［14］王德清，么加利：《管理哲学》，重庆：重庆大学出版社 2004 年版。

［15］威廉·杜根：《直觉：超越 3 大主流战略学派的决策智慧》，北京：中国财政经济出版社 2005 年版。

［16］菲利普·科特勒：《专业服务营销》，北京：中信出版社 2003 年版。

［17］曹顺庆：《中华文化》，上海：复旦大学出版社 2006 年版。

［18］姜玉洁：《促销策划》，北京：北京大学出版社 2007 年版。

［19］白仁春：《企业资源发展策划》，北京：北京大学出版社 2005 年版。

［20］黄蔚：《市场实验设计》，北京：北京大学出版社 2007 年版。

［21］郭秋德编译：《企划的程序与步骤：事业企划法的实务与应用》，中

国台湾：超越企业顾问1996年版。

[22] Dimock, E. M. & Dimock, O. G., *Public Administration*, 3rd. ed., New York, Holt, Rinehart and Uinston Inc.

[23] 苏伯显：《企业与管理》，台北：华视文化1982年版。

[24] 王郁洁：《如何在30岁前成为企划高手》，台北：台湾广厦2003年版。

[25] 梅泽庄亮与星野匡：《企划管理书》，台北：新潮社2001年版。

[26] 郭泰：《企划案：撰写企划案必备的工具书》，台北：远流出版社2001年版。

[27] 陈定国：《企业管理》，台北：三民书局1997年版。

[28] 中野昭夫著，陈惠君译：《企划你的idea》，台北：博顿文化出版社2003年版。

[29] 戴国良：《企划案原理实务：企划案构想、撰写到执行的最完整指南》，台北：商周出版社2002年版。

[30] 大川耕平著，萧玉强译：《企划部行家》，台北：远流出版社1993年版。

教师反馈及教辅申请表

北京大学出版社以“教材优先、学术为本、创建一流”为目标，主要为广大高等院校师生服务。为更有针对性地为广大教师服务，提升教学质量，在您确认将本书作为指定教材后，请您填好以下表格并经系主任签字盖章后寄回，我们将免费向您提供相应教辅资料。

书号/书名/作者			
您的姓名			
校/院/系			
您所讲授的课程名称			
每学期学生人数	______ 人　　_____年级	学时	
您准备何时用此书授课			
您的联系地址			
邮政编码		联系电话（必填）	
E-mail（必填）			
您对本书的建议：		系主任签字 盖章	

我们的联系方式：

北京大学出版社经济与管理图书事业部

北京市海淀区成府路 205 号，100871

联 系 人：徐　冰

电　　话：010-62767312 / 62752926

传　　真：010-62556201

电子邮件：xubingjn@yahoo.com.cn　em@pup.cn

网　　址：http://www.pup.cn